数字金融
职业教育人才发展
蓝皮书

SHUZI JINRONG
ZHIYE JIAOYU RENCAI FAZHAN LANPISHU

王心如　主编

中国财经出版传媒集团
中国财政经济出版社
·北京·

图书在版编目（CIP）数据

数字金融职业教育人才发展蓝皮书／王心如主编．北京：中国财政经济出版社，2024. 11. -- ISBN 978 - 7 - 5223 - 3519 - 3

Ⅰ. F83 - 039

中国国家版本馆 CIP 数据核字第 2024Z10M15 号

责任编辑：张　军　　　　责任校对：张　凡
封面设计：卜建辰　　　　责任印制：张　健

数字金融职业教育人才发展蓝皮书
SHUZI JINRONG ZHIYE JIAOYU RENCAI FAZHAN LANPISHU

中国财政经济出版社 出版

URL：http：//www. cfeph. cn
E - mail：cfeph@ cfeph. cn

社址：北京市海淀区阜成路甲 28 号　邮政编码：100142
营销中心电话：010 - 88191522
天猫网店：中国财政经济出版社旗舰店
网址：https：//zgczjjcbs. tmall. com
北京厚诚则铭印刷科技有限公司印刷　各地新华书店经销
成品尺寸：170mm × 240mm　16 开　14. 25 印张　218 000 字
2024 年 11 月第 1 版　2024 年 11 月北京第 1 次印刷
定价：65. 00 元
ISBN 978 - 7 - 5223 - 3519 - 3
（图书出现印装问题，本社负责调换，电话：010 - 88190548）
本社图书质量投诉电话：010 - 88190744
打击盗版举报热线：010 - 88191661　QQ：2242791300

编委会名单

序

2023年11月召开的中央金融工作会议将数字金融提升到国家战略部署的新高度，提出要做好科技金融、绿色金融、普惠金融、养老金融、数字金融五篇大文章。随着新一代信息技术加速渗透并深度赋能金融行业，金融业步入数字化转型快车道，促使数字金融领域的人才需求规格巨变与人才需求规模激增。在技术迭代和人才需求推动下，教育部更新了职业教育专业目录。培养高素质数字金融人才，成为新阶段金融职业教育的新使命。

为满足数字金融高质量发展的需求，加强职业教育主动适应新质生产力发展的时代变革，科学认识与把握数字金融人才培养规律，促进金融职业教育的创新与发展，在全国金融职业教育教学指导委员会和全国数字金融产教融合联盟的组织下，广州番禺职业技术学院、深圳职业技术大学、佛山职业技术学院、天津商务职业学院、浙江工商职业技术学院、江苏财经职业技术学院、山东外贸职业学院、山东商业职业技术学院、淄博职业学院、长春金融高等专科学校、河南经贸职业学院、广西金融职业技术学院、陕西财经职业技术学院、四川财经职业学院、重庆财经职业学院和泸州市职业技术学校（学校排名不分先后）共同编制了《数字金融职业教育人才发展蓝皮书》（以下简称《蓝皮书》），并在2024年5月12日的全国金融职业教育教学指导委员会工作会议上正式发布。

《蓝皮书》以翔实的数据客观反映了当前中国数字金融发展新趋势和数字金融职业教育人才培养新进展。从参与主体、依托技术与渠道、服务流程和模式等数字化创新的角度对数字经济、数字金融、互联网金融、金融科技进行清晰界定，洞察中国数字金融发展特征和新趋势；提出金融行业数字化转型的十大信息技术及其应用场景，面向包括银行、证券、保险、资产管理和金融科技企业等领域的头部和知名金融机构开展广泛调研，梳理数字金融人才供需现状，提炼对应岗位职业能力要求；总结分析高职院校金融类专业数字金融人才培养现状及面临的挑战，发布各院校在改革探索实践中取得的教育教学成果和典型经验案例，提出数字金融职业教育人才培养路径和改革举措，为推动未来数字金融人才培养和行业发展提供了重要参考。

展望未来，数字金融领域将不断涌现新的技术和应用场景，对人才的需求也将更加多元化和专业化，数字金融人才发展前景广阔。希望《蓝皮书》的发布能够为打造适应数字经济时代的金融人才支撑体系提供有力支持，同时形成职业教育产教融合的强大动力，推动多方主体深度合作，共同培养适应金融数字化转型的高层次现代金融服务人才。

道阻且长，行则将至；行而不辍，未来可期。金融领域数字技术发展与应用日新月异，数字金融职业教育人才培养任重道远，加上编写团队的水平有限，书中难免有不足和错漏之处，敬请有关专家、学者、读者批评指正，提出宝贵意见和建议。

王心如

2024 年 10 月

目录

关键概念的界定

数字经济（Digital Economy）

被誉为“数字经济之父”的加拿大经济学家、硅谷新范式（New Paradigm）智库创始人 Don Tapscott 在 1985 年第一次提出“数字经济”的概念。早期的数字经济常被认为是互联网经济或信息经济的代名词。进入 21 世纪后，数字经济对经济发展的作用和贡献越来越不可忽视，所涵盖的内容日趋复杂，受到社会各界的广泛关注和研究。

目前最为权威的概念来自 2016 年 G20 杭州峰会提出的《二十国集团数字经济发展与合作倡议》，这次峰会也被视为数字经济发展历史上的标志性事件。倡议明确了“数字经济”的概念，即：以使用数字化的知识和信息作为关键生产要素、以现代信息网络作为重要载体、以信息通信技术的有效使用作为效率提升和经济结构优化的重要推动力的一系列经济活动。

区别于传统经济形态中以资本和劳动力等作为生产要素，数字经济的主要生产要素是数据信息，其主要作用是推动经济效率提升和优化经济结构。而且，数字经济的发展要以现代信息网络和信息通信技术等新型数字基础设施建设为先决条件。数字经济的兴起与以 AI 技术、深度学习、5G 通信技术、区块链、大数据、云技术等为代表的新一代信息技术不断突破，并持续融入传统经济紧密相关。新一代信息技术为数字经济的蓬勃发展奠定了坚实的技术基础。

中国信息通信研究院自 2015 年起连续 9 年发布《中国数字经济发展研究报告》，2023 年的报告开篇即指出，数字经济以数字化的知识和信息作为关键生产要素，以数字技术为核心驱动力量，以现代信息网络为重要载体，通过数字技术与实体经济深度融合，不断提高经济社会的数字化、网络化、智能化水平，加速重构经济发展与治理模式的新型经济形态。报告将数字经济划分为四大部分，一是数字产业化，即信息通信产业，具体包括电子信息制造业、电信业、软件和信息技术服务业、互联网行业等；二是产业数字化，即传统产业应用数字技术所带来的产出增加和效率提升部分，包括但不限于工业互联网、智能制造、车联网、平台经济等融合性新产业/新模式/新业态；三是数字化治理，包括但不限于多元治理，以“数字技术＋治理”为典型特征的技管结合，以及数字化公共服务等；四是数据价值化，包括但不限于数据采集、数据标准、数据确权、数据标注、数据定价、数据交易、数据流转、数据保护等。

数字金融（Digital Finance）

截至目前，对“数字金融”仍没有一个官方定义，但在学术界和诸多政策文件都有相应的概念界定。一般而言，数字金融泛指传统金融机构与互联网公司利用数字技术实现融资、支付、投资和其他新型金融业务模式，使数字技术应用于金融领域并改善金融服务。

“数字金融”这一提法的出现与数字经济高速发展、经济和社会的数字化转型密不可分。因此，从广义上来看，数字金融实际上是数字经济在金融领域的映射，发展数字金融是金融服务经济和社会数字化转型的必然要求。其内涵主要包括三个方面：一是在资源运用层面，是数据要素价值在金融领域的重点开发；二是在技术运用层面，是金融体系对金融科技的深度应用；三是在展业模式层面，是数字化金融业务模式和渠道的全面创新。数字金融的内涵分别与数字经济定义中“使用数字化的知识和信息作为关键生产要素、以现代信息网络作为重要载体、以信息通信技术为重要动力”大体对应。

从数字金融所涵盖的三个层面内容来看，三个层面内容之间存在递进关系，数据资源运用是数字金融的基础，金融科技运用是数字金融得以实现的重要技术支撑，而金融业务模式创新则是数字金融呈现给居民和企业等各类主体的最终应用（见图 0－1）。

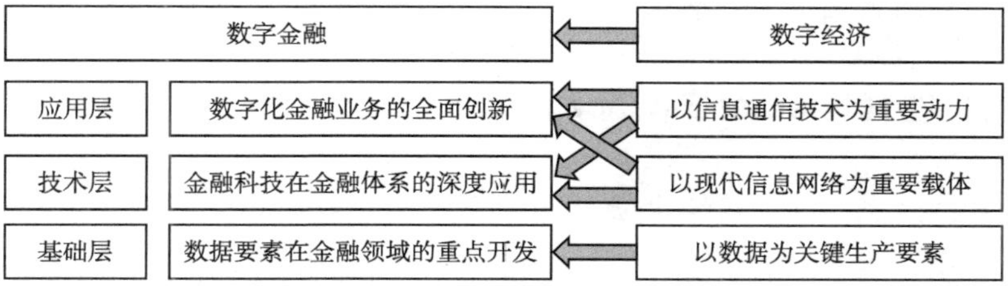

图 0－1　数字经济定义框架内界定数字金融的内涵

关于数字金融的基本构成要素，学术界和实务界已有初步共识：一是参与主体既包括传统金融机构，也包括数字平台企业、金融科技公司等新兴市场主体；二是主要依托数字技术、数字渠道和数字基础设施实现金融产品和服务供给；三是促进金融产品服务、业务流程、商业模式等方面的数字化创新。

对数字金融理解的不同视角：

金融属性视角：数字金融的核心属性并未被数字技术改变，其本质仍然属于金融，因而仍遵循金融的基本规律。

技术属性视角：以大数据、人工智能、云计算、区块链等为标志的新一代信息技术的兴起，加速了金融服务的数字化转型，颠覆了传统金融服务的技术与模式，拓展了金融服务的触达能力，是技术驱动的金融创新。

数字金融业务视角：既包括移动支付、众筹、互联网金融消费、数字保险等常见的金融服务，也包含加密货币、初始货币等产品，涉及金融体系的众多方面。

相较传统金融的优势视角：首先，数字金融突破了金融服务对于物理网点的束缚，摆脱了风险评估对于征信记录和抵押担保的依赖，从而延展了金融服务的触达范围，提升了信贷可得性；其次，数字金融作为技术驱动型金融创新，能够依靠数字技术挖掘多维度多层次的信息来满足金融业处理海量信息的需要，从而降低了信息搜寻、处理和验证成本，有效克服了信息不对称，提升了金融供给质量；再次，数字金融提升了金融机构处理交易的速度，颠覆了支付方式，缩短了结算链条，加速了流通与交换速度，并最终提升了金融运行效率；最后，数字金融让被正规金融服务排斥在外的长尾群体能够享受到同样的金融资源，推动了普惠金融的发展。

互联网金融（Internet Finance）

互联网金融，泛指传统金融机构与互联网企业利用互联网技术和信息通信技术，实现资金融通、支付、投资和信息中介服务的金融业务模式。

互联网金融不是互联网和金融业的简单结合，而是在实现安全、移动等网络技术水平上，被用户熟悉接受后（尤其是对电子商务的接受），自然而然为适应新的需求而产生的新模式及新业务，是传统金融行业与互联网技术相结合的新兴领域。

“互联网金融”的概念自提出以来，业界普遍认为实务中有三种主要的业务形式：一是互联网企业进入金融领域的业务；二是传统金融机构积极拓展通过互联网开展的业务；三是一些既不是互联网企业也不是金融机构的民间机构积极发展网络借贷或众筹融资等新兴金融业态。

金融科技（FinTech）

根据金融稳定理事会2016年发布的《金融科技的全景描述与分析框架报告》中的定义，金融科技是指通过大数据、区块链、云计算、人工智能等新兴前沿技术手段推动金融创新，形成对金融市场、机构及金融服务产生重大影响的业务模式、技术应用以及流程和产品。

实践中，金融科技的具体含义在不同背景下存在明显差异，例如，网上银行、手机银行等是指对现行金融业务的数字化或电子化；分布式账户、云计算、大数据等可以应用于金融领域的各类新技术；涉足金融领域、与现有金融机构形成合作或竞争关系的科技企业等。

可以看出，数字金融、互联网金融、金融科技三者的概念及其涵盖的内容都十分接近，均体现了金融与科技的融合，都是对运用各种新技术手段提供、优化、创新金融服务等行为的概括。细微的差别在于，“互联网金融”概念既涵盖金融机构的“金融+互联网”模式，也涵盖互联网企业的“互联网+金融”

模式，更多突出的是互联网公司所开展的金融业务；“金融科技”更加强调的是金融业务的科技属性，突出新技术对金融业务的辅助、支持和优化作用；而“数字金融”一词更加中性，是作为同时涵盖互联网金融和金融科技等内容的更广泛的概念出现的。事实上，大多数学术理论和实务界并未严格区分上述三者的细微差别，并将三者等同于一个概念进行使用，我们在此也沿用这种做法。

1　数字金融发展态势

1.1　数字金融的发展历程

从全球历史发展演进来看，金融与技术相互交织、不断融合，经历了20世纪60年代以ATM为代表的电子化、21世纪初以网上银行为代表的互联网化、目前以大数据风控和智能投顾以及区块链协作为代表的数字化发展路径。

金融数字化最早可以追溯至19世纪后期金融全球化快速发展时期，电报与电缆在国际金融活动中得到广泛应用。现代金融科技的开端出现在1967年ATM的引入，彼时“金融科技”的概念专门用来指银行的金融业务、现代管理科学和计算机技术的结合，金融科技发展主要由传统金融业主导，利用信息技术推进业务流程电子化，因而当时也有“电子金融”的说法。2008年金融危机后，数字金融进入蓬勃发展的新阶段。一方面，数字技术进步融入金融监管变革；另一方面，大数据、人工智能、移动互联、云计算、区块链等数字技术广泛应用于金融业并加速变革，金融领域参与主体越来越多元化，借助数字技术形成的创新型金融产品和服务层出不穷。

近半个世纪以来，技术进步推动中国金融业态发生了翻天覆地的变化，从电子化记账系统，到资金异地实时汇转；从“互联网+金融业务”变革，再到金融机构数字化转型，无一不体现出现代金融与信息技术的共同演进。总体而言，中国数字金融发展大致经历了三个阶段。

1.1.1　萌芽期：信息技术推动的金融电子化阶段（2003年以前）

我国计算机和网络技术在20世纪80年代逐渐普及，广泛应用于社会经济各个领域。为有效降低运营成本、提高经营效率、提升市场竞争力，金融机构开始纷纷设立信息技术部门，采用现代通信技术、计算机技术、网络技术等现代化技术手段，在传统金融业务中使用信息技术硬件设备和软件系统，实现金融业务处理的自动化、业务管理的信息化和金融决策的科学化。这一时期金融电子化和信息化的特征愈加鲜明，银行的储蓄、对公等业务以计算机处理代替手工操作，逐步完成了银行业务的联网处理，实现了全国范围的银行计算机处理联网，互联互通。

从 2000 年开始，金融渠道电子化开始成为金融创新和金融科技的发展方向，利用互联网技术与环境加快金融创新，逐步开拓网上金融服务，将大量金融业务从线下转到了线上，包括网上银行、网上支付、手机银行等。全国银行营业网点业务处理实现计算机化、网络化。据不完全统计，21 世纪初全国金融行业拥有大中型计算机 700 多台套、小型机 6 000 多台套，PC 及服务器 50 多万台，电子化营业网点覆盖率达到 95% 以上。

这一阶段无论是金融业务电子化，还是金融渠道电子化，现代信息技术和网络技术的应用还未真正改变传统金融业务的过程和模式，至多仅是业务流程的变化，而且信息技术企业、互联网公司主要是金融行业的技术提供商或服务提供商，并未实质上进入金融领域，因此对金融体系变革的影响还十分有限。

1.1.2　发展期：互联网技术推动的金融服务智能化阶段（2003—2016 年）

互联网技术的发展引发了金融业的革命性变革。2003 年支付宝的诞生可以看作是中国数字金融蓬勃发展的起点。作为早期互联网金融服务模式，呼应当时蓬勃发展的互联网商业交易的需求，开启了互联网和信息技术改变中国商业金融模式的进程。互联网企业以第三方的角色深度参与传统金融体系，创新性地提供金融产品和服务，成为金融模式变革的主要发起者，构建起去中心化、智能化的金融结构。

2007 年伴随着苹果智能手机的问世，移动互联时代到来，大量基于手机的软件应用使移动终端迅速取代传统的 POS 机，成为新的支付工具。随后移动社交软件微信的日益普及，迅速培养了消费者的支付习惯，微信支付与支付宝逐渐成为中国的两大互联网支付渠道。2011 年，中国人民银行首次向 27 家公司正式发放第三方支付牌照；2013 年在线货币基金余额宝推出，在真正意义上推动了中国数字金融的快速腾飞，带动各基金、保险公司纷纷展开大规模互联网化的战略布局，互联网企业因为经验和技术能力的优势，地位得到空前提升；传统银行重构互联网金融，电子银行部、信息技术部纷纷升级为互联网金融部。

互联网公司深入金融支付领域，互联网小额信贷、P2P 互联网金融和互联网众筹等新兴的金融模式也发展起来，数字金融生态系统开始在中国金融系统内生根发芽，并迅速向金融业的各个领域蔓延。2006 年国内出现第一家 P2P 贷款平台，依托互联网和数字技术的新型借贷服务模式，信息采集和使用优势显著，国内网络借贷行业规模井喷式发展。尤其是 2012—2016 年，中国网络借贷成交量从 212 亿元人民币上涨至 2.06 万亿元人民币，增长近百倍。

借助互联网时代的新兴技术，银行机构、证券机构和保险机构等金融机构实现了从物理网点转向互联网，从实体机构逐渐演变成为新型的网络银行、网络券商和网络保险机构，传统银证保机构的业务也开始不断融入网络，涌现了在线金融智能化服务的新兴业态。金融科技对于金融的作用逐步从辅助业务的地位，上升成为决定金融未来发展的关键因素，也成为互联网金融、传统金融企业竞争的核心支撑。

1.1.3 转型期：金融科技驱动的金融数字化阶段（2016 年以来）

以金融科技为驱动力的金融产业开始向数字化阶段迈进，数据资源逐渐成为金融领域最为重要的生产要素。2016 年，金融稳定理事会（FSB）对金融科技提出明确定义：通过大数据、区块链、云计算、人工智能等新兴前沿技术手段推动金融创新，形成对金融市场、机构及金融服务产生重大影响的业务模式、技术应用以及流程和产品。2016 年中国对金融科技的风险投资排名世界第一，并孕育大量独角兽公司，当年中国金融科技类独角兽公司数量约占世界的 40%，总市值占据世界的 70% 以上；到 2023 年前三季度，全球金融科技共获得融资规模为628亿美元，中国金融科技类融资规模近168亿美元，占世界总规模的27%。

2016年的杭州G20峰会上首次强调以数字技术推动普惠金融发展。根据北京大学数字金融研究中心连续五期发布的数字普惠金融指数，在2015—2022年，中国数字金融发展呈现持续、快速的上升态势，随着数字金融覆盖广度的扩大、数字支持程度的提高，数字金融在支付业务、信贷业务、保险业务、货币基金业务、投资业务等领域的使用深度增加。

金融科技在支付领域广泛应用，有效推动了支付工具、方式和载体的多元化，刷脸支付、聚合支付、近场支付等创新应用迅速推广，区块链技术在支付清算领域应用获得较大进展，逐步实现支付流程的智能化和无感化、支付业务风险防范的自动化、支付业务的泛金融化等。2018年6月，蚂蚁金服推出应用支付宝区块链技术的跨境汇款服务；9月，粤港澳大湾区贸易金融区块链平台正式上线。随着网络支付和创新支付的快速普及，支付业务逐步从实体转为虚拟、从线下转移到线上，银行机构紧跟支付机构零售支付创新步伐，推动传统支付业务从“网点依托式”向“掌上支付”转变，推出网点“全面无卡化”。2023年全国商业银行总共裁撤了2 649家网点，中国整体移动支付普及率达到86%。

金融科技通过人工智能、区块链、物联网、大数据等技术增加了金融服务的可得性，在金融行业各领域得到了广泛应用，渗透到社会工作和生活的方方面面；智能投顾、信用评估等环节运用人工智能，提高了金融服务的效率，使金融服务更加个性化和多元化；传统金融机构数字化转型加快，金融服务实体经济的功能日益强大，互联网银行、移动支付更加普及，更加便捷高效的数字货币支付系统得以建立；数字金融监管框架基本建立。

1.2 数字金融的发展现状

1.2.1 政策环境

1.2.1.1 全球数字金融政策环境

全球众多国家已经把发展数字金融作为提升国家竞争力的重要着力点，

通过发放数字银行牌照、制定发展规划、实施数字支付法规、加快法定数字货币研发等方式，促进本国数字金融生态不断丰富和完善，鼓励数字金融领域创新发展的政策频出。

2015 年 11 月，英国金融行为管理局首次提出“监管沙盒”（Regulatory Sandbox）概念，并将其引入金融监管领域。此后，美国、新加坡、澳大利亚、中国香港、韩国等部分发达国家和地区逐步尝试或开始实施“监管沙盒”等创新监管方式，引导和鼓励金融科技发展。

2018 年以来，全球各国变革性的监管政策付诸实践，包括英国落地开放银行战略，实现银行与第三方机构数据共享；欧盟实施第二代支付服务法令，要求银行向第三方机构开放支付接口；美国接受金融科技公司申请全国性银行牌照；单一欧元支付区域内接受金融科技企业在线申请金融牌照，进入欧盟市场。2018 年以来的全球数字金融政策及监管性文件总结梳理如表 1－1 所示。

表 1－1　　2018 年以来全球数字金融重点政策概览

国家	机构	时间	数字金融重点政策
韩国	金融服务委员会（FSC）	2018.03	推出新监管法规，旨在鼓励金融机构在支付系统中使用区块链技术，以更好地保护用户信息。新法规将会为银行和保险公司打开大门，一方面可以保护客户数据，另一方面能够简化区块链解决方案的验证流程
美国	美国证券交易委员会（SEC）	2018.06	发布战略计划草案，重视投资者和创新以及绩效
美国	美国消费者金融保护局（CFPB）	2018.07	启动监管沙盒，鼓励数字货币和区块链创新
美国	美国货币监理署（OCC）	2018.07	宣布开始接受从事银行业务的非储蓄性金融技术（金融科技）公司申请全国性银行牌照
立陶宛	立陶宛央行	2018.07	想要进入欧盟市场的金融科技企业可直接在线申请金融牌照，牌照将在单一欧元支付区域内有效
日本	金融服务管理局（FSA）	2018.07	更好地推进金融科技和数字货币领域的发展，对 FSA 进行了全面改革。为使该组织能够更好地解决金融部门的新问题和挑战，FSA 对各个相关部门进行了调整
美国	美国亚利桑那州	2018.08	金融科技沙盒正式开放申请

续表

国家	机构	时间	数字金融重点政策
英国	英国金融管理局（FCA）	2018.08	宣布创建一项全球计划，以改善监管机构与公司在创新金融技术（如区块链）上的合作
英国	竞争和市场管理局（CMA）	2018.10	市场份额最大的9家银行（CMA9）建立并采用统一的开放银行服务数据和客户资格指标、银行服务质量指标与个人/企业账户交易数据，如期发布个人/企业账户交易数据API
印度	印度最高法	2018.12	最高法对电子商务政策进行了修订，这将对数字支付乃至更大范围的金融科技行业产生间接影响，特别是非歧视性定价方面
巴林	巴林央行	2019.02	宣布启动监管沙盒，允许区块链和加密货币企业入驻
韩国	金融服务委员会（FSC）	2019.04	宣布推出金融沙盒计划
奥地利	奥地利财政部	2019.04	考虑在未来推出金融科技监管沙盒
印度	印度储备银行	2019.08	发布《监管沙盒授权框架》文件，宣告印度监管沙盒机制正式启动
新加坡	新加坡金融管理局	2019.08	宣布推出“金融科技快捷沙盒监管机制”，为创企测试创新金融产品和服务提供更快捷的选择。快捷沙盒计划仅面向市场风险较低、业务模式较为简洁的金融科技活动，其中包括保险经纪服务机构、公认的市场运营商以及汇款业务机构
韩国	韩国央行	2020.03	宣布开始进行央行数字货币测试
欧盟	欧盟委员会	2020.04	就未来数字金融与金融科技发展发起意见征询；发布《咨询文件：欧洲新数字金融科技咨询/FinTech行动计划》
美国	美国国会	2020.05	提交提案《推进区块链法》
新加坡	新加坡知识产权局	2020.05	推出快速通道，加速金融科技等技术的专利申请
新加坡	新加坡金融科技协会	2020.06	面向金融科技企业推出“金融科技服务提供商合规准备框架”
新加坡	新加坡金融管理局	2020.08	宣布将于12月正式启动金融部门《技术与创新（FSTI 2.0）计划》
国际清算银行（BIS）创新中心		2021.01	《2021新工作计划》：重点关注监管科技、未来金融市场基础设施、CBDC、开放金融、网络安全和绿色金融六个领域

续表

国家	机构	时间	数字金融重点政策
韩国	金融服务委员会（FSC）	2021.01	《2021 工作计划》：促进金融创新和数字金融位列重点之一，强调加速金融科技创新发展
印度	印度央行	2021.01	成立数字贷款监管工作组，加强在线移动借贷平台监管，增强对金融机构和非受监管数字借贷服务的研究
欧盟	欧洲银行管理局（EBA）	2021.02	提出《关于根据 PSD2 消除账户访问障碍的监管行动意见》，强调消除妨碍第三方服务商访问支付账户的各类障碍，明确相关罚则，支持数据共享
反洗钱金融行动特别工作组（FATF）		2021.03	发布《虚拟资产及虚拟资产服务提供商监管指南（草案）》，明确 FATF 标准涵盖的金融资产范围，防范 P2P 交易风险，为各主体提供指导规则；推广信息共享合作
美国	美国国会	2021.04	提交《2021 消除创新障碍法案》，设立数字资产工作组，明确各相关监管机构的行为，加强监管协同
欧盟	欧盟委员会	2021.06	发表《人工智能法修订意见》，明确 AI 产品需符合欧盟数据保护法，禁止使用于受保护个人特征场景
意大利	意大利经济和财政部	2021.07	立法启动金融科技沙盒，成立金融科技委员会，强化市场与监管机构的联系，促进国际信息协同，促进金融科技产业发展
加拿大	加拿大开放银行咨询委员会	2021.08	发布《开放银行计划》，明确 2023 年将开放银行系统认证框架和流程，建立数据传输技术规范，加强消费者权益保护
新加坡	新加坡资讯通信媒体发展管理局（IMDA）和个人数据保护委员会（PDPC）	2021.09	发布“更好的数据驱动业务”计划：强调扶持中小企业加深对数据的理解，增强通过数据驱动业务规模扩大的能力
欧盟	欧洲央行	2021.11	发布《电子支付监管框架》，将加密资产服务、数字支付代币等服务机构纳入监管体系
澳大利亚	澳大利亚央行	2021.12	发布《支付系统现代化改革计划》，强调要适用新生代支付系统，加密交易领域引入牌照制度，探索将新型金融组织纳入金融监管框架内等

续表

国家	机构	时间	数字金融重点政策
欧盟	欧盟委员会	2021.12	公布《数字市场法案》，强调加强对互联网平台杀手级收购交易的审查与处罚，保护市场竞争秩序
欧盟	欧盟理事会	2022.04	通过《数据治理法》，旨在促进欧盟的数据共享，将通过一系列工具，包括匿名化等技术解决方案，以二次使用的名义为数据建立具有法律约束力协议，使数据共享更安全、更容易，并确保数据共享符合数据保护法
欧盟	欧盟 27 个成员国	2022.07	一致通过《数字市场法》，对互联网巨头企业提出一系列规范性要求，包括不得滥用市场支配地位打压或并购竞争对手、不得未经用户允许强行推送广告或安装软件，不得将采集的用户数据移作他用等
阿联酋	迪拜政府	2022.07	发布《元宇宙战略计划》，到 2030 年吸引 1 000 家区块链和元宇宙公司入驻迪拜，创造 4 万个线上岗位，将阿联酋打造为全球 Top10 的元宇宙经济体
欧盟	欧洲议会	2022.10	通过《数字服务法》，为社交媒体或市场等数字服务提供商规定了明确的义务，以阻止非法内容、在线虚假信息和其他社会风险的传播
国际清算银行		2022.10	发布《数据共享的 API 标准》专题报告，提出了集中、去中心化和托管三种数据共享模式，并开发了用户交互及数据流
欧盟	欧洲央行	2022.10	成立“欧盟监管数字金融机构”，旨在帮助金融监管部门抓住机遇，应对与金融领域使用先进技术相关的风险
英国	英国信息专员办公室	2022.10	发布《人工智能和数据保护领域的指导意见》，帮助组织减轻来源于数据保护方面的特殊风险，解释数据保护原则如何适用于人工智能项目
欧盟	欧盟委员会	2022.12	发布《欧盟—美国数据隐私框架充分性决定草案》，对美国法律框架进行评估，认为美国采取了与欧盟类似的保障措施，为欧盟公民提供了与欧盟法律规定相当的保护水平，确保了对从欧盟转移到美国公司的个人数据的充分保护
国际清算银行		2023.01	发布公告《应对加密风险：布局选项》，概述了应对加密货币风险的三种（非相互排斥的）行动路线：禁止、遏制和监管，以及它们的利弊

续表

国家	机构	时间	数字金融重点政策
欧盟	欧盟委员会	2023.05	首次为加密资产领域制定欧盟层面的法律框架，通过一项加密资本市场法规（MiCA），通过提高透明度和为发行人和服务提供商建立一个全面的框架来保护投资者，主要涵盖了实用型代币、资产参考代币和“稳定币”的发行者
新加坡	新加坡金管局（MAS）	2023.05	推出金融业人工智能和数据分析人才发展计划
马来西亚	马来西亚央行（BNM）	2023.05	与印尼央行宣布商业化启动印度尼西亚—马来西亚跨境二维码支付联动，增加包括非银行机构在内的参与金融机构的数量，使两国更多用户能够在任何一个国家通过扫描二维码进行即时零售支付
新加坡	新加坡金管局（MAS）	2023.06	发布数字货币标准白皮书，指定在分布式分类账上使用数字货币的条件，对目的绑定代币的概念进行技术概述，使发送者在不同系统之间进行数字货币转账时来指定条件
国际货币基金组织		2023.07	发布《金融科技监管的制度安排：监管监测》，讨论对金融科技发展的有效监测，以便及时准确地识别和解决新风险。从现有的监管结构、创新中心、监管沙盒、技术冲刺四个方面改善数据的获取，帮助确定监管对策
马来西亚	马来西亚证监会（SCM）	2023.07	宣布推出一项金融科技倡议，通过结构化方法促进伊斯兰金融科技发展，增强伊斯兰资本市场生态系统
韩国	韩国央行	2023.10	与国际清算银行（BIS）联合发布韩国央行数字货币（CBDC）项目报告，提出 CBDC 网络蓝图，包括 CBDC 和私人数字货币的发行和流通
美国	美国消费者金融保护局（CFPB）	2023.10	提出促进竞争、加速向开放银行转变的规则，给予消费者金融生活数据控制权，禁止接收数据的公司滥用个人隐私的金融数据或错误地将其货币化
欧盟	欧洲银行业管理局（EBA）	2023.10	发布 2024 工作计划，其中的两项重点是：为利益相关者提供数据基础设施；发展对《数字运营弹性法案》和《加密资产市场监管条例》的监督和监管能力
欧盟	欧洲保险和职业养老金管理局（EIOPA）	2023.10	发布数字化战略，确定未来三个重点领域，通过数字化转型支持消费者、市场和监管机构

续表

国家	机构	时间	数字金融重点政策
欧盟	欧洲数据保护监管局（EDPB）和欧洲数据保护委员会（EDPS）	2023.10	发表关于数字欧元作为央行数字货币的条例的联合意见
国际证监会组织（IOSCO）		2023.11	发布《最终确定加密货币和数字资产市场政策建议》，提出18项监管加密货币和数字资产（CDA）的政策建议，支持加强IOSCO成员辖区内监管框架和监督的一致性，并解决与加密资产活动引起的市场诚信和投资者保护相关问题
新加坡	新加坡金管局（MAS）	2023.11	与日本金融服务局（JFSA）、瑞士金融市场监管局（FINMA）和英国金融市场行为监管局（FCA）合作，组成项目政策制定小组，推进15家金融机构在固定收益、外汇和资产管理产品中开展数字资产试点
欧盟	欧盟委员会、欧洲议会和欧盟理事会	2024.1	共同完成《人工智能法》定稿

资料来源：根据毕马威《全球金融监管动态月刊》整理。

1.2.1.2 中国数字金融政策环境

从1993年，国务院出台《国务院关于金融体制改革的决定》，首先明确提出要加快金融电子化建设，随后经过了长时间的金融信息化和互联网金融的发展后，2014年“互联网金融”被写入了政府工作报告，2016年被写入“十三五”科技创新规划。2017年，央行正式成立金融科技委员会，标志着金融科技行业的正式崛起。2019年数字金融领域首份顶层文件《金融科技（FinTech）发展规划（2019—2021年）》发布，为数字金融发展指明道路。随着数字经济上升为国家战略，金融科技推动金融业数字化转型持续深入发展，中国数字金融在国家政策层面长期支持形成的宽松环境下得以快速发展，同时也给金融监管层面带来前所未有的风险防范压力，如2018年初虚拟货币暴涨及年中P2P大规模爆雷，及近年来在网络贷款、智能投顾等领域风险明显、乱象环生，引起了监管层高度关注，金融管理部门加大了转型指导和规范。

表1－2主要梳理了2018—2023年我国数字金融重要政策文件，从金融科技、监管科技、信息安全、各类技术的金融创新应用等方面全局性地总览我国数字金融发展的政策环境。

表1－2 2018—2023年中国数字金融重要政策概览

机构	时间	政策名称	政策内容	类型
人民银行	2018.01	《关于优化企业开户服务的指导意见》	鼓励银行积极运用技术手段提升账户审核水平，包括鼓励银行人脸识别、光学字符识别（OCR）、二维码等技术手段嵌入开户业务流程，作为读取、收集以及核验客户身份信息和开户业务处理的辅助手段	账户管理
人民银行	2018.01	《移动金融基于声纹识别的安全应用技术规范》	规定了移动金融服务场景中基于声纹识别的安全应用的功能要求、性能要求和安全要求等内容。适用于移动金融服务基于声纹识别的设计、开发、检测、应用及风控	生物识别
人民银行、银保监会、证监会、外汇管理局	2018.04	《关于规范金融机构资产管理业务的指导意见》	取得投资顾问资质的机构在具备相应技术条件的情况下，可以运用人工智能技术开展投资顾问业务，非金融机构不得借助智能投资顾问超范围经营或变相开展资管业务。金融机构运用人工智能技术开展资管业务，不得夸大宣传或误导投资者，应当报备模型主要参数及资产配置主要逻辑，明晰交易流程，强化留痕管理，避免算法同质化，因算法模型缺陷或信息系统异常引发羊群效应时，应当强制人工介入	资产管理
人民银行	2018.05	《关于进一步加强征信信息安全管理的通知》	运行机构和接入机构要健全征信信息查询管理，严格授权查询机制，未经授权严禁查询征信报告，规范内部人员和国家机关查询办理流程，严禁未经授权认可的App接入征信系统	信息保护
银保监会	2018.05	《银行业金融机构数据治理指引》	引导银行业金融机构加强数据治理，提高数据质量，充分发挥数据价值，提升经营管理水平，全面向高质量发展转变而制定的法规	数据治理

续表

机构	时间	政策名称	政策内容	类型
上海浦东陆家嘴管理局	2018.05	《发展金融科技中心的九方面措施》	对接金融科技企业在应用场景、孵化投资、技术研发、风险防范、人才服务、财政扶持、对外推广等方面的需求	金融科技
证监会	2018.08	《中国证监会监管科技总体建设方案》	详细分析了证监会监管信息化现状、存在的问题以及面临的挑战，提出了监管科技建设的意义、原则和目标，明确了监管科技各类信息化建设工作需求和工作内容	监管科技
人民银行	2018.08	《云计算技术金融应用规范：技术架构》《云计算技术金融应用规范：安全技术要求》《云计算技术金融应用规范：容灾》	规定了金融领域云计算平台的技术架构要求；规定了金融领域云计算技术应用的安全技术要求；规定了金融领域云计算平台的容灾要求	云计算
中关村管委会、北京市金融工作局、北京市科学技术委员会	2018.11	《北京市促进金融科技发展规划（2018—2022年）》	推动金融科技底层技术创新和应用，催生领先前沿技术；加快培育金融科技产业链，打造创新生态系统；拓展金融科技应用场景，发展现代金融服务体系；优化金融科技空间布局，形成协同发展格局；开展金融科技制度创新，保障金融科技产业健康发展；加强重点政策支持，营造良好创新环境	金融科技
人民银行、发展改革委、科技部、工信部、人社部、卫生健康委	2018.12	《关于开展金融科技应用试点工作的通知》	探索运用云计算、人工智能、移动互联网、大数据、物联网等新一代信息技术，在安全合规的前提下，推动跨行业信息融合应用，提高金融服务质量和效率，增强服务实体经济与防范化解风险的能力，提升公共服务与社会治理水平，为新技术全面创新应用提供实践基础和经验借鉴	金融科技
网信办	2018.12	《助力金融风险防范，推进金融科技与金融信息服务健康发展》	防范化解重大风险是三大攻坚战之首，在防范化解重大金融风险中，推动金融科技和金融信息服务健康发展是两个重要发力方向	信息安全

续表

机构	时间	政策名称	政策内容	类型
人民银行、银保监会、证监会、财政部、农业农村部	2019.02	《关于金融服务乡村振兴的指导意见》	推动新技术在农村金融领域的应用推广。规范互联网金融在农村地区的发展，运用大数据、区块链等技术，提高涉农信贷风险的识别、监控、预警和处置水平；加强涉农信贷数据的积累和共享；鼓励金融机构开发针对农村电商的专属贷款产品和小额支付结算功能，打通农村电商资金链条	数字普惠金融
人民银行	2019.08	《金融科技（FinTech）发展规划（2019—2021年）》	到2021年建立健全我国金融科技发展的“四梁八柱”，进一步增强金融业科技应用能力，实现金融与科技深度融合、协调发展，明显增强人民群众对数字化、网络化、智能化金融产品和服务的满意度，使我国金融科技发展居于国际领先水平	金融科技
中共中央政治局	2019.10	区块链技术发展现状和趋势集体学习	要把区块链作为核心技术自主创新的重要突破口，明确主攻方向，加大投入力度，着力攻克一批关键核心技术，加快推动区块链技术和产业创新发展	区块链
人民银行	2019.10	《个人金融信息（数据）保护试行办法》	重点涉及完善征信机制体制建设，对金融机构与第三方之间征信业务活动等进一步作出明确规定，加大对违规采集、使用个人征信信息的惩处力度	信息安全
人民银行上海总部	2019.10	《关于促进金融科技发展、支持上海建设金融科技中心的指导意见》	从打造具有全球影响力的金融科技生态圈、深化金融科技成果应用等8个方面提出40项指导意见，为把上海建设成为与国际金融中心地位相适应的金融科技中心提供总体规划	金融科技
市场监管总局、人民银行	2019.10	《金融科技产品认证目录（第一批）》《金融科技产品认证规则》	将支付技术产品认证拓展为金融科技产品认证	金融科技
人民银行	2019.12	《启动金融科技创新监管试点工作的公告》	支持在北京市率先开展金融科技创新监管试点。北京市在全国率先启动金融科技创新监管试点，探索构建包容审慎的中国版“监管沙盒”	监管科技

续表

机构	时间	政策名称	政策内容	类型
人民银行	2020.02	《个人金融信息保护技术规范》	规定个人金融信息在收集、传输、存储、使用、删除、销毁等生命周期各环节的安全防护要求，对个人金融信息保护提出了规范性要求；第一次清晰、明确地对个人金融信息作出分类；扩大了金融信息安全责任方的范围，并详细规定了相关机构在收集、使用个人金融信息的操作流程	信息安全
人民银行	2020.02	《商业银行应用程序接口安全管理规范》	规定了商业银行应用程序接口的类型与安全级别、安全设计、安全部署、安全集成、安全运维、服务终止与系统下线、安全管理等安全技术与安全保障要求；规定商业银行应用程序接口服务的参与方有用户、应用方及商业银行	开放银行
银保监会	2020.07	《商业银行互联网贷款管理暂行办法》	界定了互联网贷款的内涵及范围，明确互联网贷款应遵循小额、短期、高效和风险可控原则；在风控层面，要求商业银行建立全面风险管理体系，在贷前、贷中、贷后进行全流程风险控制，加强风险数据和风险模型管理，同时防范和管控信息科技风险	互联网贷款
国务院	2021.03	《“十四五”规划和2035年远景目标纲要》	稳妥发展金融科技，加快金融机构数字化转型；强化监管科技运用和金融创新风险评估，探索建立创新产品纠偏和暂停机制；鼓励金融机构发展知识产权质押融资、科技保险等科技金融产品；探索建立金融科技等监管框架；建立公共信用信息和金融信息的共享整合机制	金融科技
北京证监局、北京市地方金融监督管理局	2021.11	《首批资本市场金融科技创新试点项目》	试点项目业务场景覆盖智能投顾、智能风控、智能运营、智能交易清算等，技术涉及云原生、AI、区块链、联邦学习、隐私计算等	金融科技
银保监会	2022.01	《银行业保险业数字化转型的指导意见》	提出到2025年，银行业保险业数字化转型取得明显成效，数字化金融产品和服务方式广泛普及，数字化经营管理体系基本建成，数据治理更加健全，科技能力大幅提升，网络安全、数据安全和风险管理水平全面提升。对银行业保险业数字化转型提出具体要求	金融数字化转型

续表

机构	时间	政策名称	政策内容	类型
人民银行	2022.01	《金融科技发展规划（2022—2025年）》	强调高质量推进金融数字化转型，健全适应数字经济发展的现代金融体系；坚持“数字驱动、智慧为民、绿色低碳、公平普惠”的发展原则，以加强金融数据要素应用为基础，以深化金融供给侧结构性改革为目标，以加快金融机构数字化转型、强化金融科技审慎监管为主线，将数字元素注入金融服务全流程，将数字思维贯穿业务运营全链条，注重金融创新的科技驱动和数据赋能，推动我国金融科技从“立柱架梁”全面迈入“积厚成势”新阶段，力争到2025年实现整体水平与核心竞争力跨越式提升	金融科技
国务院	2022.01	《“十四五”数字经济发展规划》	支持网络安全保护技术和产品研发应用，推广使用安全可靠的信息产品、服务和解决方案；强化针对新技术、新应用的安全研究管理，为新产业新业态新模式健康发展提供保障；加快发展网络安全产业体系，促进拟态防御、数据加密等网络安全技术应用；建立健全数据安全治理体系，研究完善行业数据安全管理政策	数字金融
人民银行、市场监管总局、银保监会、证监会	2022.02	《金融标准化“十四五”发展规划》	明确“十四五”时期统筹推进金融标准化发展的指导思想、基本原则、主要目标、重点任务和保障措施。支撑金融高质量发展的效能进一步释放，从服务金融治理现代化、赋能金融科技创新、促进金融为民服务、支持金融扩大开放等方面提出具体要求	金融标准化
中央网络安全和信息化委员会	2022.03	《“十四五”国家信息化规划》	提出“数字普惠金融服务”优先行动，为促进共同富裕背景下全面推进数字普惠金融服务建设与发展明确了重点方向	数字普惠金融
人民银行	2022.10	《金融领域科技伦理指引》	提供了在金融领域开展科技活动需要遵循的守正创新、数据安全、包容普惠、公开透明、公平竞争、风险防控、绿色低碳七个方面的价值理念和行为规范	金融科技伦理

续表

机构	时间	政策名称	政策内容	类型
国务院	2023.05	《数字中国建设整体布局规划》	明确未来数字中国的建设目标和关键工作任务，按照“2522”的整体框架进行布局，即夯实数字基础设施和数据资源体系“两大基础”，推进数字技术与经济、政治、文化、社会、生态文明建设“五位一体”深度融合，强化数字技术创新体系和数字安全屏障“两大能力”，优化数字化发展国内国际“两个环境”	数字金融
国务院	2023.10	《推进普惠金融高质量发展的实施意见》	重点强调有序推进数字普惠金融发展，包括：提升普惠金融科技水平，强化科技赋能普惠金融，支持金融机构深化运用互联网、大数据、人工智能、区块链等科技手段，优化普惠金融服务模式；打造健康的数字普惠金融生态，支持金融机构依托数字化渠道对接线上场景，紧贴小微企业和“三农”、民生等领域提供高质量普惠金融服务；健全数字普惠金融监管体系，坚持数字化业务发展在审慎监管前提下进行	数字普惠金融
党中央、国务院	2023.12	中央金融工作会议	提出做好科技金融、绿色金融、普惠金融、养老金融、数字金融五篇大文章，数字金融作为新兴数字技术与传统金融服务相融合的特殊金融业态，首次在中央层面明确提出	数字金融

1.2.2　中国数字金融现实特征

1.2.2.1　数字金融发展全球领先

2018年以来，我国数字金融领域发展成就卓著，市场规模及投融资规模、金融科技创新能力、金融科技企业价值、移动支付、数字信贷、央行数字货币等领域已走在全球前列。

（1）金融科技市场规模、投融资规模持续扩张

根据Statista网站公布的数据，全球金融科技产业收入规模近年来呈现不断上涨的态势，全球范围内金融科技在传统金融领域的渗透率不断扩大，

2021 年全球金融科技产业市场规模达到 1 462 亿美元，2022 年突破 1 600 亿美元；2022 年全球金融科技领域产业融资规模 790 亿美元，较 2021 年产业融资规模有所下降，但与 2020 年以前相比，仍有大幅上涨。2023 年上半年产业融资规模达 680 亿美元。根据赛迪顾问《金融科技发展白皮书》数据，2016—2020 年，我国金融科技市场规模保持增长态势，增速保持在 10% 左右。2022 年，中国金融科技整体市场规模达到 5 423 亿元左右，约占全球总规模的 48%。2021 年全年，中国金融科技产业投融资总额为 432 亿元，同比增速近 122%。截至 2023 年 3 月，我国金融科技产业主体数量约为 3.3 万家。

（2）金融科技创新能力不断提升

数据显示，2018 年 1 月至 2022 年 10 月，全球超过 50 个国家和地区共申请了 19 万项数字金融领域相关专利。其中专利申请数量最多的 3 个国家分别是中国、美国和日本，专利申请数量分别是 10.7 万项、3.71 万项和 0.7768 万项。总体来看，中国金融科技和数字金融技术的相关专利技术不管是数量还是增速都远高于其他国家，其中以大数据和云计算技术最为突出，移动支付、大科技信贷、互联网银行等领域的技术水平都位于世界前列。在全球金融科技领域专利申请数量排名前十的企业中，有 7 家中国企业上榜。

（3）金融科技企业价值凸显优势

中国金融科技独角兽企业在头部领域具有突出优势。根据全球独角兽 500 强企业数据库（Unicorn500），2023 年全球独角兽企业 500 强金融科技赛道独角兽企业有 100 家，估值合计为 5.81 万亿元；其中中国企业共有 11 家，总估值为 1.33 万亿元，占比接近 23%。如表 1 – 3 所示，在全球独角兽企业 500 强金融科技赛道 TOP10 中，中国企业占据了 3 家，分别是蚂蚁集团、微众银行和京东科技。其中蚂蚁集团以 5 670 亿元估值高居榜首。

表 1 – 3　2023 年全球独角兽企业 500 强金融科技赛道 TOP10

排名	企业名称	估值（亿元）	所在国家	所在城市
1	蚂蚁集团	5 670.00	中国	杭州
2	Stripe	3 500.00	美国	旧金山
3	微众银行	2 478.00	中国	深圳
4	Revolut	2 310.00	英国	伦敦

续表

排名	企业名称	估值（亿元）	所在国家	所在城市
5	京东科技	2 000.00	中国	北京
6	Chime	1 750.00	美国	旧金山
7	Citadel Securities	1 500.00	美国	芝加哥
8	币安	1 380.00	马耳他	马耳他
9	Ripple	1 050.00	美国	旧金山
10	Blockchain. com	980.00	英国	伦敦

资料来源：全球独角兽500强企业数据库（Unicorn500）。

（4）移动支付的应用和推广进展迅速

中国银联公布的数据显示，截至2022年末，我国网络支付用户规模达9.11亿，移动支付整体市场覆盖率高达86%，是全球移动支付第一大市场。金融机构与第三方支付平台共同支撑移动支付市场，截至2023年9月底，全国共有185家非银行支付机构，服务超10亿个人和数千万商户，其2022年业务笔数为银行等金融机构的近6.5倍；而金融机构则主要处理大额交易，2022年其平均单笔业务金额约3 152元，为第三方机构（平均单笔约320元）的近10倍。目前微信和支付宝两大移动支付平台的用户数均已超过10亿，是著名支付服务提供商PayPal全球用户数的3倍以上。

（5）数字信贷平台获客和风险评估方面优势突出，规模全球最大

根据国际清算银行数据，全球数字信贷在2013年仅为180亿美元，而到了2019年已达到7 955亿美元，年均复合增长88.0%。这段时期中国数字信贷规模年均复合增长125.1%，截至2019年，中国数字信贷规模达到6 267亿美元，占全球数字信贷总量近八成。

（6）央行数字货币领跑全球，数字人民币支付场景迅速拓展

我国数字人民币推广应用加快，跨境结算取得积极进展。数字人民币试点近4年，已形成17个省市的26个试点地区、10家指定运营机构竞相发展的局面。数据显示，截至2023年6月末，数字人民币交易额达1.8万亿元，流通的数字人民币已达165亿元。数字人民币交易总量达9.5亿笔，开通钱包1.2亿个。我国央行已深度参与多边央行数字货币桥项目，在系统建设与平台接入方面均具备先发优势。同时，中国人民银行提出的“无损”“合规”

“互通”三大原则已由国际清算银行提议成为多边央行数字货币桥项目的基本原则。

1.2.2.2 关键底层技术产业蓬勃扩张

我国数字金融底层技术以大数据技术、人工智能技术、云计算技术、区块链技术等为代表，信息技术产业规模不断扩大，关键技术的金融领域应用不断更新、落地，为中国金融科技行业的持续发展提供了核心驱动力，整体呈现出精准化、智能化、可信化、安全化、规范化等发展特点。

（1）大数据技术

“十四五”以来，数据要素赋能经济社会发展的价值加速释放，数据正在从资源转换为蓬勃的生产力，驱动我国从“数据大国”向“数据强国”加速迈进。2023 年 2 月，《数字中国建设整体布局规划》印发，明确将数字基础设施和数据资源体系列为数字中国的两大基础；2023 年 10 月，国家数据局挂牌成立，数据要素制度改革创新步伐进一步加快。2023 年 11 月发布的《2023 年中国数据交易市场研究分析报告》显示，截至 2022 年，我国大数据产业规模达 1.57 万亿元，同比增长 18%，数据产量达 81ZB，同比增长 22.7%，占全球数据总产量的 10.5%；如图 1－1 所示，中国数据交易行业在过去几年内经历了稳定高速增长的发展阶段，2022 年整体市场规模较上年增长 42.0%，达到 876.8 亿元，占全球数据市场交易规模的 13.4%，占亚洲数据市场交易规模的 66.5%。

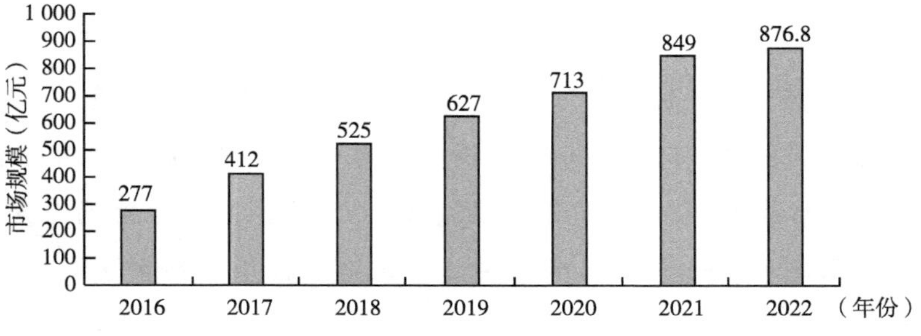

图 1－1 2016—2022 年中国数据交易市场规模

资料来源：IDC 中国，2023。

从具体行业应用来看，互联网、政府、金融和电信引领大数据融合产业发展，合计规模占比为77.6%。由于数据是开展金融业务的关键要素，对于金融风控和营销领域具有非常重要的作用，因此数据产品在金融业的应用相较于其他行业更为广泛和密集。同时，金融行业的信息化水平高，研发力量雄厚，在业务数字化转型方面处于领先地位。2022年，金融行业数据交易规模达306.9亿元，规模占比35.0%，是目前中国最大且最为成熟的细分行业数据交易市场。在数据产品类型上，征信类产品是金融业最为主要的交易产品，包括个人征信与企业征信，其中个人征信类数据产品交易规模占所有金融数据交易规模近26.0%。

银行、保险公司、证券、部分互联网企业是目前最主要的金融数据应用方，主要应用于风险管理、信贷审批、智能投顾、反欺诈、金融监管等场景，呈现精准化特征。通过对金融市场、金融机构、金融产品、金融客户等方面的数据分析，一方面，产品推荐和营销的精准度不断提高；另一方面，各大金融机构构建的数据中台体系连接前台业务和后台数据，提高了业务响应能力以及产品性能，精准解决业务需求。

（2）人工智能技术

人工智能正成为新一轮科技革命和产业变革的重要驱动力量，正与千行百业深度融合，成为经济结构转型升级的新支点。根据全球人工智能市场研究报告，2021年全球人工智能软件市场规模为370亿美元，2022年达到640亿美元，同比增长高达72.9%；预计到2027年全球人工智能软件市场规模将增长到1 423亿美元。中国也将成为全球第二大人工智能软件市场。

从2017年国务院发布《新一代人工智能发展规划》到现在，国家陆续出台了多项政策，鼓励人工智能行业的发展与创新，人工智能已经上升为我国国家战略。2021年3月，国家“十四五”规划正式发布，指出要培育壮大人工智能等新兴产业，推动通用化和行业性人工智能开放平台建设。《2023—2027年中国人工智能行业全景调研与发展战略研究咨询报告》数据显示，2022年，我国人工智能市场规模达到2 680亿元，中国人工智能相关企业数量超7 000家。

从行业应用渗透度看，2022年排名前五的行业依次为互联网、金融、政府、电信和制造。其中，金融行业的人工智能渗透度从2021年的55提升到

62，人工智能在金融行业的应用典型场景包括智能客服、实体机器人、智慧网点、云上网点等。

2023 年，由 ChatGPT 引爆的新一轮人工智能热潮，开启了由大模型驱动的 AIGC 时代。IDC 调研显示，67% 的中国企业已经开始探索 AIGC 在企业内的应用机会或已经开始进行资金投入。度小满、蚂蚁集团等金融科技公司先后发布了金融大模型。2023 年 5 月，度小满开源了国内首个千亿级金融大模型“轩辕”，并获得了上百家金融机构申请试用。目前，大模型技术已经应用在度小满各个业务场景，从营销、客服、风控、办公再到研发，已经初见成效。在代码助手方面，用大模型辅助生成的代码，采纳率能够达到 42%，帮助公司整体研发效率提升了 20%；在客服领域，大模型推动服务效率提升了 25%。在智能办公领域，大模型目前的意图识别准确率已达到 97%。

（3）云计算技术

作为一种数字基础设施，云计算技术逐渐成为全球范围国家和企业的核心竞争力之一。根据中国信息通信研究院发布的《云计算白皮书（2023）》显示，2021 年全球云计算市场规模达到 4 126 亿美元，同比增长 32.44%；2022 年全球云计算市场规模为 4 910 亿美元，增幅 19%。2022 年，全球云计算市场规模为 4 910 亿美元，增速 19%，预计在大模型、算力等需求刺激下，市场仍将保持稳定增长，到 2026 年全球云计算市场将突破万亿美元。

如图 1－2 所示，中国云计算产业 2021 年整个市场规模 3 229 亿元，同比增速 53.1%；2022 年，市场规模达 4 552 亿元，较 2021 年增长 40.91%。相比于全球 19% 的增速，我国云计算市场仍处于快速发展期，年复合增长率超 40%，预计 2025 年我国云计算整体市场规模将超万亿元。通常云计算的三种主要服务模式是基础设施即服务（IaaS）、平台即服务（PaaS）和软件即服务（SaaS）。根据 Gartner 发布的 2021 年全球云计算 IaaS 市场数据份额数据，排名前五的云计算 IaaS 厂商分别是亚马逊、微软、阿里云、谷歌云和华为云。中国企业阿里云位居全球市场份额第三，市场份额达到 9.55%；华为云位居第五，市场份额 4.61%。

目前云计算技术的行业应用已经重点拓展至互联网、政务、金融等行业，应用深度呈现阶梯状分布，金融行业处于云计算技术行业应用的第一梯队，

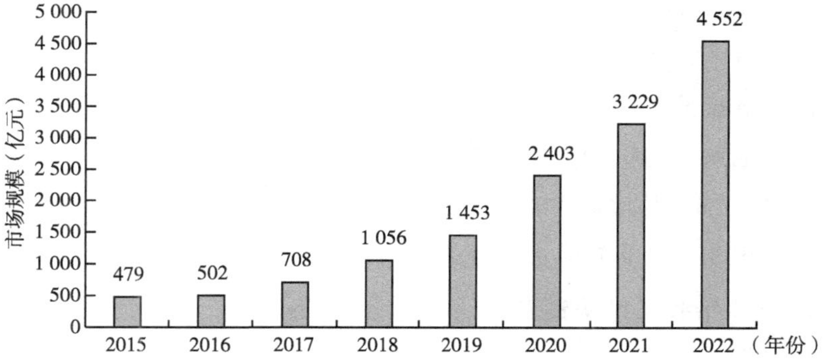

图 1－2　2015—2022 年中国数据交易市场规模

资料来源：IDC 中国，2023。

用云上云处于成熟期，已从全面上云过渡到深度用云的阶段，并持续推进云的优化与治理。如阿里云、腾讯云、京东云等厂商均在金融领域有落地实践，通过灵活调度云资源，保障多样化金融业务在云上平滑运行；同时积极落地平台工程，通过平台工程优化开发者体验，提升云应用的研发效能，并将平台能力赋能金融行业。

（4）区块链技术

作为一种新兴的分布式的数据库技术，区块链的不可篡改、去中心化、透明和可追溯的特点为数据的安全性和可靠性提供了更高的保障，同时伴随数字经济的迅速崛起，区块链作为数据要素流转的可信基础设施迎来新的发展机遇。据中国信息通信研究院《区块链白皮书（2023）》统计，2020 年，全球区块链市场规模呈现稳定增长，达到 43.1 亿美元，同比增长 53.97%。美国是全球最大的区块链市场，规模占比达到 39.6%，其次是中国，占比 11.4%。2023 年以来，全球区块链产业增速放缓，新增区块链企业数量下降，中美两国企业仍保持领先。截至 2023 年 12 月，全球共有区块链企业 10 291 家，中国和美国分别有 2 802 家和 2 697 家，占比分别为 27% 和 26%。目前全球共发布区块链标准 56 项，中国参与标准研制 22 项。金融业是全球最大的区块链应用领域，占比达到 29.7%，跨境支付与结算是全球最大的区块链用途，占比达到 17.6%。

区块链作为中国“十四五”新经济发展时期的重要基础设施，在各应用领域全面开花，与区块链相关的政策数量爆发式增长。“十四五”规划将区块链纳入七大数字经济重点产业之一，工信部和中央网信办联合发布《关于加快推动区块链技术应用和产业发展的指导意见》，这些政策推动区块链在中国快速进入落地期。IDC（国际数据公司）调研显示，2022 年中国区块链平台服务市场以 20.8% 的增速实现 2.3 亿美元的市场规模，中国政府行业区块链软件市场达到 2.2 亿美元的市场规模，市场增速达到 37.3%。根据 IDC 中国的统计，2022 年我国区块链产业（不包括加密货币、虚拟货币）规模约 67 亿元，2023 年约 87 亿元，3 年累计产业规模已近 200 亿元。

在各行业中，金融行业是最早与区块链“亲密接触”的行业，也是与区块链融合最活跃、最广泛的行业。以 2019—2022 年全球约 950 起区块链应用案例为例，金融区块链应用于监管合规、银行综合服务、支付结算、投资交易、融资服务和保险服务六大应用场景。截至 2022 年 12 月，我国共发布了 10 批区块链信息服务应用备案清单，具体分类占比如图 1－3 所示。

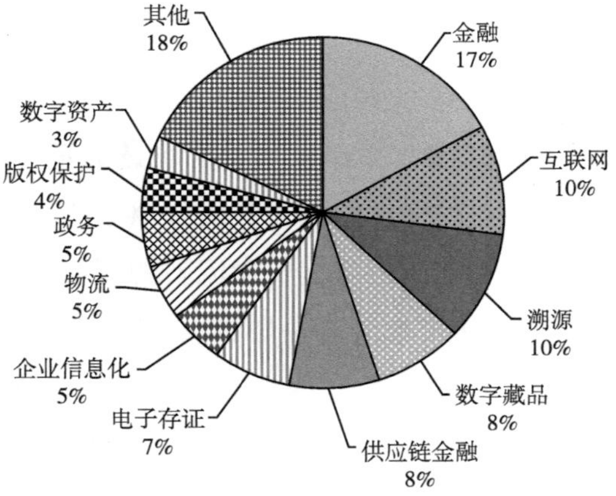

图 1－3　区块链信息服务应用分类（前十批备案清单）

资料来源：中国信息通信研究院《区块链白皮书（2022）》。

1.2.2.3　金融业数字化加速转型

数字化浪潮席卷全球的大背景下，金融行业经历了前所未有的数字化变革。2022 年 1 月中国银保监会发布《银行业保险业数字化转型指导意见》指出，要“全面推进银行业保险业数字化转型，推动金融高质量发展”。其中，“业务经营管理数字化”作为重点方面提出，包括：积极发展产业数字金融、大力推进个人金融服务数字化转型、提升金融市场交易业务数字化水平、建设数字化运营服务体系、构建安全高效、合作共赢的金融服务生态、着力加强数字化风控能力建设等，涵盖了金融机构业务经营管理的各个方面。金融业对于数字化转型的需求更加迫切和急需，在政策推动和自身转型需要的促进下加速数字化生态融合。

（1）数字化投入稳定增长

根据艾瑞咨询发布的《2023 年中国银行业数字化转型研究报告》，自 2019 年以来，我国银行业 IT 投入总规模以 24% 的复合增长率稳定高速增长，超过七成的银行近三年金融科技投入占营业收入的比重超过 2%。2019—2023 年中国银行业 IT 投入规模趋势如图 1－4 所示。2023 年中国银行业 IT 投入规模达到了 4 000 亿元，同比增长 24.6%，占营业收入的 2.8%。其中，四大行对金融科技投入力度最大，建行、工行投入信息科技研发的金额分别为 176 亿元、163 亿元，分别占该行营业收入的 2.50%、2.20%。招商银行对金融科技的投入力度最大，是唯一投入信息科技金额占比超过 3%（达 3.72%）的银行。

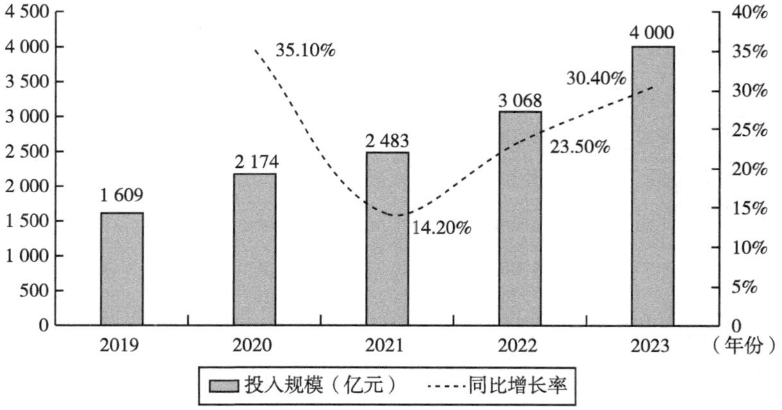

图 1－4　2019—2023 年中国银行业 IT 投入规模趋势

资料来源：《2023 年中国银行业数字化转型研究报告》，艾瑞咨询。

在证券业方面，行业信息技术投入资金逐年攀升，2018—2021 年累计投入金额达 930 亿元，复合增速达 19%。2021 年行业 IT 总投入为 338.2 亿元，同比增长 28.7%，占上年营收比为 7.7%。2022 年 20 家上市券商金融科技投入总额超过 209 亿元，其中 9 家券商的投入突破 10 亿元，华泰证券以 27.24 亿元金融科技投入稳居首位，是唯一一家金融科技投入达到 20 亿元级别的券商（见表 1－4）。2022 年中证协向券商下发了《网络和信息安全三年提升计划（2023—2025）》征求意见稿，明确提出鼓励有条件的券商未来 3 年信息科技平均投入金额不少于平均净利润的 8% 或平均营业收入的 6%，信息科技专业人员不低于公司员工总数的 6%。

表 1－4　2020—2022 年部分证券公司金融科技投入情况

证券公司	金融科技投入（亿元）			金融科技投入占营收比例（%）		
	2022	2021	2020	2022	2021	2020
华泰证券	27.24	22.28	17.65	12.98	5.87	5.61
海通证券	14.79	18.5	16.71	7.05	4.28	4.37
国泰君安	17.99	15.35	12.27	8.57	3.59	3.49
中金公司	19.06	13.16	6.41	9.08	4.36	2.71
招商证券	14.45	11.92	9.94	6.88	3.95	4.09
中信建投	13.11	10.93	7.78	6.25	5.30	3.33
广发证券	12.27	9.85	8.9	5.85	2.87	3.05
国信证券	10.25	8.9	7.53	4.89	7.41	3.49
东方证券	9.26	8.75	5.36	4.41	3.31	2.32
申万宏源	8.62	8.28	5.96	4.11	2.58	2.03
兴业证券	8.61	7.64	5.03	4.10	4.02	2.86
东吴证券	3.73	3.26	2.68	2.17	3.49	3.64
方正证券	4.55	3.06	3.21	2.19	3.49	4.26
华林证券	4.6	2.23	0.89	2.53	15.92	5.97

资料来源：各上市券商公开财务数据。

在保险业方面，保险机构信息科技投入规模热度持续，2018—2023 年中国保险业 IT 投入规模如图 1－5 所示，2022 年中国保险行业总体 IT 投入规模为 481 亿元，同比增长 16.10%。

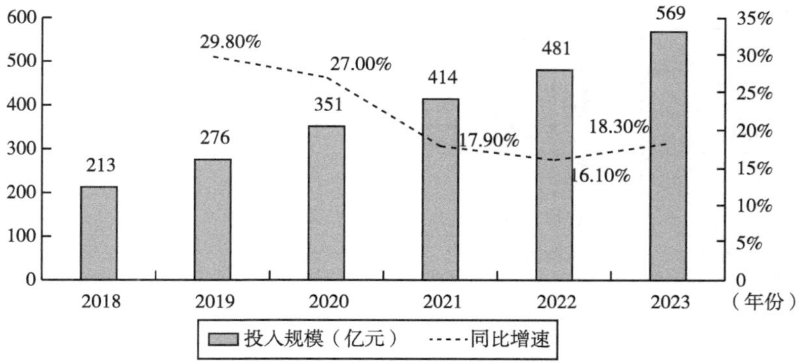

图 1－5 2018—2023 年中国保险业 IT 投入规模趋势

资料来源：《2023 年中国保险业数字化转型研究报告》，艾瑞咨询。

（2）科技组织架构逐步健全

金融行业尤其是中大型金融机构纷纷开展科技组织架构调整，优化科技治理体系变革，将数字化转型提升到公司战略核心位置，将传统信息科技中心转变为金融科技业务部门，相继成立数字化运营机构、金融科技子公司等。各金融机构优化顶层设计，建立扁平化的组织架构，在不同管理分支设置独立的数字化部门，负责数字化产品、业务流程和技术的研发。

全面强化数字化转型的组织保障。从决策层面看，在设置最高层分管领导、信息科技管理委员会进行信息化管理决策的基础上，部分机构由一把手亲自抓金融科技创新、数字化转型工作。国有大型银行和证券公司、股份制银行及保险公司更注重由“一把手”亲自抓数字化转型工作；从关键高管岗位设置情况看，目前主要金融机构基于监管要求和加强整体科技管理考虑，重点设置首席信息官和首席技术官，但首席数据官的设置还未引起普遍重视；从部门设置调整看，加大支持金融科技创新、数字化转型的新部门设置和组建，提升金融科技能力和水平、支持金融创新。

目前所有国有银行和股份制银行，包括 28 家城商行均设立了金融科技部。截至 2023 年 11 月，全国银行系金融科技子公司 21 家，表 1－5 展示了全国 5 家国有银行、9 家股份制银行、4 家城商行、1 家农商行、2 家省联社成立金融科技子公司的情况。

表 1－5　中国银行系金融科技子公司一览表

金融机构	金融科技子公司	成立时间	注册资本
中信银行	中信金科	2008.05	1.1 亿元
兴业银行	兴业数金	2015.11	3.5 亿元
平安银行	金融壹账通	2015.12	12 亿元
招商银行	招银云创	2016.02	1.5 亿元
深圳农商银行	前海金信	2016.05	2 100 万元
光大银行	光大科技	2016.12	2 亿元
建设银行	建信金科	2018.04	17.29 亿元
民生银行	民生科技	2018.04	2 亿元
华夏银行	龙盈智达	2018.05	2 100 万元
工商银行	工银科技	2019.03	6 亿元
北京银行	北银金科	2019.05	5 000 万元
中国银行	中银金科	2019.06	6 亿元
浙商银行	易企银科技	2020.02	200 万元
农业银行	农银金科	2020.07	6 亿元
交通银行	交银金科	2020.08	6 亿元
厦门国际银行	集友科技创新	2020.09	1 000 万元
廊坊银行	廊坊易达科技	2020.11	200 万元
浙江农信社	浙江农商数字科技	2020.12	1 亿元
广西农信社	桂盛金科	2020.12	1 200 万元
盛京银行	盛银数科	2021.01	1 000 万元
浦发银行	浦银金科	2021.05	10 亿元

（3）业务数字化转型加速推进

第一，渠道数字化。包括线下物理网点数字化转型、线上数字化渠道建设和渠道间联通互动。2023 年 4 月，中国银行业协会正式发布《2022 年中国银行业服务报告》指出，据不完全统计，2022 年银行业金融机构离柜交易笔数达 4 506.44 亿笔；离柜交易总额达 2 375.89 万亿元；行业平均电子渠道分流率为 96.99%。为了适应客户需求和市场变化，各家金融机构都在加快线上渠道建设和优化，金融机构官方网站、手机 App、第三方平台等线上平台成为客户聚集地。以建设银行为例，2023 年其手机银行日均交易量达到 1.5 亿笔，同比增长 26.7%；手机银行日均交易金额达到 1.8 万亿元，同比增长

36.7%；手机银行用户数达到4.5亿户，同比增长16.9%。同时，金融机构尤其是银行机构大力加强线下网点的数字化升级。通过引入智能柜员机、自助终端、人脸识别、语音识别等智能工具和技术，提高网点服务效率和质量。以工商银行为例，2023年其智能柜员机数量达到10.6万台，占自助设备总数的76.5%；智能柜员机日均交易量达到1 000万笔，占自助设备交易总量的81.2%。

第二，营销数字化。金融机构利用大数据、人工智能、云计算等技术实现客户精准识别、触达、转化和运营，提高营销效果和效率。2022年，中国银行业营销数字化转型资金投入规模为1 135亿元，较上年增长34.3%，推动营销数字化转型将长期成为银行改革发展的主旋律。

第三，产品数字化。在数字技术基础较为完善的情况下，金融机构基本构成了以数字化为引擎，数字化营销、数字化运营场景多点散发的经营模式，数字金融场景应用和产品服务研发也覆盖普惠金融、营销模式、供应链金融、交易银行、投资咨询、对公经营、零售业务等多个维度。银行对公金融产品和服务线上化率持续提升。招商银行2022年年报显示，其公司客户基础服务线上化率达95.65%，融资业务线上化率达到82.14%，外汇业务线上化率达到65.49%。线上化产品和服务逐渐覆盖客户账户、支付结算、现金管理、融资、理财等，涉及贸易金融、供应链金融、跨境金融、普惠金融以及电子函证和保函等业务领域。保险公司业务数字化水平显著提升，中关村互联网金融研究院发布的《中国金融科技与数字普惠金融发展报告（2022）》显示，截至2022年，共有134家保险公司开展了互联网财产保险业务，约占保险公司总数的57%；基于互联网技术、大健康生态数据与健康险业务相融合的百万医疗险，创造了互联网保险业务的巨大保费增长。证券行业数智化服务规模大幅度提升，据Statista估算，我国智能投顾管理的用户数量超过1亿。

第四，风控数字化。金融机构尤其是银行推进风险监控手段从“人工监测”向“线上监测为主，人工监测为辅”转变，多维度建立风控模型，多层次模块统筹，实现风控前移、动态监测、分级处置，对客户进行全生命周期的量化风险监测和分类管理，以数据为基础，结合智能技术，提高风险识别、评估、控制和管理的效率和效果（见表1－6）。

表 1－6　部分代表性银行数字风控举措概览（2022—2023 年）

银行名称	数字风控具体举措	取得成效
中国建设银行	1. 推进大数据工具、智能化平台在关键风控环节的应用 2. 持续完善“数字化、全流程、标准化”的普惠金融智能化风控管理体系，应用数字化工具，推进服务点线下网格化、线上智能化风控体系建设 3. 优化贷后管理系统和数字化风控平台，部署监测模型	企业级风险管理平台、“3R”“蓝芯”等智能风控重点项目实施落地；建成涉农金融数字化风控体系；涉农贷款资产质量保持较优水平
中国银行	1. 促进科技与业务深度融合，打造全方位数字化银行 2. 持续提升线上渠道数字化风险控制能力 3. 夯实智能风控保障，助力平衡风险和业务发展 4. 有序开展风险数据治理工作，加快推进风险管理向数字化转型，智能风控取得快速进展，有效提升风险管理的早识别、早预警、早发现、早处置能力	2022 年“网御”事中风控系统实时监控线上渠道交易 79.62 亿笔，同比增长 3.54%。持续开展反钓鱼监测，累计监测并关闭钓鱼网站及 App 下载链接 1 044 个
中国工商银行	1. 全面推动信用风险管理数字化转型，构建多维度、多层次、全流程的数字化风控体系 2. 拓宽信贷数据来源，强化信用风险数据和风险信息共享 3. 创新数字技术应用，提升信贷防假反假能力，实现客户数据自动化提取 4. 全面提升全球信贷与代理投资管理系统（GCMS）、移动应用“e 信贷”业务辅助支持能力和智能化水平	2023 年上半年，该行拦截欺诈交易超 10 万笔，避免客户损失近 10 亿元。截至 2022 年“e 信贷”已整合超过 30 亿条行内外数据提供智能风控服务，累计服务同业机构 300 余家、企业客户超 6.3 万家
平安银行	1. 对公风控方面，持续升级智慧风控平台，创新打造供应链场景“1 个核心企业 + N 个关联企业”组装式风控模式，智慧贷后模块全面实现客户分层分类管理，提升风险自动化监测能力 2. 零售风控方面，构建零售模型全流程管理平台，实现风控模型全生命周期精准管理	2023 年 6 月末，该行智慧风控平台实现约 70% 的标准化业务秒级出账，借助数字化手段贷后工作效率提升约 50%

资料来源：相关银行 2022—2023 年部分财务报告。

1.2.2.4 金融科技创新监管全面实施

2019年12月，人民银行启动金融科技创新监管试点工作，又称中国版“监管沙盒”，旨在引导持牌金融机构、科技公司，在依法合规、风险可控的前提下，运用新兴技术驱动金融创新，探索构建符合我国国情、与国际接轨的金融科技创新监管工具。金融科技创新监管在北京率先开展试点，4年来发布了白皮书、运行报告，配套出台了金融科技创新应用测试、风险监控、安全通用等标准规范，从九地探索验证走向全国范围内全面实施和深入应用，不断强化对金融科技创新全生命周期审慎管理。

（1）金融科技创新监管工具得到稳步推广

根据2023金融街论坛年会上国家金融科技风险监控中心发布的成果显示，截至2023年10月末，金融科技创新监管工具共公示创新应用235个，成功完成测试出盒的创新应用71个。在申请机构中，金融机构114家（占比为60.96%），科技公司64家（占比为34.22%），其他机构9家（占比为4.82%，含国家外汇管理局、会计师事务所等）。在技术应用方面，金融科技创新监管工具涉及人工智能、大数据、区块链等数10种新技术的金融领域应用，其中占比最高的是大数据技术和人工智能技术。具体技术应用分布情况如图1－6所示。

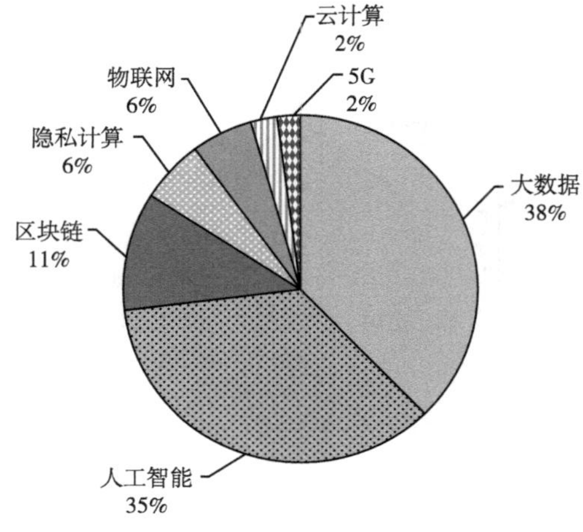

图1－6 金融科技创新监管工具技术应用分布

资料来源：《中国支付产业年报2023》。

（2）顺利实施沙盒联网助推跨境合作

创新监管工具已实现与香港金管局金融科技监管沙盒、澳门金管局创新金融科技试行项目的监管要求联网对接，以“一站式”平台为三地符合条件的创新项目提供同步测试环境，不断加大金融支持粤港澳大湾区建设力度。2022年2月，人民银行深圳市中心支行将首批纳入粤港澳大湾区金融科技跨境创新测试的“基于人工智能技术的客户身份辅助核验产品”应用予以公示；2022年3月，人民银行广州分行公示了由中国银行（香港）有限公司、中国银行广东省分行及中国银行深圳市分行共同申请的“基于API技术的跨境自动汇款服务”金融科技创新应用。

（3）金融科技创新监管深入融合区域实际

不同地区结合各自区域优势，有针对性地开展“主题沙盒”工作，陆续公示了一批特色主题创新应用（见表1－7）。

表1－7　部分金融科技创新监管主题创新应用

时间	区域	主题创新	应用内容
2022.01	广州（粤港澳大湾区）	供应链金融	公示2个创新应用，结合人工智能、大数据、区块链、远程视频等新技术与供应链场景，以金融支持湾区建设为契机，依托湾区基础设施、人才、资金、产业等优势，解决供应链金融发展中信息共享难、融资可得性不足等痛点
2022.11	重庆（成渝经济圈）	小微金融	公示2个创新应用，涵盖隐私计算、物联网、大数据等技术，聚焦养殖业、制造业、科创企业等小微主体，解决传统信贷风控环节数据采集成本高、数据维度不足等难题，纾解小微企业融资难贵困局
2022.11	武汉（湖北碳排放权交易中心）	绿色金融	公示3个创新应用，使用大数据、人工智能、图像识别等技术，聚焦碳减排、碳吸收、绿色能源等行业，充分发挥湖北碳排放权交易中心等基础设施优势，增加绿色金融服务供给，助推绿色经济发展
2022.12	北京（京津冀一体化）	智慧金融	公示3个创新应用，主要运用人工智能、大数据、隐私计算、数字孪生体建模、混合现实等新技术，探索人工智能技术在重塑金融服务流程、扩展金融服务渠道等场景应用有效途径，促进智慧金融服务与生产生活场景深度融合

（4）创新监管广泛拓展应用场景

从当前创新监管工具的应用场景来看，涵盖支付结算、数字信贷、跨境贸易、数字运营、乡村振兴、绿色金融等场景，其中融资信贷类场景的占比最高，占比超过总数的40%；支付清算类场景次之，占比约为16%。具体应用场景分布情况如图1－7所示。

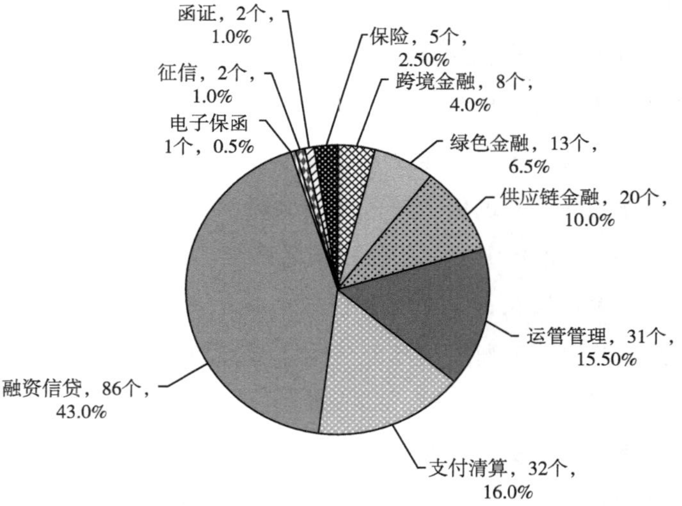

图1－7　金融科技创新监管工具应用场景分布

资料来源：《中国支付产业年报2023》。

1.3　数字金融的发展趋势

1.3.1　全球数字金融发展趋势

受全球经济和科技行业低迷的影响，金融科技融资在2023年有明显下降，金融科技企业盈利问题也较为突出。同时，不同区域金融科技发展速度出现分化，以拉美、非洲为代表的新兴金融科技市场发展潜力开始显现。数字化、智能化前沿技术已经成为全球金融业各类主体寻求新突破的重要驱动力，但是对技术应用的监管缺失导致创新与风险的失衡。尽管数字金融领域发展存在诸多不确定，业内对全球金融科技的预判还是充满乐观和期待。波士顿咨询集团（BCG）和 QED Investors 联合发布了一份名为《2023 年全球金融科技：重塑金融未来》的专题报告，报告指出：

从规模上看，到 2030 年全球金融科技行业收入预计将增长 6 倍，从 2 450 亿美元增至 1.5 万亿美元。目前，金融科技行业在 12.5 万亿美元的全球金融服务收入中占比仅为 2%，未来这一数字有望攀升至 7%，其中银行业金融科技预计到 2030 年将占全球所有银行估值的近 25%。

从区域布局上看，到 2030 年，亚太地区将超过美国成为世界上最大的金融科技市场，预计复合年增长率（CAGR）达到 27%。这一增长将主要由新兴的亚太地区市场（如中国、印度和印度尼西亚）推动。北美目前拥有全球最大的金融服务业，未来也仍将是关键的金融科技市场和创新中心。英国和欧盟在全球金融机构市场中的占比份额排名第三。预计到 2030 年，该地区金融科技行业也将大幅增长，其中支付行业仍将是主导增长力量。同样，以巴西和墨西哥为首的拉丁美洲市场已经建立了金融科技格局，预计同期的收入复合增长率将达到 29%。

从产业引领上看，支付产业引领了第一阶段的金融科技进程，受跨境支付、“支付 +”模式（账单支付和支付应用程序提供钱包服务等）、实时支付驱动用户激增的推动，该行业将增长 5 倍，达到 5 200 亿美元。B2B2X 和 B2B（服务于小企业）将成为下一个时代的金融科技领军力量，在嵌入式金融和金融基础设施的支持下，B2B2X 市场预计将以 25% 的复合增长率实现增长，到 2030 年达到 4 400 亿美元的年收入规模；而 B2B 金融科技市场预计将以 32% 的复合增长率增长，通过为缺乏信贷和服务差的小企业提供解决方案，年收入将达到 2 850 亿美元。

1.3.2 中国数字金融趋势展望

2018 年以来，我国数字金融市场规模及投融资规模、金融科技创新能力、金融科技企业价值、移动支付、数字信贷、央行数字货币等领域已走在全球前列，大数据、人工智能、云计算、区块链等关键底层技术产业蓬勃发展，金融行业数字化转型持续加速并不断取得新进展，金融科技创新监管体系逐步建立起来。展望未来，中国数字金融将呈现以下新趋势。

1.3.2.1　数字金融支撑实体经济作用更加显著

从2017年全国金融工作会议，到2023年中央金融工作会议，都在强调“金融的本质是服务实体经济”。党的二十大报告指出：“坚持把发展经济的着力点放在实体经济上。”数字金融相较于传统金融，具备更鲜明的社会普惠性、便利性和外部性特征，将成为更好服务实体经济的重要抓手。目前，数字金融在缓解信息不对称、提升社会信贷服务效率等方面已经发挥了重要作用。在促进数实融合的发展趋势下，为服务实体经济，未来数字金融发力方向将从需求侧转变到供给侧，支持产业端发展。大力发展产业数字金融，利用数字技术和产业链、工业互联网的生态来降低信息不对称，为产业端企业提供更好的金融服务。此外，在双循环新发展格局构建方面，利用数字金融解决跨境金融需求中的一些难题，同时鼓励中国数字金融企业出海，将可能形成一个以中国为依托和主导的跨区域世界工厂，实质性地推动新型全球化的形成，将有利于提升中国的国际影响力，为我国2024年及以后经济增长开辟广阔的海外市场，并反过来促进国内大循环的不断扩大。

1.3.2.2　数字技术促进数字金融创新驱动力更加强大

数字技术引领数字金融不断优化金融服务，革新金融产品、流程及业务模式。未来新一代信息技术的变革将形成对数字金融创新更为强大的驱动作用。尤其是人工智能大模型技术在金融业务的应用场景覆盖的广度不断向外拓展，商业银行在智能营销、智能识别、智能投顾、智能风控、智能客服方面的应用不断丰富，具体包括生成式人工智能的规模化应用、金融AI应用的平台化支持、人机交互提供的体验式服务，建设以自动化服务为代表的“智能客服”体系以及以“开放银行”为代表的场景金融服务体系。

1.3.2.3　数字化金融产品和服务场景更加普及

近年来，我国数字金融形成了以数据资源为基础、数字技术应用为支撑、业态模式创新为重点的发展态势，数据要素在金融创新发展中的重要性凸显。

金融机构将进一步利用数字技术和数据要素实现双轮驱动，了解客户的消费习惯、投资偏好、风险承受能力等，挖掘出客户的个性化需求和行为特征，为客户量身定制金融产品和服务，实现“以产品为中心”跨越到“以客户为中心”。根据银保监会印发的《关于银行业保险业数字化转型的指导意见》，“到2025年，数字化金融产品和服务方式广泛普及，基于数据资产和数字化技术的金融创新有序实践，个性化、差异化、定制化产品和服务开发能力明显增强。”2023年中共中央、国务院印发的机构改革方案明确提出组建国家数据局，负责协调推进数据基础制度建设，统筹数据资源整合共享和开发使用，统筹推进数字中国、数字经济、数字社会等，数据要素市场建设将提供更普遍的基于大数据的金融服务。在风险可控的条件下，不断推出与数据要素相关的金融产品，实现数据要素的价值发现功能，激发数据市场活力。

1.3.2.4 数字货币应用领域更加广泛

随着技术不断进步和创新应用场景不断涌现，数字人民币试点城市范围将不断扩大，投入使用规模将大幅增加，应用领域和场景也将不断深化，尤其是以政务服务等公共事业领域的应用探索将持续加快，此外在跨境支付、数字身份认证、供应链管理等领域也都将得到广泛应用。数字货币将为金融业带来更多的机遇和挑战，数字货币可以作为货币政策工具进行宏观调控；也可以作为金融创新的试验田和创新驱动器，推动金融业的转型升级和创新发展。同时，数字货币将带动数字人民币产业链规模投资，大量产业链企业受益，比如ATM机、智能柜台机和POS机改造等项目落地等。数字货币发展本身带来的法律监管、金融安全、国际协调合作等也是未来需要重点关注的问题。

1.3.2.5 金融科技创新监管体系更加完善

在目前我国已经基本构建的中国版“监管沙盒”式金融科技创新监管框架之下，坚持央行统筹指导，深入落实金融科技发展规划，充分发挥金融科技创新监管工具的作用，引导持牌金融机构、科技公司稳妥开展金融科技创新，强化金融科技创新行为的全生命周期管理，防范金融与科技融合潜在风险，进一步促进金融和科技融合发展；金融科技创新监管工具创设将继续坚持技术导向，稳步推进，尤其在普惠金融、便民服务等相关领域布局形成更深层次的应用，一方面鼓励金融业务创新，一方面在多元化的监管中控制风险，常态化地向客户提供服务；进一步平衡技术创新、金融创新、业务创新以及监管创新之间的对立统一关系，在可控范围内实现协调发展，实时监测可能产生的金融风险。

2 影响金融行业数字化发展的十大信息技术

数字经济已成为重组全球要素资源、重塑全球经济结构、改变全球竞争格局的关键力量。数字金融是数字经济在金融领域的映射体现。我国政府高度重视新一代信息技术的融合应用，多次从国家战略层面进行部署。2021 年中国人民银行出台《金融科技（FinTech）发展规划（2022—2025 年）》，明确提出数字技术成为新的发展引擎，并将“金融业数字化转型更深化”作为首要发展目标；原银保监会发布《关于银行业保险业数字化转型的指导意见》，进一步引导银行业保险业数字化转型，构建适应现代经济发展的数字金融新格局。2023 年 10 月召开的中央金融工作会议，提出做好数字金融等五篇大文章，强调通过对数据要素和数字技术的深度开发应用，推动金融机构传统金融产品、服务和模式创新。

金融行业数字化转型，离不开日新月异的信息科学技术的支撑。从国外金融业的发展历史来看，1967 年，英国的巴克莱银行推出世界上第一台 ATM 机；1969 年，智能卡问世；1982 年，银行引入电子支付；1995 年，网上银行开始出现；1999 年，挪威推出移动银行业务。从国内的金融业发展来看，1993 年启动金卡工程；1999 年开始了数据大集中工程；2004 年支付宝上线；2007 年，第一家 P2P 网络借贷平台拍拍贷上线；从 2015 年开始，信息技术在金融业务中的应用更加全面也更加深入，出现了更多全新的金融服务模式。从专利数据来看，2018 年至 2022 年 11 月，现代金融服务业的专利申请量为 8 195 件①。其中，专利申请技术的分支中，金融或保险的专利数量为 5 866 件。

---

① 资料来源：六棱镜全球专利投融资情报系统，www. sixlens. com。

2.1　传统金融机构信息技术投入分析

2.1.1　信息技术资金投入不断提升

近几年，金融机构信息技术总投入增长稳定。2020 年我国金融机构信息技术投入 1 342.40 亿元，其中银行业、证券业、保险业分别投入 1 981.6 亿元、262.87 亿元、351 亿元；2021 年金融机构信息技术投入增加到 3 310 亿元，其中证券业为 303.55 亿元，保险业为 354.8 亿元①。根据艾瑞咨询的数据，预计至 2024 年银行、保险与证券机构的累计技术资金投入将达到 5 754.5 亿元（见图 2－1）。

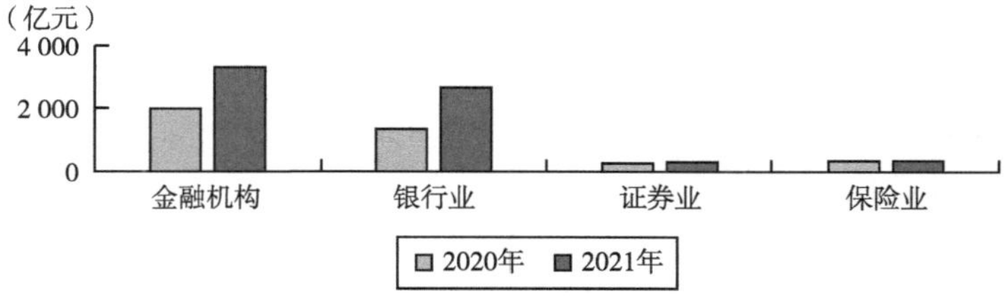

图 2－1　金融机构信息技术投入

2.1.2　科技人才投入稳步增长

在数字化转型的浪潮中，科技创新人才成为金融机构比拼金融实力的关键因素。以走在金融数字化转型前列的银行业为例，近几年科技人才持续增加。截至 2022 年底，中国工商银行的科技人才数量最多，达到了 3.6 万名。科技员工达到 1 万人以上的还有中国建设银行、中国银行、中国农业银行、招商银行，分别是 1.58 万名、1.33 万名、1 万名和 1.1 万名。与国有银行、股份制银行较高的科技员工储备量相比，城商行、农商行则相对较少。郑州银行科技人员 291 名，常熟农商银行 304 名。从科技人员占总人员比例来看，股份

① 资料来源：艾瑞咨询、《中国证券业发展报告（2022）》、IDC。

制银行和城商行的科技从业者占比相对较大。杭州银行的科技人员占比最大，达到15.63%，其次是上海浦东发展银行和招商银行，分别是9.96%和9.56%，充分体现了加强科技人才投入是金融机构发展的核心要素（见表2－1）。

表2－1 20家商业银行2019—2022年科技人才情况

序号	银行名称	2019年科技从业人员（千人）	2020年科技从业人员（千人）	2021年科技从业人员（千人）	2022年科技从业人员（千人）	2019年科技人员从业者占比（%）	2020年科技人员从业者占比（%）	2021年科技人员从业者占比（%）	2022年科技人员从业者占比（%）
1	中国工商银行	34.8	35.4	35.0	36.0	7.82	8.05	8.06	8.30
2	中国建设银行	10.2	13.1	15.1	15.8	2.94	3.51	4.03	4.20
3	中国农业银行	7.4	8.1	9.1	10	1.59	1.76	2.00	2.20
4	中国银行	—	7.7	12.9	13.3	—	2.49	4.20	4.35
5	交通银行	3.5	4.0	4.5	5.9	3.99	4.38	5.03	6.38
6	中国邮政储蓄银行	3.2	4.2	5.3	6.4	1.83	2.15	2.73	3.28
7	广发银行	1.3	1.7	2.1	2.1	3.56	4.56	5.47	5.55
8	上海浦东发展银行	3.9	5.9	6.4	6.5	6.69	9.50	10.15	9.96
9	招商银行	3.3	8.9	10.0	10.8	3.84	9.77	9.65	9.56
10	中国光大银行	1.5	2.0	2.4	3.2	3.38	4.24	5.11	6.72
11	渤海银行	0.1	0.6	0.9	1.3	1.26	5.27	7.32	9.57
12	广州银行	0.4	0.4	0.5	0.5	6.52	7.35	7.20	7.04
13	杭州银行	0.9	1.1	1.4	2.1	11.70	12.45	13.71	15.63
14	南京银行	0.4	0.6	0.7	1.0	3.68	4.68	5.24	5.82
15	宁波银行	0.7	1.1	1.4	1.7	4.22	4.61	5.85	6.38
16	上海银行	0.7	0.8	1.1	1.2	5.56	6.30	7.72	8.60
17	郑州银行	0.2	0.2	0.3	0.3	4.26	4.31	5.19	4.94

续表

序号	银行名称	2019年科技从业人员（千人）	2020年科技从业人员（千人）	2021年科技从业人员（千人）	2022年科技从业人员（千人）	2019年科技人员从业者占比（%）	2020年科技人员从业者占比（%）	2021年科技人员从业者占比（%）	2022年科技人员从业者占比（%）
18	中原银行	0.5	0.6	0.7	0.8	3.40	4.65	5.30	4.27
19	上海农商银行	0.3	0.4	0.5	0.7	3.41	4.33	5.19	6.57
20	常熟农商银行	0.3	0.3	0.3	0.3	3.87	3.85	3.81	4.29

资料来源：Wind。

2.2 影响金融行业数字化发展的信息技术界定

在“金融+科技”有效融合趋势下，金融科技已成为推动金融数字化转型的新引擎。根据金融稳定理事会（FSB）的定义，金融科技（FinTech）主要指由大数据、区块链、云计算、人工智能等新兴前沿技术带动，对金融市场以及金融服务业务供给产生重大影响的新兴业务模式、新技术应用、新产品服务等。积极运用数字技术，能够有效推动金融科技发展，加快推进金融数字化转型工作。同时数字技术的快速演进，也为金融数字化转型注入了充沛活力。目前关于数字技术的定义，国内外还未明确统一。

2.2.1 国际组织关注的数字技术

二十国集团（G20）、经济合作与发展组织（OECD）和联合国等国际组织在相关文件中对数字技术进行了界定。二十国集团主要关注的数字技术有互联网、5G、云计算、大数据、物联网、人工智能和区块链，经济合作与发展组织更为关注的是物联网、云计算、大数据、人工智能和区块链这些数字技术，联合国贸易和发展组织（UNCTAD）则主要关注机器人、云计算、5G、3D打印、物联网、区块链、人工智能、大数据分析、数字支付系统、数字平台和社交系统等数字技术（见表2-2）。

表 2-2 国际组织界定的数字技术

国际组织	文件	代表性数字技术
二十国集团（G20）	《二十国集团数字经济发展与合作倡议》	互联网、云计算、大数据、物联网
	《G20 数字经济部长宣言》	5G、物联网、人工智能、区块链
	《二十国集团关于贸易和数字经济的部长声明》	人工智能、5G、物联网、区块链
经济合作与发展组织（OECD）	《衡量数字经济》	信息通信技术及信息通信技术与其他技术的融合（如生物技术和纳米技术）
	《数字经济展望 2015》	信息通信技术、物联网技术
	《数字经济展望 2017》	物联网、云计算、大数据、人工智能、区块链
联合国贸易和发展组织（UNCTAD）	《信息经济报告：数字化、贸易和发展》	机器人、人工智能、物联网、云计算、大数据分析、3D 打印、数字支付系统、数字平台、社交系统
	《数字经济报告》	区块链、3D 打印、物联网、5G、云计算、自动化和机器人、人工智能、数据分析

2.2.2 中国政府关注的数字技术

目前，我国主要出台了两项金融科技重点规划政策文件：《金融科技（FinTech）发展规划（2019—2021 年）》和《金融科技发展规划（2022—2025 年）》，引领我国金融科技发展实现“立柱架梁，进而推动我国金融科技应用整体水平与核心竞争力实现跨越式提升。《规划》在重点任务中不仅给出了金融科技重点发展的技术点，也框定了相应技术的典型应用场景的具体范围。

《金融科技发展规划（2022—2025 年）》进一步明确提出了金融科技底层技术所涵盖的具体技术，如运用人工智能技术中的机器学习、自然语言处理（NLP）、智能字符识别（ICR）、模式识别等技术、跨媒体分析推理，夯实金融数字化监管基础、重构端到端数字化流程以及提升数智化营销能力；运用知识图谱技术中的知识抽取、知识融合、知识推理等技术梳理规则逻辑，加强金融监管能力建设等。另外，我国作为全球第二大数字经济体，早在2016年发布的《“十三五”国家信息化规划》中就突出强调了物联网、云计算、大数据、人工智能、机器深度学习和区块链等数字技术对未来经济社会的影响。从相关政策文件中可以看出，我国更为关注的是大数据、人工智能、云计算、区块链、分布式数据库、移动互联网、物联网、网络身份认证、虚拟技术、机器人流程自动化（RPA）、图计算、数据可视化、数字孪生等数字技术。

2.2.3 中国重点城市关注的数字技术

各地政府争相出台金融科技政策，提出需要推动金融科技底层技术创新和应用，加强前沿技术研发，通过梳理《北京市促进金融科技发展规划（2018—2022年）》《上海市数字经济发展“十四五”规划》《广州市关于促进金融科技创新发展的实施意见（2018）》《杭州国际金融科技中心建设专项规划》《重庆市人民政府办公厅关于推进金融科技应用发展的指导意见》《成都市金融科技发展规划（2020—2022年）》《厦门市关于促进金融科技发展的若干措施》《深圳市金融科技专项发展规划（2022—2025年）（公开征求意见稿）》等政策文件，筛选提取影响金融行业数字化转型的信息技术相关词汇，如表2－3所示。

表2－3　中国重点城市金融科技应用领域涉及的主要技术

重点城市	底层技术
北京	人工智能、大数据、移动互联网、物联网、数字孪生、云计算、区块链、安全技术、隐私计算、超自动化技术、超空间技术
上海	人工智能、云计算、大数据、区块链、元宇宙
广州	大数据、人工智能、云计算、区块链、互联网、物联网
深圳	大数据、云计算、人工智能、物联网、区块链、数字货币、分布式低时延技术、安全技术
杭州	大数据、人工智能、云计算、区块链、生物识别、量子技术、互联网、物联网
成都	区块链、人工智能、云计算、大数据、隐私计算、物联网、知识图谱、安全技术
重庆	人工智能、大数据、云计算、区块链、物联网、移动互联网、智能终端、生物识别
厦门	人工智能、大数据、互联技术、分布式技术、安全技术

2.2.4 行业关注的数字技术

六棱镜全球产业科技情报分析系统提供的企业所属产业赛道名称中，与金融科技相关的新一代信息技术有互联网、云计算、区块链、数字货币、大数据、人工智能、VR/AR、物联网和行业应用，《中国科技“燃”指报告2022》根据赛道，将数字技术划分为大数据、区块链、人工智能、云计算、物联网和互联网六类，如表2-4所示。

表2-4 数字技术及其所涵盖的赛道

数字技术类型	赛道名称
互联网	互联网平台，移动互联网，互联网金融
云计算	数据中心IDC，SaaS，PaaS，IaaS
区块链	区块链
数字货币	数字货币
大数据	大数据
人工智能	AI传感器，机器学习，深度学习，计算机视觉，自然语言处理，知识图谱，智能交互，类脑技术，量子计算，智能语音，生物特征识别
VR/AR	VR/AR

根据《中国金融科技企业双50报告》，近三年金融科技企业应用的主要技术有大数据、人工智能、知识图谱、云计算、区块链、深度学习、自然语言处理、计算机视觉识别、物联网、机器人流程自动化（RPA）、生物识别、边缘计算、虚拟/强化现实。随着数字技术快速迭代和深入发展，2023年企业选择的技术类型比2021年、2022年更加多样化，行业的科技属性逐年强化。目前，在机器学习和自然语言处理等AI核心技术的发展和推动下，金融企业已加速对以ChatGPT为代表的生成式AI大模型的应用和布局。

金融科技领域专利数量是金融企业科技自主研发、前沿科技应用转化实力的一个直观体现。从金融机构的数字科技专利来看，2019—2021年，金融行业的专利技术均涉及人工智能、大数据、云计算、互联网、区块链。根据金融行业2019—2021年发明专利名称和摘要中所涉及的信息技术词频统计分析显示，金融行业的专利技术主要涉及人工智能、大数据、云计算、区块链、互联网、物联网、虚拟/强化现实、图计算、数字货币和生物识别技术，其中，银行业的发明专利申请量远远高于证券、保险和金融科技企业。2022 年，中国银行率先公开元宇宙专利（见图 2－2）。

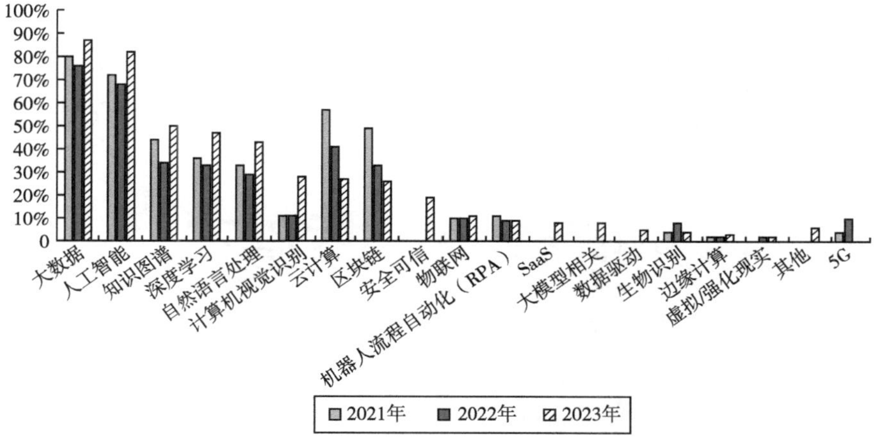

图 2－2 金融科技企业主要技术要素分布

资料来源：2021—2023 年的《中国金融科技企业双 50 报告》。

从平安银行《中国开放银行白皮书 2022》来看，银行对于信息技术投入的资金差异明显。大数据技术的投入遥遥领先，占到了 30.7%，其次是云计算和人工智能，分别为 13.3% 和 11.3%。物联网、区块链、移动的投入占比超过 8%（见图 2－3）。

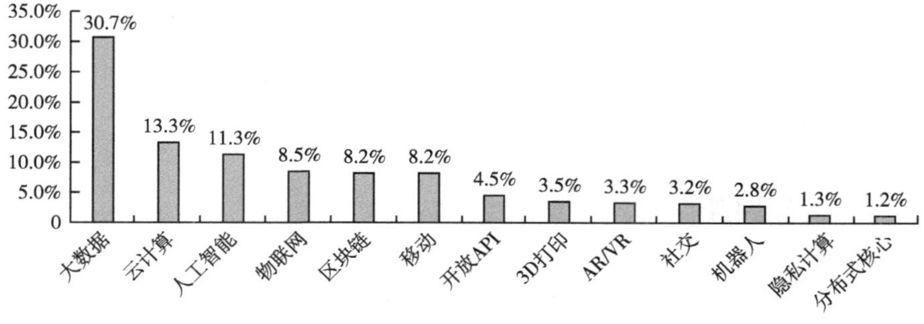

图 2－3 银行在各类 IT 技术投入的资金占比情况

资料来源：《中国开放银行白皮书 2022》。

2.3 影响金融行业数字化发展的十大信息技术分析

对国家和重点城市金融科技发展规划和政策文件以及金融科技领域专利技术进行文本挖掘，发现涉及信息技术的热词有大数据、人工智能、区块链、云计算、移动互联、物联网、RPA、虚拟现实、生物识别、数字人民币、分布式数据库、隐私计算、自然语言处理、安全技术、图计算、量子技术、元宇宙等（见图2－4）。

图2－4 金融科技应用领域信息技术的词云

目前，巴塞尔银行监管委员会将金融科技分为支付结算、存贷款与资本筹集、投资管理、市场设施四类，依据该分类，并结合当前技术应用趋势，筛选提取影响金融行业数字化转型的七个维度的十大信息技术，分别为：大数据、人工智能、区块链、云计算、移动互联网和物联网、生物识别、机器人流程自动化（RPA）、隐私计算、虚拟现实、元宇宙。

2.3.1 大数据深化应用，驱动金融决策智慧化

2.3.1.1 大数据技术基本原理

大数据技术的体系庞大且复杂，基础的技术包含数据的采集、数据预处理、分布式存储、NoSQL数据库、数据仓库、机器学习、并行计算、可视化

等各种技术范畴和不同的技术层面（见图2-5）。基于大数据生命周期，起始于数据源，经过数据获取和治理，进入存储系统，在需要的时候被调出进行计算处理，在分析和可视化后形成数据驱动的决策，或作为数据资源变现。图2-6展示了一个典型的大数据技术栈。底层是基础设施，涵盖计算资源、内存与存储和网络互联，具体表现为计算节点、集群、机柜和数据中心。大数据采集、大数据预处理、大数据存储、大数据分析，共同组成了大数据生命周期里最核心的技术。得益于大数据技术的迭代发展，从早期 MapReduce 为代表的离线计算框架，到 Storm、S4、Flink 等实时流计算框架，结合 HDFS 等分布式存储体系，大数据生态逐步涵盖 Flume、Kafka、Spark、Hive、Yarn、Hbase、Kylin 等主流技术，成为大数据采集、存储、处理和展现的有力武器。

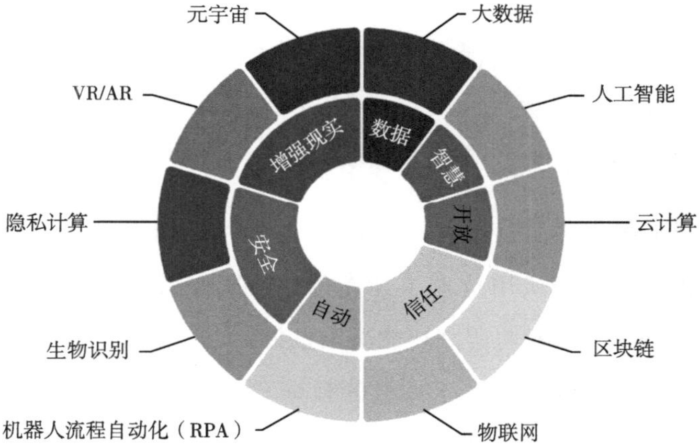

图2-5 影响金融行业数字化发展的十大信息技术

经过多年技术和产业的发展，大数据领域内部逐渐细化，形成数据存储与计算、数据管理、数据流通、数据应用、数据安全五大核心领域。当前，在数据存储与计算领域，实现了海量数据的高效存储与计算；在数据管理领域，实现质量提升、管理高效；在数据流通领域，实现数据在不同主体间合理配置，使局部数据互相弥合，数据价值倍增；在数据应用领域，实现数据为企业业务经营过程赋能；在数据安全领域，确保数据处于有效保护和合法利用的状态，以及具备保障持续安全状态的能力。

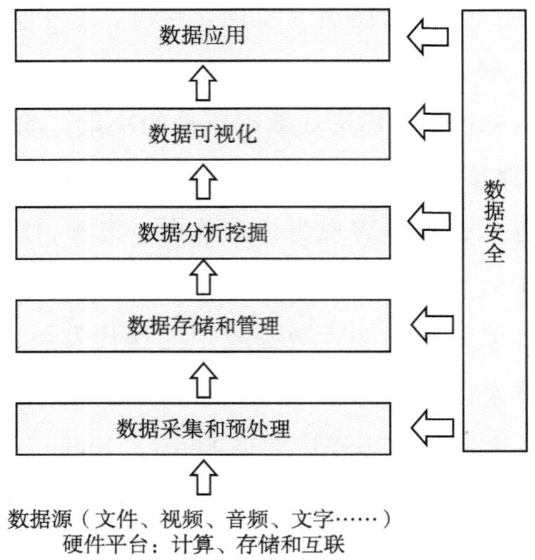

图 2－6 大数据技术栈

2.3.1.2 数据驱动商业洞察和业务决策，提升经营能力

伴随业务的精细化运营需求，传统人工决策效率低下。随着数据源增多、模型精细度提高、数据应用技术工具优化，数据应用的能力不断提高，数据应用正快速从感知、诊断向研判智能决策延伸。

在金融行业，决策通常基于大量的数据和信息。在风险管理方面，利用大数据技术，金融机构更准确地评估借款人的信用状况从而降低信贷风险，制定更精准的投资策略和风险管理策略从而减少市场风险。在产品创新方面，通过对历史数据和实时市场数据的分析，设计出更符合市场需求的产品和服务，制定更精准的产品定价策略，提供个性化的金融产品和服务推荐，提高盈利能力。在客户关系管理方面，利用客户数据洞察客户需求，识别目标客户，进行精准营销；了解客户的偏好、行为模式和风险承受能力，优化客户关系，增强客户黏性。在运营方面，通过数据分析和机器学习，可以实现业务流程的自动化和智能化，降低运营成本；实时监控业务运营数据，通过数据分析和模型预测，及时发现潜在问题，提前预警。同时，大数据技术还可以帮助金融机构识别和预防欺诈行为和洗钱行为，提高合规性水平。

有调研显示，参与调研的73家头部和知名金融机构，69%的企业表示其数字化转型的目标是通过利用大数据分析实现商业洞察及决策；通过大数据分析实现数字化经营，以数据驱动商业洞察及业务决策，提升经营能力。精准获客与营销、风控信审与监控预警、产品开发与创新是大数据应用最广泛的三个领域。调查发现，49.3%的企业将大数据用于精准获客与营销，基于大数据进行客户行为分析，描绘客户画像，实现精准营销与获客；45.1%的企业将大数据用于风控信审与监控预警，基于大数据构建风控模型，进行信用评估审核，进行风险动态监控与风险预警提示，节约风控成本，提升风控效率；39.4%的企业将大数据用于产品开发与创新，基于大数据分析，进行风险定价与产品开发（见图2-7）。

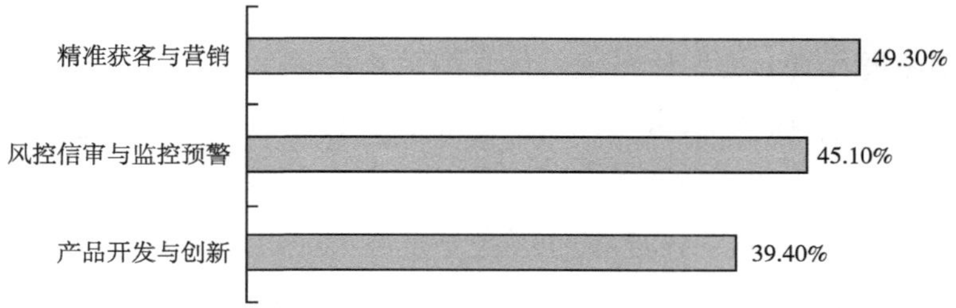

图2-7 金融企业大数据应用场景情况

2.3.2 人工智能快速演进，强化金融服务能力

2.3.2.1 人工智能技术基本原理

人工智能最早于1956年提出，目标是使机器具有人的感知、行动、推理与决策能力。安德烈亚斯·卡普兰（Andreas Kaplan）和迈克尔·海恩莱因（Michael Haenlein）将人工智能定义为"系统正确解释外部数据，从这些数据中学习，并利用这些知识通过灵活适应实现特定目标和任务的能力"。时至今日，AI技术已取得更为长足的进步，给金融行业带来更深远的变革。

人工智能的核心技术主要涉及算法以及利用算法开发的相关应用。人工神经网络（ANN）、朴素贝叶斯、线性回归以及K最近邻算法（KNN）等是目前使用较为广泛的算法，依托于算法之上的人工智能领域的关键应用技术主要包括机器学习、自然语言处理、知识图谱、计算机视觉和大模型技术。

机器学习学科涉及多领域，包括统计学、计算机科学、神经网络、脑科学等，其本质在于通过算法对海量数据进行解析、训练，得出经验（在计算机中往往以某一特定的模型体现），继而对新数据进行学习（模型的应用），最终可以达到预测的目的。

自然语言处理的目的是通过自然语言（即人们日常生活所使用的语言）来实现人与计算机之间的交流，该学科涉及计算机科学，语言学、数学等众多学科。自然语言处理根据任务目标可分为自然语言理解和自然语言生成两类，前者侧重于文本的理解，后者侧重于理解文本后如何生成文本，两者之间没有明显界限。自然语言处理涉及领域众多，主要包括信息抽取、机器翻译、语义理解、问答系统等。

知识图谱本质上是一种揭示实体之间关系的语义网络，基于图的数据结构，以客观世界中的实体为点，以实体间的关联关系为边，构建起实体间的关系网络。

2022 年底，由 OpenAI 发布的语言大模型 ChatGPT 引发了社会的广泛关注。当前大模型热潮主要由语言大模型（亦称为大语言模型）引领。语言大模型通过在海量无标注数据上进行大规模预训练，能够学习到大量的语言知识与世界知识，并且通过指令微调、人类对齐等关键技术拥有面向多任务的通用求解能力。不同于语言大模型只对文本进行处理，多模态大模型将文本、语音、图像、视频等多模态数据联合起来进行学习。现有的多模态大模型主要有面向理解任务的、面向生成任务的、兼顾理解和生成的、知识增强的多模态大模型。

2.3.2.2 人工智能引领创新浪潮，提升金融业务敏捷性

经历数十年的发展，在大数据、深度学习算法、基础算力等技术的合力助推下，人工智能对金融行业的影响逐渐加深。近年来，人工智能迈进新一轮快速发展期，广泛应用于金融科技各个领域。目前人工智能对金融行业的影响主要集中在银行、保险、投资与理财以及泛行业场景等领域，主要应用场景包括智能信贷、智能反欺诈、智能理赔、智能客服、智能投顾等方面。

（1）智能信贷

信贷业务属于一种典型的金融业务。传统的信贷业务审批效率低下，放贷门槛高，而智能信贷因融合机器学习技术可根据大量弱特征数据建立具有自优化功能的信用评估模型，与知识图谱相关联，可以精准描述客户画像，所以智能信贷具有无须人工干预、线上放款的特点，使得审批效率大大提高，同时也为小微型企业以及中产以下群体的融资带来了极大的便利。例如，平安惠普于2021年推出的智能信贷方案“行云”，该系统通过与人工智能技术融合，在借款申请时可实现最少零文字输入，全程拟人面对面服务体验，大幅提高借贷效率，使小微企业客户借款申请流程时长平均降低至56%，截至目前，“行云”系统已为超16万小微企业用户提供了借贷服务，最短自申请至放贷时间仅需13分钟。

（2）智能反欺诈

随着互联网技术的发展，线上交易如网络借贷、手机支付、线上理赔等已逐步成为人们日常生活中的一部分，给人们生活带来便利的同时，也带来了新的风险。相关数据显示，消费金融、互联网金融公司的坏账超50%来源于欺诈，面对海量复杂数据，传统的以人的经验来进行欺诈检测的模式已不再适用。人工智能的出现弥补了这一不足，通过分析复杂数据相关性形成的反欺诈模型，不仅可以对风险行为进行拦截，还可以对欺诈行为进行预测。典型应用案例有乐信推出的全AI反欺诈体系，该体系包含一系列智能反欺诈相关工具，涉及风险评估、用户行为序列分析、舆情监控等。据统计，该系统在2023年为用户进行反诈安全提醒超过7 550万次，智能识别和拦截2.1亿次数据安全攻击，历史累计避免用户损失金额超过5.8亿元①。

（3）智能客服

客服的应用场景普遍存在于各个金融领域之中，由于多数情况下用户与客服之间沟通的问题具有重复性，传统人工客服的服务效率具有差异性，智能客服的出现就显得十分必要。基于自然语言处理技术、语音识别技术以及知识图谱等技术，智能客服不仅可以实现与用户之间的语音或文本交流，还

① 资料来源：《乐信2023消费者权益保护报告》。

可以为用户提供需要的业务服务，可以极大地降低服务中心的压力，增强用户体验感。目前，智能客服的应用已非常广泛，国内智能客服技术公司小 i 机器人，已先后为招商银行、建设银行、华泰证券多家金融机构提供服务，像其为招商银行信用卡中心提供的智能微应用服务平台，95% 的信用卡业务都为小 i 机器人自动回复，问题解决率高达 98% 。

（4）智能投顾

根据广发证券发布的《机器人投顾：财富管理的新蓝海》中阐释，机器人投顾（Robo - Advice）又称为智能投顾，是一种新兴的在线财富管理服务，它根据个人投资者提供的风险承受水平、收益目标以及风格偏好等要求，运用一系列智能算法及投资组合优化等理论模型，为用户提供最终的投资参考，并对市场的动态对资产配置再平衡提供建议。与传统投顾方式相比，智能投顾具有服务门槛低、交易成本低、高效便捷、没有个人情绪影响等优点。2024 年 1 月同花顺问财大模型进行内测，集成了五十多种技能，涵盖投资环节的各个方面，如查询、分析、对比、解读、预测和建议。此外，它还能进行研报智读、公司季报点评、多文档解析问答、智能研报创作生成等复杂任务。

（5）智能理赔

保险的理赔是一个烦琐的过程，牵扯流程众多，而往往对于客户而言，理赔速度是至关重要，甚至关系到风险发生之后的生活质量。智能理赔因其在理赔过程中采用生物特征识别、自然语言处理等技术，可以大幅缩短身份认证、文件审阅以及损失判定等工作时间，使得理赔效率大大提升。典型的应用案例有平安银行推出的“极速闪赔”业务，仅在 2022 年上半年，“极速闪赔”赔付案件已有 77 万件，金额高达 16.9 亿元，46% 的医疗案件在半小时内赔付，最快赔付时间仅需 1.4 分钟，有效缓解用户风险发生之后的经济压力。

2.3.3 云计算持续变革，夯实金融数字化转型底座

2.3.3.1 云计算技术基本原理

云计算持续影响金融行业和金融科技。对金融机构而言，云的形态可分

为公有云、混合云和私有云。

以容器和微服务为基础的云原生技术已成为云计算的主要发展方向，金融云原生，尤其以分布式云为代表的云原生架构正逐步替代传统金融机构的系统架构。分布式云能够使研发关注点聚焦上层业务逻辑实现，能提升应用快速开发、部署和迭代升级、应对高并发的能力，实现业务转型和产品创新的快速响应和支持。

云数据库 DBaaS（DataBase as a Service）已成为云计算领域的新绿洲，是指运行在云计算平台（IaaS、PaaS）上的数据库，作为服务为应用提供对数据库的访问，保证数据库的可伸缩性和高可用性，使底层软件对应用透明。目前云数据库的主要实现方式有两种，一是云原生数据库，基于分布式存储实现计算存储分离架构；二是数据库 on 云，指将数据库搬迁到云上，提供租户级的数据库服务。

2.3.3.2 云计算提供创新实践沃土，赋能上层应用

云原生技术架构的服务对象有公有云客户、专有云客户、混合云客户和边缘云客户等，且从不同方面助力金融机构数字创新。从基础设施方面来看，云原生架构以容器为代表，将金融机构的相关基础设施从线下向云上转移，且云原生架构将实现从稳态向敏态的转变。从核心系统方面来看，云原生助力传统金融企业互联网化改革，传递标准化的互联网技术、组织、理念等，实现业务快速上线，推动金融企业智能化、数据化改革。从组织架构方面来看，云原生架构重塑了金融机构的基本架构，推动了 IT 结构的转变，实现了应用分布、快速响应等多种功能。此外，云原生的出现催生了金融机构中台的进一步繁荣。众多银行机构将实现业务、数据、AI 等中台的建立，实现数字化转型和智能升级，推动业务迭代创新。

云计算不但让金融业从 IT 基础建设和数据中心等非核心业务中释放出来，以更低的成本和更灵活的方式获取存储、计算和服务资源，更专注于客户、金融产品和服务，同时为如开放银行（Open Banking）和银行即服务（Banking-as-a-Service）等新业态赋能。

2.3.4 区块链重塑信任，提供金融安全保障

2.3.4.1 区块链技术基本原理

根据中国信息通信研究院《区块链白皮书（2019）》，区块链（Blockchain）是一种由多方共同维护，使用密码学保证传输和访问安全，能够实现数据一致存储、难以篡改、防止抵赖的记账技术。中国人民银行发布的《金融分布式账本技术安全规范》，将分布式账本技术界定为密码算法、共识机制、点对点通信协议、分布式存储等多种核心技术体系高度融合形成的一种分布式基础架构与计算范式。

区块链的基础技术参考架构包括数据层、网络层、共识层、激励层、合约层和应用层，具有去中心化、可靠数据库、开源可编程、集体维护、安全可信、交易准匿名性等特点。区块链技术的核心优势是去中心化，能够通过运用哈希算法、数字签名、时间戳、分布式共识和经济激励等手段，在节点无须互相信任的分布式系统中建立信用，实现点对点交易和协作，从而为中心化机构普遍存在的高成本、低效率和数据存储不安全等问题提供了解决方案。

未来，区块链将朝向产业区块链模式发展。产业间及产业内系统将通过区块链跨链技术完成连接协作，定义统一的标准和共识机制，使多方协作成为可能（见图2-8）。

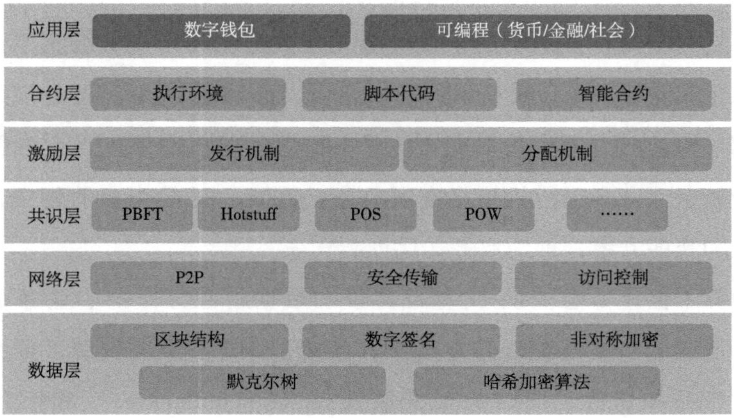

图2-8 区块结构

2.3.4.2 区块链革新信任机制，重塑金融生态

区块链的关键技术如智能合约、零知识证明和分布式数据存储和交换，成就了如数字钱包、数字资产、去中心化金融、非同质化代币等应用。

银行纷纷通过智能合约，同时使用数字货币结算交易的抵押品和现金部分，来实现基于区块链的即时交易结算。通过分布式账本技术促进交易处理、证券借贷和股权结算；测试真实情况下区块链上的基金交易，包括利用区块链提高跨境销售的效率和可扩展性；借助区块链平台上的数字抵押品记录交易证券，更高效、透明和安全地管理资本以及进行交易后股权结算。建设数字资产交易所，为机构投资者提供分布式账本技术能力，包括代币化（如未上市公司、私募股权基金）、数字货币兑换（如法币和加密货币之间的即期兑换）和托管服务（如代表客户托管加密密钥）。

区块链可以应用于商业银行传统业务的方方面面，从支付结算到票据链金融，再到银行的风险管理等领域，区块链多中心化、公共自治、不可篡改的特性从根本上改变了中心化的银行系统的业务模式，优化了银行后台和基础构架，提高了服务效率和用户体验，为银行的传统业务向互联网金融业务转型提供了契机。证券业利用区块链透明、公开、可追溯的特点开展以下一系列业务：去中心化的信用机制的建立，可以降低信用成本；智能合约的存在解决了跨国、跨境、跨城市交易中存在的业务流程烦琐的问题，可以提高交易效率、区块链结算技术不可篡改以及时间不可逆的特点使其结算功能具有高度透明度。对于保险行业而言，区块链的运用可以有效地规避传统保险信息不对称的问题，以保障信息的共享，同时私有链的存在避免了隐私的泄露，保护了信息安全。

跨链技术则致力于解决部署了不同区块链的企业之间基于链的交互问题，大大提升了网络中各主体的交互、融合能力。跨链技术实现不同区块链间金融资产的转移、跨境金融交易，实现对金融资产的快速锁定和提供了金融跨链获取数据的可能性。

2.3.5 物联网融合感知，拓展金融服务边界

2.3.5.1 物联网技术基本原理

物联网是指通过信息传感设备，按约定的协议，将任何物体与网络相连接，物体通过信息传播媒介进行信息交换和通信，以实现智能化识别、定位、跟踪、监管等功能。物联网体系由智能感知和传感系统、无线通信网络和应用与运营支撑三个层次构成。传感技术的不断发展，如 RFID 标签技术是融合了无线射频技术和嵌入式技术为一体的综合技术。有线和无线网络、近场通信方案、低功耗广域网、窄带物联网、末端设备的互联和集控管理等提供了通信网络保障。通过在物体中植入智能系统使得物体具备一定的智能性，能够实现主动或被动沟通。

2.3.5.2 物联网数实融合，加速金融普惠

物联网赋能产业与金融相融合，可实现从底层数据采集、网络层数据回传、数据结构化处理、行业模型构建及产业金融应用输出等全链条的数字化服务及金融服务，实现产业链、区块链、数字孪生链“三链合一”的业务模式，彻底穿透产业与金融之间的信息壁垒，形成信息流、商流、物流、资金流“四流合一”的业态体系。

当前的物联网金融主要覆盖智慧制造、智慧物流、智慧农业、智慧能源、智慧车联、智慧基建在内的六大行业。“智慧制造＋金融”模式成了目前发展供应链金融的关键手段，一方面，可以帮助银行识别并刻画企业风险；另一方面，也可帮助企业利用科技手段提高贷款融资的效率，从银行融资业务拓展和企业经营管理两方面缓解运营压力。“智慧车联＋金融”创新融资服务，降低保险风险，提升智能管理。在智慧农业领域，以养殖行业为例，金融机构借助物联网技术，帮助解决传统生物资产难以监控、难以估值的痛点，对生物资产进行全周期监控和跟踪，并协助打通上下游产业链，对成品、半成品的供应链环节形成追溯，升级新型供应链融资模式。

在保险领域，保险公司主要使用物联网加强与客户的互动，并加速和简

化承保和理赔流程。物联网技术可以帮助险企更加精准地判断风险。例如，车险公司历来都借助驾驶员的年龄、住址和信用等间接指标确定保费。但现在却可以通过物联网获取关于其驾驶行为和车辆使用的数据，比如车速以及夜间行车频率等。保险公司可以利用物联网提高风险评估的准确度；险企还可以借助联网设备与客户展开更频繁的互动，并基于收集的数据提供新服务，帮助险企与客户建立更加深入而有针对性的联系。

在银行领域，基于物联网的存货动产融资，物联网技术和区块链技术整合，突破动产融资中的既有风险管理障碍：保障账实相符，真正打通线上线下的交易形态，构建全新的诚信体系；同时物联网在航运和物流行业的应用也为传统贸易融资业务注入了新元素，允许银行就货流追踪开发新的融资产品，并通过智能合约等技术开发按需流动性等金融创新；基于物联网的可穿戴设备与银行业务嵌入，比如与支付等进行结合，创造和客户更为紧密的金融场景应用。

2.3.6 生物识别革新认证，强化金融安全

2.3.6.1 生物识别技术基本原理

生物特征识别技术是指通过高科技手段，利用人类固有的生物特征，来进行身份识别的一种技术。此技术的关键流程包括：收集生物特征、转化为数字信息、存储于计算机，通过算法完成身份匹配。与传统身份识别相比，此技术具有准确率高、防伪性能好、易于“携带”、方便使用等优点。随着科技的进步，目前的生物识别技术涉及人脸识别、指纹识别、声音识别、签名识别、虹膜识别等。

2.3.6.2 生物识别无接触式验证，提升服务便捷性

在金融服务中，生物识别技术被广泛应用于客户身份验证，以确保交易的安全性和客户的隐私，打破了地理限制，使得金融服务能够覆盖更广泛的用户群体。例如，通过面部识别或指纹识别，银行可以验证客户的身份，防止身份冒用或欺诈行为，完成远程开户、咨询等金融服务。生物识别技术推

动了无接触式支付的发展。通过指纹识别、面部识别或声音识别等方式，用户可以在不接触支付设备的情况下完成支付操作，提高了交易的效率和便捷性。金融机构利用生物识别技术收集的客户数据，进行更精准的市场分析和用户画像，进行交叉销售和个性化推广。例如，金融机构结合用户的生物特征、行为数据和投资偏好，为用户推荐个性化的投资策略和产品。通过分析用户的生物特征和行为数据，金融机构还可以及时发现异常行为，如欺诈、洗钱等，并采取相应的风险控制措施。同时，生物识别技术还可以支持监管要求，如反洗钱、反恐怖融资等，帮助金融机构满足合规要求。

2.3.7 机器人流程自动化（RPA）代替人工，加速金融业自动化、智能化

2.3.7.1 RPA 技术基本原理

RPA（Robotic Process Automation，机器人流程自动化）是一种非侵入式的客户端流程技术，通过跨越多个现有系统客户端的数据传递和集成，实现业务流程的衔接和融合。其核心作用是将工作信息流与业务交互通过机器人来按照设定的流程去执行，从而将业务执行过程变得自动化且标准化。RPA 和 AI 的融合成为未来重要的发展方向。

RPA 源于屏幕抓取、工作流程自动化等技术，无须过多人工操作即可实现数据的自动搬运和处理，且对原系统影响较小。RPA 对企业本身业务系统没有任何修改就可将多个系统结合互通；同时能实现在服务器、IoT、私有云等各种环境下跨平台、跨系统部署，结合组件级、应用级模板，实现自行构建和直接使用，确保高效、稳定地执行任务，必要时还转为人工操作，实现复杂场景手动化。

2.3.7.2 RPA 助力流程自动化，提升业务效率

RPA 通过模仿、集成人与系统间的交互行为，以非侵入式的方式读、写、操作各个系统，并结合 OCR、NLP 等 AI 技术，在不改变现有 IT 架构的前提下实现企业各业务场景和各类系统、网站、软件之间的自动化连接和处理，

是企业敏捷数字化的首选工具。

智能自动化技术与AI感知、认知融合，促进业务应用从简单工作流向数据化运营转变，在提高效率、减少人为错误发生率的同时，提升管理精益化水平。基于金融行业具有较多重复性程度较高、人工操作较多的流程性业务，RPA在金融领域内应用占比超过一半。在财务领域，财务的处理规则性强，且其业务流程存在着大量的重复性、人工操作性等特点，耗费大量的时间和人力成本。又因财务天然具有大数据中心的特质，是数字化转型的切入点之一，这就为RPA技术的运用创造了良好环境。通过RPA技术，实现财务数据信息的安全可控，同时提升业务运行的效率。RPA代替人工处理大量系统间切换、交互操作频繁、人工运营效率低的工作，实现自动化运营。一方面，在交易型财务处理上，资金结算、成本管理、订单收款等流程均适合RPA机器人；另一方面，在内部风控上，RPA通过自动化标准流程来实现风险检测的可控性。例如，RPA可以自动登录企业管理解决方案（SAP）系统，用事务代码MIRO进行发票校验，再人工复核，提高了整体校验的准确性、时效性，并降低了人工成本。

在运维领域，运维由于整体业务的高速发展，技术难度逐步加大。大量的数据维护以及固定重复的人工操作需求，要求时效性与7×24×365的无间断维护，对人力成本和时间成本消耗巨大。另外，系统业务之间的隔离形成数据孤岛，需要使用接口对接、集成平台（ESB）等进行跨系统、跨组织的数据融合，但由于其高成本低效率问题，无法支持新商业环境下的运维需求。RPA将运维人员从低技术操作中解放出来，且对于需求方用户不要求掌握底层技术原理，大大降低了操作门槛。

2.3.8 隐私计算赋能数据共享，助力金融数据可信流通

2.3.8.1 隐私计算技术基本原理

隐私计算又被形象地称为“可用不可见”的技术，是涵盖众多学科的交叉融合技术，目前主流的隐私计算技术主要分为三大类：以多方安全计算为代表的基于密码学的隐私计算技术，以联邦学习为代表的人工智能与隐私保

护技术融合衍生的技术，以可信执行环境为代表的基于可信硬件的隐私计算技术。

第一，隐私计算和安全多方计算相结合。安全多方计算由于需要消耗大量通信资源，目前主要基于简单机器学习模型，但简单模型只能聚焦小规模数据的简单统计和查询等业务。将安全技术融合于其他隐私计算解决方案成为发展主流，通过同态加密、秘密分享等技术，对数据的中间结果和转化结果加以保护。

第二，隐私计算和联邦学习相结合。由联邦学习的分布式机器学习和系统，通过纵横两个方向解决数据特征过少和数据不足问题，来支持基于海量数据的多样化深度学习模型。由于数据庞大，单一的隐私计算技术无法满足联邦学习的安全高效需求，面对多样化的应用场景，联邦学习将与多方隐私计算技术结合，实现向通用型的平台化发展。

第三，隐私计算和可信计算相结合。可信计算基于硬件和密码学，相比纯软件的隐私计算具有更高的通用性和性能优势，但对硬件可信度的要求较高。向使用者提供简单易操作的服务，将可信功能整合到可信执行环境（TEE）平台，实现对于隐私计算任务的无差别工作流程，将平台功能更便捷地应用在实际业务上。

2.3.8.2 隐私计算平衡隐私保护和数据利用，推动数据价值最大化

随着《数据安全法》《个人信息保护法》相继出台，国家对于数据安全和隐私保护的重视程度达到了前所未有的新高度，安全多方计算、联邦学习等隐私计算技术关注度快速提升。

隐私计算可以广泛应用在联合风控、金融普惠、金融反欺诈等场景中。在联合风控场景中，金融机构可以联合互联网公司、征信公司，对原始客户数据进行建模分析，在保障数据安全的同时打破数据孤岛问题，将多系统、多场景的客户数据综合交叉分析，减少信息缺失和低质量问题。将多源数据联合建模，形成更完善稳健的泛化能力模型，对企业和个人的风险进行精准评估，从而减少坏账。

在金融普惠场景下，隐私计算有助于保障个人信息安全从而降低信息泄

露风险。对于企业和机构，隐私计算也可以保护企业在业务进行过程中的关键信息和企业商业秘密等。同时，由于隐私计算实现数据的可用不可见，能够打通产业链进行上游供应商和下游客户的需求联合分析，实现全产业链的数据融合，推动企业价值最大化。同样，针对小微企业和个人画像的征信评级进行风险和额度评估，实现融资贷款和贴息业务高效运转，助力普惠金融发展推进。将政府数据与个人、企业多方数据融合应用，通过隐私计算解决信息公开问题，增强信息的可用性，实现隐私保护下的高质量数据协作。

在金融反欺诈场景中，使用联邦学习技术扩大数据维度、促进数据融合，精准评估信贷风险，多方计算等技术可保障数据安全和准确性。

2.3.9 VR/AR虚实交互，优化金融体验

2.3.9.1 VR/AR技术基本原理

VR是指虚拟现实技术，是一种可以创建和体验虚拟世界的计算机仿真系统；AR是指增强现实技术，是一种实时地计算摄影机影像的位置及角度并加上相应图像、视频、3D模型的技术。

VR是仿真技术与计算机图形学、人机接口技术、多媒体技术、传感技术、网络技术等多种技术的集合，主要原理是构建一个虚拟环境，利用计算机生成一种模拟环境，一种多源信息融合的、交互式的三维动态视景和实体行为的系统仿真，使用户沉浸到该环境中。AR包含了多媒体、三维建模、实时视频显示及控制、多传感器融合、实时跟踪及注册、场景融合等新技术与新手段，基本理念是将图像、声音和其他感官增强功能实时添加到真实世界的环境中。

2.3.9.2 VR/AR突破时空限制，打造沉浸式客户体验

在传统的金融业务中，数据处理、产品展示、风险评估等环节往往受限于实体环境和物理设备。金融机构利用AR/VR技术，突破这些限制，创造出更加生动、直观、高效的金融服务体验。例如，通过AR/VR技术，金融机构可以为客户提供虚拟投资咨询、金融教育与培训、风险评估与模拟交易等全

新的服务场景，从而极大提升金融服务的品质和效率。

随着金融业务的不断发展和创新，金融机构利用 AR/VR 技术提升客户体验、加强风险管理、优化业务流程、赋能产品营销服务和客户服务。金融行业在 AR/VR/MR、AI、5G 和区块链等技术的助力下，虚拟数字人、虚拟营业厅将逐步走向成熟，越来越多的业务场景、业务流程将实现物理与虚拟的融合。例如，工商银行率先构建“VR 智能眼镜 + 元宇宙 + 智慧金融”场景，推出同业首个“VR 元宇宙虚拟营业厅”，主要功能包括基于 VR 智能眼镜的虚拟场景探索、虚拟数字人客服、虚拟营销沙龙等。客户在虚拟空间中以第一人称视角参观虚拟网点，与虚拟数字人客服进行交互，通过看、听、说等多维度交互方式获得更直接丰富的全新体验。虚拟营业厅作为新兴营销渠道，将现实世界的营销产品模型动态展示在虚拟空间中，供用户近距离、全方位、多角度观看、体验和感受。

2.3.10 元宇宙加速落地，创造金融新机遇

2.3.10.1 元宇宙技术基本原理

元宇宙的概念来源于尼尔·斯蒂芬森（Neal Stephenson）的著作《雪崩》，简单来讲就是一个平行于现实世界的虚拟世界。元宇宙的核心是“在场式”的线上应用，所谓“在场式”，不是单纯地拓展服务的线上渠道，而是通过虚拟现实技术融合对应载体，打造沉浸式的在场体验。去中心化基础设施、3D 数字化虚拟环境、可信任的智能共同支撑沉浸式交互体验，是实现元宇宙的数字化技术基石。

2.3.10.2 元宇宙融合数字空间和物理空间，重塑金融行业的模式和生态

元宇宙将成为金融行业数字化的新突破口。虚拟“金融大厦”利用增强现实技术、智能终端设备以及高速度和低延迟的网络环境，让金融中心充满可塑性和沉浸式，从而拥有超乎线下实体机构的体验，人们能够在虚拟展厅中点击链接收看最新资讯，在柜台以远程的形式一对一办理各种业务，以及

3D化体验各种金融产品。例如，2021年12月，工商银行河北雄安分行入驻百度打造的沉浸式虚拟空间希壤，创设了镜像分行。

除了场地数字化，虚拟数字人员工也逐渐成为趋势。元宇宙概念下的虚拟数字人员工将有自己的样貌、性格，以及具备知识和情感。例如，2022年2月9日，宁波银行上海分行推出了001号数字人员工“小宁”，为银行客户提供各类业务咨询和办理服务。

金融的本质是资金和资产的发行、流通和回笼机制。而元宇宙下，依托区块链技术，各种数据能够被确权，进而流通和交易，资金和资产的形式将更加多元化。在国内，数字藏品是金融机构承接元宇宙数字资产的重要方式。数字藏品能够为数字文件提供唯一性凭证，并带来新的资产形式。例如，2022年1月25日，微众银行推出数字藏品“福虎”，一次性生成和分发数字藏品20.22万张。

2.4 数字技术加速集成应用，提升科技赋能综合化

数字技术正在以超出传统认知的速度影响着金融业的发展，金融机构数字化转型的驱动机制越来越依赖新技术的改变。根据《中国金融科技企业首席洞察报告》显示，受访企业核心技术要素，综合技术赋能占比从2022年的42%上升至2023年的50%，金融科技的深度融合与综合化特征日益凸显。经过几年的市场验证和行业锤炼，大数据、AI等部分关键核心技术更加成熟稳定，为综合金融场景应用奠定了技术基础。不同于过去通常局限于单个场景和单点应用，当前金融科技企业更加重视综合运用多项技术解决复杂多元的场景问题，为破解金融数字化转型难题提供一揽子的组合式技术解决方案。同时，随着金融数字化转型向更深层次推进，数字化时代所具有的开放性和互动性特征，使得金融领域更容易产生业务、技术、数据、网络等风险的交叉叠加，特别是《数据安全法》《个人信息保护法》的出台，进一步促进了金融科技企业对数据安全合规应用的重视，而区块链、隐私计算与安全等技术的综合应用，为更好地平衡数据融合应用和数据安全保护提供了可选方案（见图2-9）。

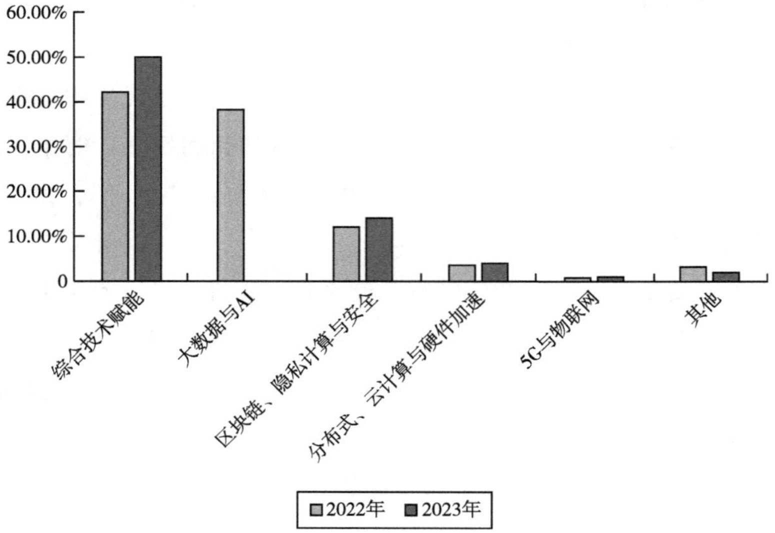

图 2-9 金融机构核心技术要素

资料来源：《2022 中国金融科技企业首席洞察报告》《2023 中国金融科技企业首席洞察报告》。

3　金融行业数字化技术应用场景分析

“十四五”规划纲要提出，要健全具有高度适应性、竞争力、普惠性的现代金融体系，有序推进金融创新，稳妥发展金融科技，加快金融机构数字化转型，这标志着金融领域的科技创新与数字化建设将迈入多领域、深层次探索与实践的新阶段。在金融业态数字化浪潮下，各家金融机构都越来越重视金融科技的发展和力量，绝大多数银行和保险公司已将数字化运营列入业务战略规划，如今众多银行都在顶层设计层面制订了金融科技长远发展规划。

新一代信息技术纵深嵌入金融行业，横向覆盖金融行业各细分行业，如保险、证券、银行、投资理财、监管等；纵向辐射至业务链各个环节，剧烈改变着传统的金融经营模式和监管范式。巴塞尔银行监管委员会将金融科技涉及的相关业务分成四大类，分别是支付结算、存贷款与资本筹集、投资管理和市场设施。其中前三类已经在传统金融领域内进行模式创新，而第四类“市场设施”则指除了应用于业务领域外，将各类金融工具同时也应用于风控和监管领域相关的配套设施，如征信体系、风控预警体系等。

3.1　金融监管领域数字化技术应用场景分析

在监管机构和金融机构的共同推动下，数字化技术在金融监管和合规监管的应用日益深化。根据毕马威的研究数据，全球监管科技领域投资规模从2021 年的 118 亿美元攀升到了 2022 年的 186 亿美元，监管科技企业不断开拓监管科技的应用场景。

3.1.1 监管端应用场景分析

数字化技术拓宽了金融监管的范围和难度，传统金融监管模式和方式已难以应对科技驱动背景下的金融风险。为提高自身监管能力、提升监管效率、降低监管成本，监管机构不断创新监管工具，运用于法规解释、监管报告、反洗钱与防范金融犯罪及金融消费者保护四大应用场景。

3.1.1.1 法规解释

监管机构通过运用自然语言处理等技术对监管规则进行转译，实现监管规则数字化翻译。通过聊天机器人代替人工解读向金融机构等市场主体提供法规解读服务，通过建立监管机构与金融机构间的数字化监管协议，实现政策、规定和要求的“机器可读”，从而实现法规解释智能化。通过使用人工智能等新技术实现实时变更规则，通过深度学习等技术对监管规则中可能存在的监管漏洞、分歧和新的需求进行深度挖掘并及时更新。

3.1.1.2 监管报告

从监管报告的准确性来看，API 技术实现金融信息和数据的自动交互，避免了传统人为填报的错误。大数据技术实现数据交叉验证和自动汇总，有效减轻监管机构数据审核压力和提高报告数据的真实性。从监管报告时效来看，大数据、人工智能技术实现监管渠道电子化，进而实现对金融市场的实时监控，增强金融监管的时效性和全局性。

3.1.1.3 反洗钱与防范金融犯罪

基于大数据、云计算等技术，实现数据标准化，通过分析形成反洗钱系统对象关系图谱，建设风险画像体系，建立动态、实时的反洗钱大数据仓库。通过对数据的自动收集、整理和精确分析，快速形成报告，根据量化模型及时发现违规犯罪线索，实现对风险的感知和预警。

3.1.1.4 金融消费者保护

区块链技术、生物识别技术等让数字身份真正为用户所拥有并支配，有助于消费者个人信息保护。客户数据基于分布式账户进行使用和存储，避免了身份数据被单一的中心化的金融机构所控制，也避免了金融机构数据库遭受攻击时的身份泄露风险。此外，监管机构通过大数据、人工智能技术实现对金融机构产品推介材料的实时监管，对可能出现违规销售的产品和企业进行合理预测。基于语音识别和自然语言处理技术的机器客服，帮助监管机构更有效地应对消费者投诉。

3.1.2 合规端应用场景分析

2008 年金融危机爆发后，金融监管规则更加复杂，金融机构面临的合规成本和压力不断上升。金融机构将信息技术应用于合规管理领域，如风险管理、身份认证、数据管理、虚拟助手和合规审查，从而降低合规成本，提高经营管理效率。

3.1.2.1 风险管理

从风险管理能力来看，基于大数据、人工智能等技术，有效改善传统风险管理中面临的数据来源单一等问题，获取更多结构化和非结构化的客户信息数据，丰富数据分析的维度和颗粒度，为风险管理提供更加全面、有效的信息；通过机器学习技术实现数据信息自动校验，提高数据信息准确性。从风险识别的准确性来看，通过运用大数据、人工智能等技术，构建风险预警和应急处理系统，及时识别潜在风险，提前感知和预测金融风险态势，提高事前风险识别的准确性，提前控制风险。最重要的是，新信息技术使传统风控转型为智能风控，实现了风险管理全流程的自动、实时、精准和高效的智能运作。

3.1.2.2 身份认证

传统身份认证方式存在记忆困难、易被盗取、操作不便等特点，导致缺乏安全性和客户体验感。生物识别技术、区块链技术等新型技术的发展和应用，一定程度上弥补了传统身份认证的缺点，能够有效提高金融机构身份认证的安全性和便利性。

3.1.2.3 数据管理

从数据质量来看，机器人流程自动化（RPA）等技术实现非人工干预的自动化数据采集和处理，提高了数据准确性；云计算、人工智能等技术实现数据的交叉验证，并通过整合不同来源数据，保障数据的一致性来提高数据质量。从数据安全来看，区块链、隐私计算等实现了数据可信、可追溯、不可篡改，确保数据采集和传输过程中的安全。从数据利用率和存储来看，基于大数据、人工智能技术，金融机构通过智能语音交互、文字识别、图计算、机器学习等将非结构化数据转化为可理解、可使用的非结构化数据，实现数据的有效利用。数据湖提供大容量的存储空间。

3.1.2.4 虚拟助手

机器人流程自动化（RPA）技术又被称为“数字化劳动力”，能够替代人工执行以规则为主、重复性较高的事务，从而有效减少人工劳动。融于 RPA 技术的 AI 技术，可以用于票证识别、文档识别和身份证/银行卡识别、文字信息检索和文本分类等。此外，人工智能技术能够帮助虚拟助手更充分地理解客户需求，以更人性化的方式与客户进行交互，提高人机交互能力，提升客户满意度。目前虚拟助手主要应用方向有智能回答和日常业务流程自动化两个领域。

3.1.2.5 合规审查

数字化技术的运用，金融机构合规审查实现了智能化，机器人自动执行合规审查工作，基于自然语言学习模型的合规评审助手自动识别和读取合规审查内容，实时汇报审查结果。人工智能技术实现对监管规则的数字化翻译，对审查内容的 7 × 24 小时监测和控制，帮助金融机构准确、实时把握监管规则。

3.2 银行业数字化技术应用场景分析

近年来，银行业发力金融科技领域，借助技术推动整体向数字化、智能化、生态化加速发展，央行、商业银行以及银行金融科技子公司是数字化转型和发展的主要推动力。当前银行金融科技应用快速发展，深入各业务条线与产品，手机银行、智能柜台、交易银行、智能客服、智能投顾等增值服务全面推出，提升客户体验、降低运营成本，各业务协同形成正向循环。

3.2.1 智能客服

随着银行业务的调整，客服中心职能由单一的提供服务转向集服务、获客、营销、交易多种职能为一体，涉及售前、售中、售后全环节，向远程银行、空中银行转型，但依靠人力的客服中心无法满足当前客户多元多维多渠道的金融服务诉求。智能客服基于自动化程序服务银行用户，包括智能客服机器人、智能语音导航、智能营销催收机器人、智能辅助、智能质检等，协助人工客服完成售前、售后工作。避免重复作业、提高工作效率，优化服务质量、提升客户体验，变成本中心为价值中心。智能客服辅助人工服务，避免重复作业，提高工作效率，优化工作流程；优化银行服务质量，提升客户体验；降低人力成本，变成本中心为价值中心。

3.2.2 精准获客与营销

随着传统市场竞争的白热化以及消费金融市场的迅速发展，银行目标客户群体下沉，向中小微企业和个人覆盖，对中小微企业和个人客户的获取留存是银行未来竞争的重要因素。面对用户下沉挑战，银行营销由传统粗放式营销转向从数据中挖掘价值的智能营销。智能营销借助大数据、机器学习等技术打造以客户为中心的智能营销，通过收集用户社交、消费、信用、交易等行为数据，分析用户需求与偏好，建立精准营销解决方案，优化银行对客户的筛选与精准服务，应用于银行的存量客户激活、线上线下获客、产品交叉营销等场景。将银行海量存储数据变现为营销价值，通过用户画像、用户分层、用户定位实现银行营销的智能化、场景化、个性化，优化营销的质量与效果，降低人力成本，提高营销效率。

3.2.3 风控信审与监控预警

银行信贷业务流程繁琐且风控成本高，难以满足个人和企业信贷提出的新需求。智能风控可分为个人风控和企业风控，个人风控依托大数据和人工智能技术对客户风险进行及时有效的识别、预警、防范，提升个人征信的广度和精度；企业风控基于大数据和知识图谱技术整合企业工商信息、合规情况、关系族谱等改善企业信用评级状况，丰富企业信用体系。智能风控从整体上降低银行风控成本，提高征信效率，实现信贷的贷前、贷中、贷后全链条自动化、智能化。由于风控与银行的核心业务相关，银行在智能风控层面的采纳程度相对较低，大多是在银行原风控系统上将银行数据与客户的社会网络关系和足迹行为数据进行融合实现优化。

3.2.4 智能投顾

传统银行资产管理以理财经理、财务顾问向高净值人群提供财富管理服务为主，沟通成本高、覆盖客群有限，难以适应财富管理大众化、普惠化、数字化的必然趋势。智能投顾根据投资者的风险偏好、收益目标等，利用大数据分析、智能算法、投资组合量化模型，实现银行理财的大众化定制，为用户提供智能化、定制化和自动化的资产配置建议。智能投顾简化投顾流程、提高投顾效率；降低准入门槛、覆盖全民理财；平台的模型和算法使用于每一位用户，编辑成本低，服务费用低；智能投顾与业务流程整合，缓解信息不对称导致的道德风险；可进行风险预测。目前各家银行推出的智能投顾业务模式为“投顾顾问＋销售”，投顾顾问功能是指向客户提供投资建议及投资组合；销售功能是客户可以根据投资建议进行申购、追加申购、赎回、调仓等操作。

3.2.5 智能投研

金融机构资管新规出台，要求银行理财产品净值化转型，银行的投研能力愈发成为影响投资者投资决定的关键因素。而银行内部海量数据分散在不同部门，数据之间的交互性差；银行外部互联网时代带来的信息过载及碎片化现象严重；银行需要依靠金融科技解决数据孤岛难题。智能投研运用自然语言处理、知识图谱等技术赋能传统投研的四大环节。机器辅助人工收集和整合海量信息，完成繁杂和琐碎的基础工作，最终目的是实现从搜索到报告的自动化输出。智能投研能缩短数据收集整合时间，提高工作效率；拓宽数据的维度和广度，提升银行工作人员分析能力；复制推广、降低运营成本；通过机器对数据的监控、及时调整、预警投资风险。

3.2.6 生物认证

身份认证是确定用户资源访问、使用权限的技术手法，是用户办理银行开户、支付、贷款等业务的基础，安全性和服务质量是衡量银行身份认证能力最关键的因素。生物认证主要运用于银行人工柜台服务、“人脸识别”自动终端和移动金融及营销三大场景。以非接触方式采集客户声纹、指纹、虹膜、人脸等信息与信息数据库进行 1∶1 或 1∶N 对比。依靠生物信息的唯一性、不易伪造、不易窃取等特性，保障了银行身份认证的精准性、安全性、稳定性；缩短身份验证时间，优化银行业务办理流程和客户服务体验。

3.3 证券业数字化技术应用场景分析

金融科技广泛应用于证券行业经纪交易等标准化业务上，在投行、合规风控等依赖人力和经验的业务上尚未大规模应用。

在 5G 技术的带动下，多项现有技术也将获得新的发展，进而推动新的场景形成。例如，5G 结合人工智能将带来更丰富的应用场景，促使线下营业部更加智能化，通过综合运用生物识别、语音识别、数据挖掘、机器人、VTM、全息技术、AR/VR、直播等技术，可为客户定制一流的个性化服务体验，更好地支持综合化业务的开展。

3.3.1 标准化业务

以互联网、大数据升级移动终端、精准获客，以智能投顾增加客户黏性和服务附加值，以流程自动化 RPA 技术和数据仓库提高 PB 机构服务。零售经纪方面，人工智能、大数据助力经纪业务向财富管理升级；机构业务方面，RPA、数据仓库打开 PB 发展空间；投行业务方面，区块链在资产证券化中潜力大；合规风控方面，构建智能风控体系。

3.3.2 移动私人银行

建立信任关系是私人银行业务成功的关键，而沟通频次和质量则是建立信任关系的重要影响因素。基于 5G 移动通信的 VR、AR、全息影像技术，可能成为同时提高沟通质量和沟通频次，又能降低沟通成本的最有效工具，为客户创造全新的投资体验。

3.3.3 投资助手

AR 基于知识图谱的智能投研应用或可有助于满足固定、移动等多场景的查询需求。AR 可实时嵌入各类业务场景中，通过语音指令或文字识别快速获取实时行情、财务数据、上下游关联行业、筹码集中度、关联资讯等信息，也可整合到价提醒、大盘异动等通知，通过加入自选、收藏夹等与其他终端联动。

3.3.4 普及型低延迟交易接入服务

算法交易、高频套利等诸多场景时常对低延迟有极致的需求，客户多会采取搭建交易专线或将代码部署到券商机房、部署到交易所托管机房等方式缩短延迟。未来在 5G 的 uRLLC 场景下，结合分片技术或可向客户提供定点的 VIP 低延迟交易通道服务，进一步缩短端到端整体延迟，也免除网络布线。

3.3.5 视频证券业务

现阶段，受流量限制，客户更多地通过 Wi-Fi 网络使用视频服务，限制了视频类业务的应用场景。5G 环境下，券商可加大在视频类应用上的投入，为客户创造更优质的体验。具体包括提供更高质量的视频选项，可应用运营商边缘云服务缩短分发距离、优化骨干网带宽，加大在视频内容上的运营力度等。

3.3.6 在多样化终端上提供证券应用

mMTC 应用场景将带来多类终端的接入，未来证券应用将覆盖智能电视、智能投影仪、智能音箱、车载设备、AR/VR、全息投影、智能手表等多种设备，并通过绑定统一账户实现互操作。可利用语音助手同步各终端上的个性化配置，调度各终端上的交互资源，为客户提供一致的用户体验。

3.3.7 智慧营业部

5G 与人工智能相结合，将为线下营业部带来技术革新。利用人脸识别和大数据分析技术，营业部可根据客户偏好定制适当的服务流程，包括机器人迎宾、招待材料准备、大屏产品推介、客户经理的服务材料、综合化业务商机挖掘等，全面提升营业部的服务体验与效能。

3.3.8 VR 移动展业和路演工具

5G 技术下 eMBB 及 uRLLC 相结合，能有效降低 VR 的眩晕感，从而优化 VR 体验，为此 VR 有望成为移动展业或移动路演最有力的服务工具。利用 VR 技术，业务人员能为客户提供沉浸式的体验，从而助力营销工作。

3.3.9 数字化 ABS 项目风险管理

ABS 即资产证券化业务，是指以基础资产未来所产生的现金流为偿付支持，通过结构化设计进行信用增级，在此基础上发行资产支持证券（Asset - backed Securities，ABS）的过程。按照监管要求，现有技术条件下，项目存续期管理人要做到“监测基础资产质量变化情况，持续跟踪基础资产现金流产生、归集和划转情况”较为困难。在5G技术支持下，移动资产监测成为可能。项目管理人可通过部署5G摄像头和各类传感器，实时监测基础资产的实际运营情况。

3.3.10　远程业务适当性管理

合规管理是多种证券业务的重要需求，如私募产品的现场销售、向私募机构引入产品进行代销，均需录音录像或拍照留存。而当前这类管理通常采用事后审核，时效性差，如遇问题还需要重新执行流程。eMBB应用可以将合规审核工作直接前置到工作现场，有效加快审核速度，提升业务效能。

3.3.11　数字化运营

通过数字化转型为各业务线赋能，重塑业务模式是券商踏入数字时代的必然选择。但很多业务发生于线下，难以数字化，也难以利用数据分析进行优化。如办公室资源配置、工位配置等当前主要依赖人工登记，经常出现更新不及时、数据不同步、数据有差错等情况。5G技术有助于解决线下数据采集困难的问题。

3.3.12　热点区域内数字业务的高速接入

随着券商数字化转型的推进，新兴的业务模式不断涌现，对网络提出了新的要求，诸如机构客户集中的金融商务区域或是高净值零售客户或潜在客户聚集区域内，均需具备面向移动场景的差异化网络环境。利用边缘计算技术可有效降低网络时延，结合切片技术可提供专用的高速移动接入服务。

3.4　保险业领域数字化技术应用场景分析

我国保险金融科技市场主要参与方有三类，分别为传统保险公司、互联网保险公司以及互联网公司。

传统保险公司是当前推动保险科技运用的主力。在互联网转型的压力下，传统保险公司基于其自身稳定成熟的保险业务模式、产品设计、营销渠道，积极扩大金融科技的运用范围，通过与科技企业合作或自研，提升金融科技实力与创新能力。

互联网保险公司是保险科技生态的重要力量。互联网保险公司自创立起就致力于在各方面业务发展创新，与传统保险公司错位竞争，主要围绕产品设计、销售、理赔、售后等多方面，实现线上化、场景化和去中介化目标。以众安保险为例，由“保险+科技”双引擎驱动，围绕健康、消费金融、汽车、生活消费、航旅五大生态，以科技服务新生代，提供个性化、定制化、智能化的新保险，开发了众享e家·意外险、骑行保共享单车意外险、尊享e生、童安保等特色互联网保险产品。

互联网公司是保险科技生态的新生力量。互联网公司金融科技实力较强，并且具有丰富的流量入口，在将流量与金融科技结合方面具有显著优势。互联网公司在布局大金融生态的同时，与保险公司深度合作，在保险领域的布局逐步深入，逐步成为保险科技的新兴力量。以微民保险为例，作为腾讯旗下保险代理平台，微民与保险公司深度合作，充分发挥腾讯的互联网能力和“连接器”优势，为用户提供性价比高的保险产品以及微保特色的优惠与增值服务。微民保险着重打造“互联网+保险”生态模式、“流量+场景+保险”生态模式、“保险+服务+用户教育”闭环模式，通过结合微保的用户触达、风险识别、网上支付，跟保险公司的精算、承保、核赔和线下服务能力，实现全行业的生态共享共赢，最终让用户受惠。

保险业务的核心链条包括产品设计、销售、投保核保、理赔四个环节。以人工智能、云计算、大数据、区块链等新一代信息技术应用为代表的保险科技，正在影响着保险业务发展走向新模式，重新构成了保险行业的核心价值链。产品设计端提供全面深入数据支持，提升风险定价能力；产品营销端通过精准定位、定向投放提高转化率；投保与核保端流程智能化，降本增效；理赔与售后：提高理赔效率，识别骗保风险。保险科技的运营显著扩大了保险覆盖范围，实现保险业务降本增效。

3.4.1 研发

保险的业务核心是产品设计，大数据、AI、云计算等技术加强了保险业的建设，为保险产品设计提供更加全面深入的数据支持。区块链、人工智能和物联网共同作用于保险行业，基于区块链的数据存储系统获取区块链数据，确保各项数据信息的准确性、可靠性，从而建立客户数据的完整链路，然后由辅助精算师进行风险定价，并开发设计新产品。

以智能合约保险为例，智能合约由一组在执行条件被触发时自动执行的代码所定义，是一种可编程的计算机程序合约。由于合约在遇到预先编制条件时强制自动执行，所以具有抗人为干预、安全高效等特点，有利于降低合同纠纷风险、提高业务效率。智能合约保险在保险事件发生并且满足核保核赔触发条件时，就会自动启动核保理赔程序，省去很多人工操作的环节，经济高效、难以作伪。比如，将区块链技术运用到货延迟险，并在区块链上连接第三方服务信息，如物流平台、电商平台的信息。当商品交易完成、顾客确认收货后，区块链就会自动核实商家承诺的到货时间与物流到达时间的符合程度，如果发生了到货延迟情况，智能合约则自动触发，启动赔付程序。由于保险交易信息已被记录于区块链上，整个保险赔付程序都以预先的设定执行，交易高效，降低了理赔处理程序的成本，且由于信息不会被篡改，还避免了欺诈行为的发生。

3.4.2 精准营销

目前，大数据在保险行业的应用主要集中在营销领域。保险公司营销通过与各类网络平台和场景的融合，与线上客户进行对接。

当前，保险公司多跨平台多渠道地获取用户信息，包括用户保单数据、家庭健康信息、历史购物记录、购买产品类型、用户财富和信用状况、社交媒体信息等，识别客户最有可能购买的产品。当触发特定场景时，系统会自动结合用户偏好进行个性化推送，比如对于网购爱好者，推荐与快递配送风险相关的险种，提升产品销售的成功率。

在网络场景中，借助大数据等科学技术，了解与洞察客户的实际需求，为用户量身定制产品，提供差异化定价，实现更加匹配的产品服务。在合适的时机提醒客户风险，激发客户的投保意愿，使客户购买保险从被动型转向主动型，让客户拥有保险产品购买的主动权，从而大大提高了客户的保险消费体验质量。人工智能赋能于保险代理人，金融科技为保险代理人在后台赋能，根据当前客户对保险的需求匹配相应的产品，实现 24 小时全程在线服务，与潜在的客户进行问答交流，根据用户的信息与需求，定制个性化的保险产品，使代理人成为真正的保险专家与财富顾问。

3.4.3　智能化投保核保

在投保与核保的流程中，保险企业的核心竞争力是保险科技，科技可以协助企业提升风控能力和效率，并且改善用户体验。在投保时，利用大数据筛选出高风险客户，实现业务流程数据化，通过精细化管理达到全流程的降本增效。在核保时，利用保险公司内外部的数据进行风险检测，在线进行智能核保评估。智能核保系统大大减少了人工操作，降低了风控成本，提升了核保效率与客户体验。

3.4.4　智能理赔

智能客服利用人工智能实现保险自动化理赔，人工干预减少，提升了保险企业的营业收入。如智能闪赔使用在线操作，通过生物和实物识别认证与判断，不受地点限制，精准度高，赔偿速度快，70% 案件不需要现场勘查，90% 以上仅需 10 分钟即可做完勘查，智能理赔率高于 63%，从而提高了保险的理赔效率，增强了客户的体验满意度。大数据风控模型用于保险行业理赔反欺诈行为，依靠科技方式识别并管控欺诈风险。通过智能系统对数据进行采集分析，根据数据聚类识别出真实性存在问题的数据，成为调查辅助的信息，大大控制了欺诈骗保行为，降低无效赔付成本，提升了办事效率。同时利用大数据，通过内外部的数据，提早发现异常，比如投保客户的身体状态、资产情况等，尽早采取干预措施，有效减少先期赔付的损失。

3.4.5 智能客服和保险顾问

客服工作具有劳动密集的特点，主要是客服人员通过电话或互联网解答用户的问题。该项工作对服务技术化的要求很高，且从业人员因为长期从事情绪输出类劳动，心理压力大，流失较快、招聘困难，传统保险机构需要投入很高的运营成本。同时，受该类工作时间的限制，客户的体验感也较差。而智能客服运用声音识别、人脸识别等技术，可以为用户提供更快速的服务。它的投入使用，可以解决人工服务存在的问题，让人工客服从简单重复的工作中解放出来，去进行更专业的用户服务。

此外，随着保险产品的不断迭代和数据精准度的提高，通过分析多个平台上的用户数据，基于用户画像还可以进行保险产品智能匹配，为用户保险制订精准的方案，形成智能保险顾问。智能保险顾问平台通过智能机器人的语音交互等技术对客户有效信息进行提取、筛选和分析，智能匹配适用产品，为用户提供保险产品导购服务及后端理赔的自动化服务。比如，大特保推出的保险聊天机器人，能够与用户对话，进行保险知识问答，并在接入地域性动态数据的基础上，根据用户所在地域的健康、理赔、社保数据，形成更加精准的保险搭配方案并进行营销。

3.5 资产管理行业领域数字化技术应用场景分析

资管行业参与者包括以基金、银行理财、信托等为代表的资产管理机构。基金行业以二级市场标准化产品投资为特色，金融科技辅助投研决策。以信托为代表的非标投资机构，金融科技水平较低，仍处于探索期。根据信托业协会相关资料，2021 年信托公司投入信息科技建设的金额约 22.74 亿元，主要应用场景是提升信息化系统、智能风控等方面。

金融科技在资管行业的应用场景有 4 个：一是投研的数字化，这是资管行业的核心所在；二是营销服务的数字化，包括智能投顾等；三是风控的数字化；四是后台运营的数字化。总的来说，除了系统改造降低成本、大数据获客等常规应用，在投研管理、被动产品开发、客户资产配置方面表现突出。主动投资方面，机器学习在信息筛选、模型搭建方面表现突出，辅助主动管理型投研决策。被动投资方面，算法和量化模型实现低成本、大规模开发指数产品。

3.5.1 客户数字化经营

利用数字技术建立多场景的服务生态体系，实现客户数字化经营。当前，各大银行都推出了自己的 App，并以手机 App 为依托开展生活、娱乐、教育等诸多场景化的金融服务，满足客户的金融和泛金融需求，实现客户数字化获取、销售和服务等全生命周期经营活动。例如，招商银行以该行 App 和掌上生活 App 为依托，打造包括“饭票”“影票”在内的多个服务场景，打通理财、信贷和信用卡系统，满足客户的金融需求，提高客户黏性，实现新客户向财富管理业务客户的过渡。招商银行 2020 年年报数据显示，招商银行 App 的理财投资客户数为 1 033.04 万户，占全行理财投资客户数量的 94.84%。

而多场景的数字化服务生态体系建设的意义不仅是获客。客户在享受数字化服务的同时也为银行积累了大量数据资产，银行可以利用数字技术对客户产生的交易数据、行为数据进行分析，对客户进行精准画像和标签化管理，针对不同的客户进行财富管理产品的精准营销，提供个性化财富管理服务，提高客户的黏性和满意度。

在利用手机 App 等进行客户数字化触点积累和客户维护后，银行通过线上和线下一体化运营来深度经营和转化客户，提升客户的价值挖掘。在线上，各大银行不断加大对数字技术的投入，丰富财富管理业务的服务形式和与客户的直接交互方式，拓展公众号、一对一视频、在线直播等多种线上交互渠道，提高财富管理服务的效能，提升对客户服务的及时性和服务渠道的多样性。例如，2020 年工商银行的两大零售 App 中视频直播 1 745 场，服务超过 1 170万客户。在线下，推进财富管理客户经理工作线上化，搭建客户关系管理系统。各大银行积极构建客户动态数据库，通过客户经理的工作日志等对数据库中的客户标签进行补充和完善，用以洞察客户个性化需求，提升财富管理服务的精准化，同时避免由于客户经理人员交接带来的客户服务断层，优化客户体验。例如，招商银行具有智图、智网、智策、先机和神笔等多个客户数据分析产品，提高客户经理对客户的精准服务能力；客户关系管理系统 W + 平台可以为客户经理实时提供专业建议，还可以通过智能辅助销售、线上支持客户服务等提高客户经理的服务效率。为客户提供投资建议是财富管理的重要环节，客户经理和投资顾问可以运用人工智能等数字技术采集非结构化数据并进行清洗，快速形成智能化或半智能化的投研报告和资产配置建议。

3.5.2 数字化管理和运营

在业务流程管理方面，通过业务流程优化和对数字化办公系统的开发，各大银行正着力打造协同办公平台，提高自身在提供财富管理服务时的办公效率。以财富管理相关高频业务的流程化为基础，依托自然语义技术、机器人流程自动化技术推动运营管理的自动化改造，减少客户经理在低效的行政事务上花费的时间，使客户经理将更多的精力集中于投资研究和客户维护上。简化客户和客户经理的操作流程，缩短业务办理的时间，优化客户体验。此外，各大银行还搭建了投研分析数据库，为客户经理提供个人提升和学习的资料库，促进客户经理的快速成长，为客户提供更加专业的服务。

构建专业的数字化中后台，提高银行内部管理能力。银行通过引导客户线上开户、线上办理业务等进行客户基础数据、交易数据、行为数据等的搜集，构建客户动态数据库并基于人工智能、云计算技术运用模型对客户数据进行分析并且对客户添加分类标签，洞察客户深度需求。

此外，数字技术在银行财富管理业务的风险管理中也被广泛运用。银行通过对客户行为数据、交易数据和市场数据等的分析，梳理出潜在的风险点，并在财富管理业务进行的全流程中对风险点进行实时监控和预警。同时，通过对财富管理业务流程进行标准化、智能化改造，降低人工操作的风险。例如，工商银行在同业中首创声纹风控新模式，利用声纹识别技术为客户经理提供快速无感知的身份识别和欺诈风险判断依据，提升了智慧风控水平和客户服务体验。

3.6 金融行业整体数字化技术应用场景分析

一项关于《金融行业数字化转型人才管理实践调研》，对各家关于金融科技应用场景也进行了调研。调研发现，62%的金融机构基于自动化视觉处理，将发票、合同、单据的信息结构化处理，提高运营效率的信息处理和流程简化；57.7%的企业基于人工智能的人脸识别、语音等进行远程开户、业务签约等；52.1%的企业基于人工智能、语音识别与处理，实现智能客服、营业网点机器人服务，减少运营成本（见图3-1）。

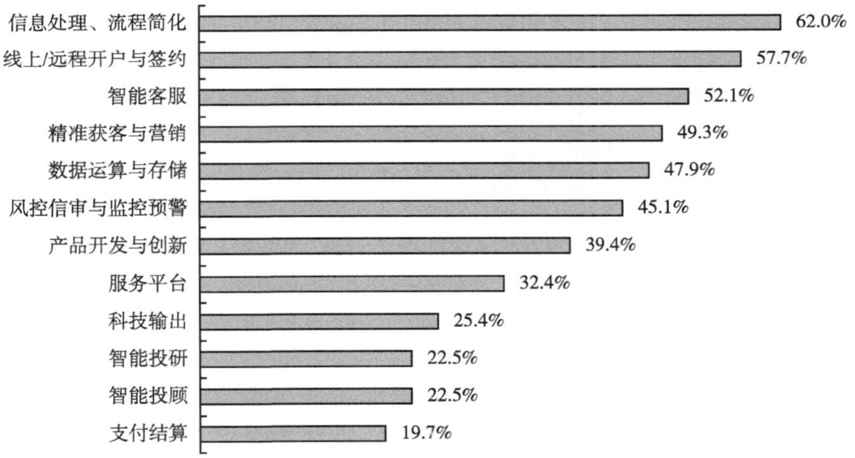

图3-1 金融行业整体数字化转型应用场景情况

对于以上场景，细分行业的应用侧重有所不同。约有64.3%的调研银行和69.2%的金融科技公司还会基于大数据进行客户行为分析，描绘客户画像，实现精准营销与获客；60%的证券公司开始使用智能投顾；58.3%的资管开始使用风控信审于监控预警，也有50%的资管公司开始使用智能投研；此外，数据运算与存储在资管和金融科技行业运用也较为普遍。

4 数字金融人才供需及岗位职业能力分析

4.1 数字金融人才需求分析

金融行业新的顶层设计出台，不仅意味着金融行业的数字化转型进程将提速，也意味着金融行业对人才的需求将向金融数字化人才倾斜。然而，当前各个行业普遍存在数字化人才缺口，人才缺乏已成为制约企业数字化转型的关键因素，既懂技术又懂业务的复合型人才更是紧缺。

清华大学全球产业研究院发布的《2021 年中国企业数字化转型研究报告》显示，企业对数字化人才的需求呈现爆发式增长，复合型数字人才仍是企业数字化转型的重要缺口。培养具备金融知识和数字化技术能力的复合型人才将成为金融业数字化转型的关键路径。没有数字化人才作支撑，金融业数字化转型必然难以实现。搭建数字化人才培养体系，加快培养数字化人才，成为金融业数字化转型所面临的重要课题。总体来看，企业转型所需的数字化人才可划分为数字化管理人才、数字化应用人才和数字化技术人才三个层次。

数字化管理人才。数字化管理人才是数字化转型坚强有力的领导力量，负责组织数字化战略的落地与实施，如首席执行官、首席数字官、首席信息官等。管理者需要具备数字化思维，坚定信念，深入理解数字化的商业价值，并将数字化内化为经营理念、方法，在转型过程中塑造成为数字化变革的领导力。

数字化应用人才。数字化应用人才是数字化转型的创新力量，是数字化转型必不可少的应用者，如战略、营销、财务、人力资源业务核心人员。他们需基于不同业务场景，应用新技术助力数字化转型。他们关注数字化应用技术如何与业务模式融合，以创造新的价值。企业的数字化转型最终是要服务于业务增长、基业长青，需要数字时代的业务管理者及业务骨干加强跨领域的数字化应用能力创新与培养，围绕客户价值推动业务价值链重构。

数字化技术人才。数字化技术人才是数字化转型的支撑力量，是数字化转型的关键建设者。他们既包括业务架构师、软硬件工程师等传统 ICT 专业人才，也包括用户体验设计专家、大数据专家等新型数字化专业人才。他们关注通过数字化专业能力持续提升，能帮助企业聚焦技术专业能力建设，助力企业建立先进的数字化平台，支撑企业数字化转型的实现。同时，对业务的深刻理解、能进行跨领域技术融合，成为数字时代对专业技术人才的基本要求。

在明确了数字化人才的重要性及类型标准的基础上，相关研究着眼于金融行业，围绕“金融行业数字化技术应用场景及人才需求分析”这个课题，在实地调研的基础上，经梳理分析，从数量、专业、学历、核心能力四个维度对金融行业数字化人才需求进行深入分析。

4.1.1 数字金融人才需求数量

根据智联招聘与北京大学汇丰商学院于 2022 年 12 月 23 日联合发布的《中国数字劳动力供需演变研究报告》显示，金融行业 2022 年数字职业渗透率为 5.1%，这一数值对于快速推进数字化转型的金融行业来说仍有较大的上升空间，说明未来进一步数字布局仍需更多数字化人才入局（见图 4－1）。

根据《中国金融科技人才培养与发展问卷调查（2021）》数据显示，96.8% 的调研机构存在金融科技人才缺口，54.8% 的机构认为新员工的金融科技技能和经验不足。从金融业数字化趋势来看，随着金融机构数字化转型不断提速，数字化正在彻底改变金融行业，这对金融领域在职人才的培养工作提出了全新的要求，金融科技人才培养与发展问题日益凸显，金融数字化人才的短缺，已成为当前金融数字化转型面临的主要矛盾之一。

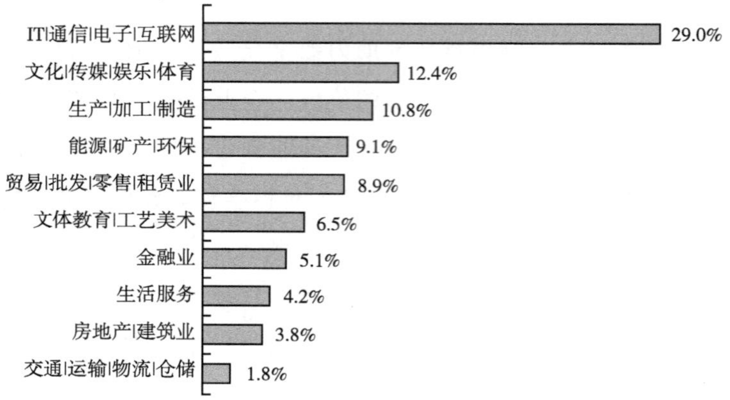

图 4-1 2022 年各行业数字职业渗透率

资料来源：智联招聘（www. zhaopin. com）。

根据猎聘大数据研究院数据表明，数字化职位在互联网行业的占比在逐渐下降，而其他各个行业的数字化职位均有所上升，从 2020 年 Q1—2021 年 Q3 互联网行业数字化人才去向行业分布来看，有 8. 18% 的互联网数字化人才流向金融行业，也进一步表明了金融行业对数字化人才的需求情况。从拉勾招聘平台上获得的金融行业人才需求咨询可知，2021 年金融岗位需求同比增长 50%，位列所有行业中的前十。金融科技类公司的人才缺口主要表现为各类 IT 工程师和数据分析师以及投资风控等，传统金融机构主要表现为服务营销岗位、IT 工程师和运营推广的缺口，但销售、管理及职能岗位占比相应减少。

从地区来看，在 2021 年三季度数字化人才 TOP20 城市分布方面，上海、北京、深圳、广州、成都、杭州占比较高，在这 20 个城市中，长三角城市群共有 6 个入选，粤港澳大湾区有 4 个城市上榜，京津冀、成渝城市群各有 2 个城市入选。数据显示数字化人才比较集中在发达城市群，这与国家打造具有国际竞争力的数字化产业集群地域特征相吻合，表明这些地域对人才具有较强的吸引和吸收能力。

整体来说，金融行业现阶段信息化技术人才最为紧缺，约 80% 的企业急需信息化技术人才，以辅助企业进一步完善信息化建设。此外，数字化转型技术人才、产品设计开发人才和各类业务人才也是企业当前重点招聘的人才。

根据毕马威发布的调查报告数据显示，目前金融科技人才的缺口主要在数据治理领域，占比为59%，其中模型算法（50%）、数字化运营（44%）、架构设计（42%）和风险管理（36%）等专业领域的人才缺口也较大，将数据治理、模型算法和架构设计列为最紧缺人才的受访企业比例较高，分别为37%、18%和18%。

随着数字化转型的推进，未来3年的人才需求总体趋势保持不变，信息化技术和数字化转型技术人才仍是需求最多的两类人才，同时各企业也越来越看重数字化业务人才、数字化战略研究人才、战略规划/运营人才、组织和人才发展人才，以实现数字化转型的落地（见图4－2）。

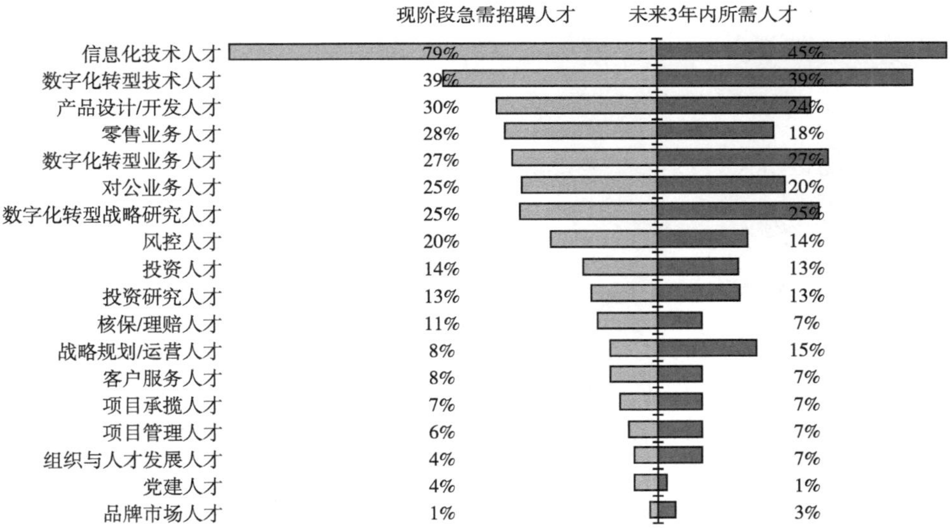

图4－2 金融行业现阶段和未来3年各类人才需求情况

4.1.2 数字金融人才需求结构

4.1.2.1 各细分行业现阶段数字金融人才需求结构

各细分行业现阶段急需招聘的岗位共同点都包含信息化技术人才和各类业务人才，同时不同细分行业各有差异：银行业数字化转型步伐靠前，现阶段对数字化转型技术和业务人才需求较多，同时也需要信息化人才去辅助落实数字化转型；保险行业紧随其后，信息化技术和个险业务人才是当前急需人才，同时也在寻求数字化战略研究人才；证券/资管行业步调较为一致，目前急需人才以信息技术和业务人才为主；金融科技着力寻求的仍然是业务和产品属性相关的产品开发和软件开发人才，同时也在探求数字化转型的战略人才（见图4－3）。

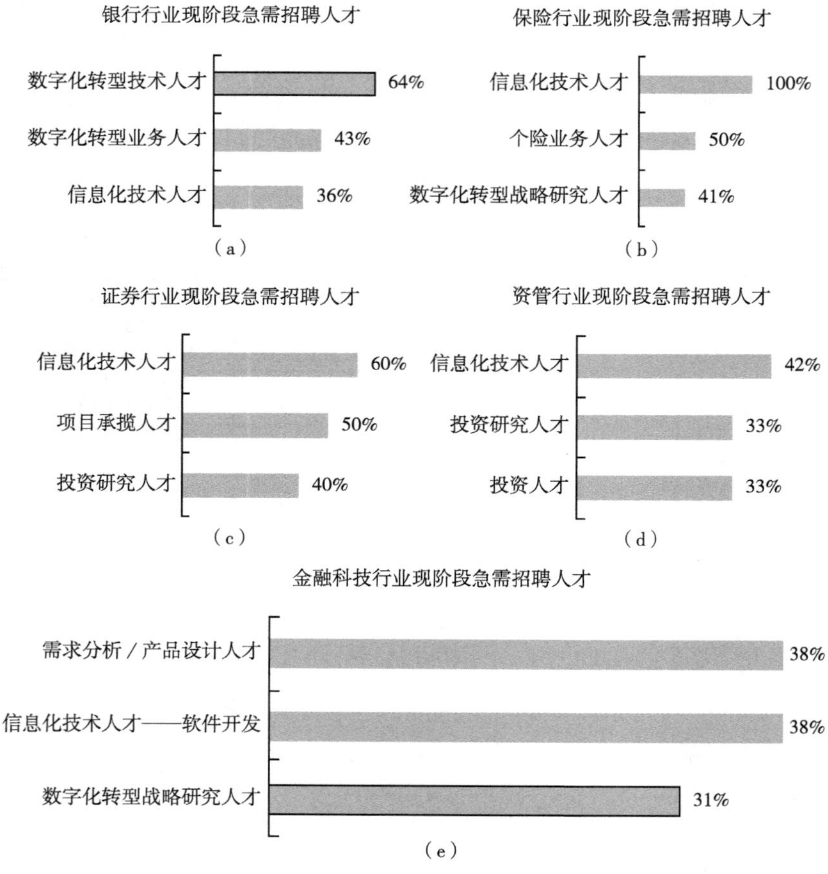

图4－3 金融各细分行业现阶段人才招聘需求情况

4.1.2.2 各细分行业未来3年数字金融人才需求结构

各细分行业未来3年所需人才差异较大，也一定程度表现了不同细分行业的数字化转型步伐：银行业和保险行业步伐相对靠前，所需人才主要为数字化转型相关的技术、业务和战略研究人才，保险行业还需进一步招聘信息化人才来加强数字化转型的落地；证券/资管行业步调较为一致，未来 3 年内所需人才仍然以信息技术和业务人才为主，资管行业开始探寻数字化技术人才；金融科技行业未来 3 年所需人才除了目前需要的产品、信息化、数字化技术人才外，还需要能够考虑公司整体战略方向的战略运营人才（见图 4 –4）。

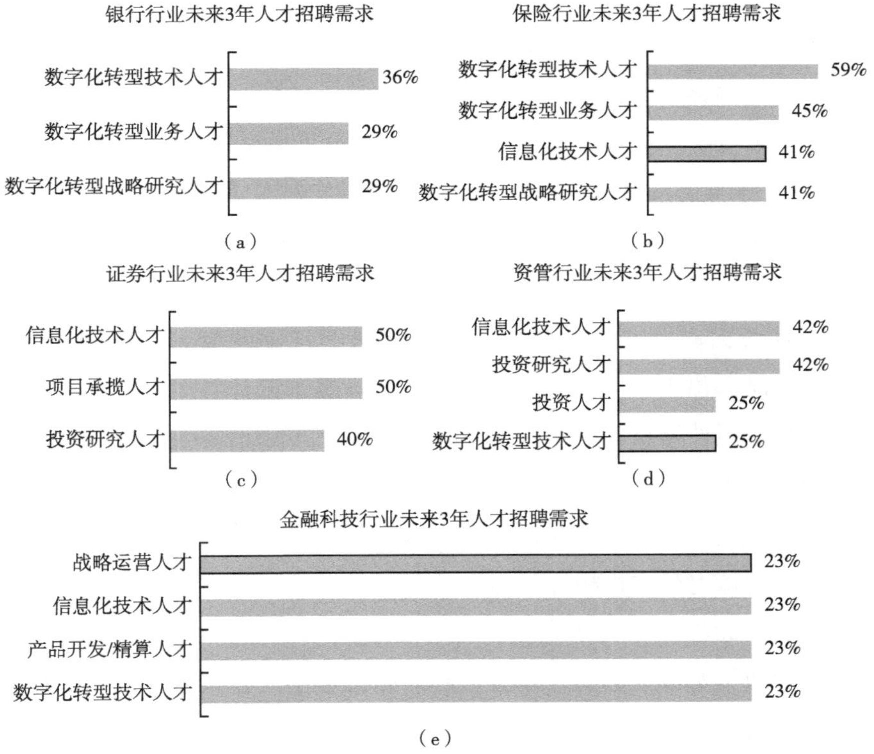

图 4 –4　金融各细分行业未来 3 年人才招聘需求情况

4.1.3　数字金融人才专业需求

由教育部于 2021 年发布的《职业教育专业目录（2021 年）》，提高了职业教育适应性，主动对接“十四五”规划并面向 2035 年进行前瞻性布局，以系统思维推进职业教育专业升级与数字化改造。新版目录优化和加强了 5G、人工智能、大数据、云计算、物联网等领域相关专业设置；适应数字化转型、产业基础高级化趋势，面向不同行业的数据驱动、人机协同、跨界融合、共创分享的智能形态等，从专业名称到内涵全面进行数字化改造。

金融行业数字化人才一定是跨学科、跨专业甚至要有国际化、全球化背景的复合型人才。过去银行招聘时以金融专业为主，目前据调查，在我国工、农、中、建四大商业银行通过投资收购或成立保险、基金、信托等非银行子公司，来搭建综合金融服务平台的前提下，企业表示其希望的人才能够懂金融、晓会计、会营销，最好还能了解互联网技能业务。随着计算机技术的广泛应用、互联网经济的快速发展，银行及新兴金融科技公司的招聘越来越多地倾向于具有大数据处理、网络运营维护专业背景的从业人员。

根据2023届校园招聘的情况了解到，券商、银行等传统金融机构都开设了招聘专场校招，以吸引金融数字化人才。交通银行总行2023年度校园招聘中，仅有金融科技部数字化转型办公室发布了招聘岗位，包括金融科技管理培训生（IT方向和数字管理方向）、软件开发、IT系统管理、数据分析应用等方向。招聘岗位主要聚焦于人工智能、大数据、云计算等金融科技核心领域，专业要求为计算机科学与技术、软件工程、电子信息工程等金融科技类专业。招聘公告指出，有较好的计算机专业基础，具备计算机和金融等复合型专业背景者优先。工商银行总行2023年度秋招公告中也提出，管理培训生入职后需先在境内分支机构进行为期一年的“科技+业务”轮岗锻炼。招商银行启动的“2023年校园招聘提前批”，通过竞赛方式招聘数据分析师、FinTech产品经理、研发工程师。华夏银行启动的数字科技人才提前批专场招聘会，主要面向信息科技相关专业和数学统计相关专业招聘，岗位涉及管培生岗和经办岗（见图4-5）。

从以上金融机构招聘情况不难看出，金融行业数字化人才会根据不同岗位设置有不同的专业要求。有研究发起的2022—2023年度金融行业企业调研显示，接受调研的近半数的金融企业都设置了大数据岗和项目管理岗作为数据分析和数字化转型的基础，为提高企业的数字化专业能力，数字化战略研究岗、人工智能岗、云计算岗位设置也逐渐增加，区块链技术岗和虚拟现实岗位设置相对较少。从专业要求来看，计算机、软件工程、数据科学是数字化专业技术岗位招聘过程中比较通用的专业。除以上通用专业外，不同岗位

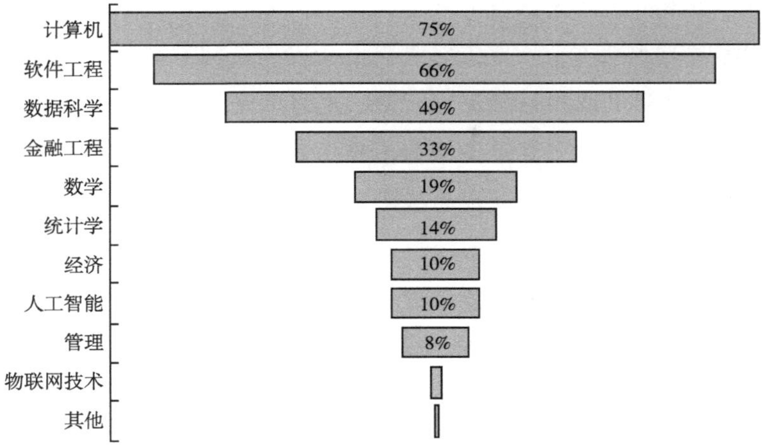

图 4-5 数字化专业技术岗位专业要求

对专业要求有所差异：大数据、云计算岗还比较看重金融工程、数学和统计学专业；项目管理岗需具备项目管理和沟通协调能力，也会选择经济和管理专业；人工智能、区块链会从本岗位专业要求考虑，选择其对口专业（人工智能、物联网技术）；数字化战略研究岗更综合，需从长远角度考虑企业的数字化建设，除计算机、软件工程和数据科学外，该岗位也倾向于选择金融工程和管理学等相关专业人员（见图 4-6）。

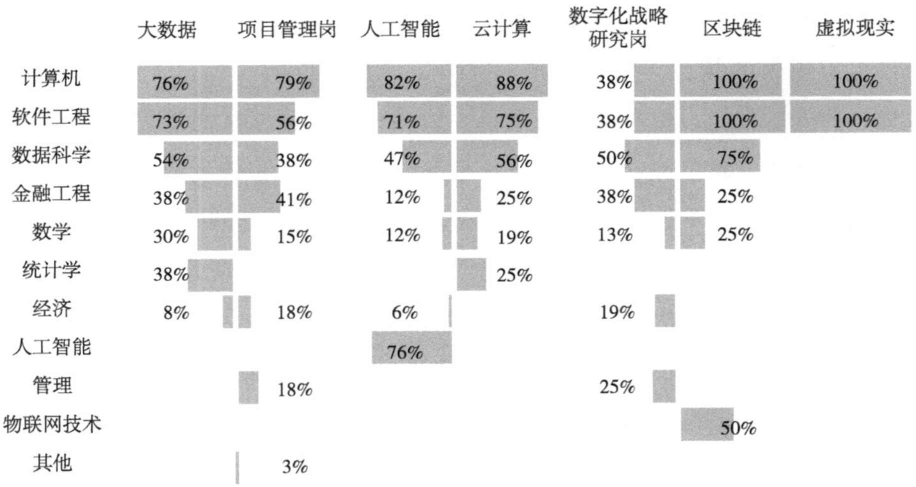

图 4-6 不同类型数字化专业技术岗位专业要求差异

结合大学生就业调查数据来看，计算机专业仍旧稳居就业前景专业排名第一，2020 年计算机专业毕业生就业率超过 95%。随着科技的发展和数字化转型的深入，计算机运用范围更加广泛，就目前来看，企业所需的计算机科学人才还有较大缺口，尤其是一些前沿技术领域，如人工智能、各类算法应用等。此外，从每年的本科录取和考研数据来看，金融专业依旧是热门专业之一，随着金融行业数字化转型的深入，未来行业对跨界和跨专业人才需求将更多，金融专业的学生未来除了需要懂得金融建模、风控外，还要掌握必要的计算机技能，如大数据分析、部分计算机语言等，才能较好地匹配未来的金融行业专业岗位要求。

4.1.4 数字金融人才学历需求

伴随着金融行业数字化转型的进程加快，以及数字化人才紧缺问题的日益突出，金融行业对数字化人才的学历需求相较于过去发生了转变。总体来说，金融行业普遍会受到工作区域、企业类型、岗位设置等因素影响，对数字化人才学历存在不同的需求。与此同时，金融行业数字化转型进程中，出现了复合型人才需求激增、创新型人才和应用型人才短缺、低端从业人员面临淘汰等实际困难，都对金融行业数字化人才的学历需求造成影响。

从金融行业工作区域角度来看，整体呈现出工作区域发达程度与人才学历需求正相关的状态。比如北京、上海、深圳、广州、杭州、苏州、武汉、成都、西安、大连、重庆等一线及新一线城市，由于地区高速发展，金融行业发达、就业资源丰富、产业政策扶持等原因，吸引了较大部分的金融行业数字化人才，形成了数字化人才较为密集的现象，因此这些工作区域的数字化人才普遍学历较高，甚至不乏双学位、海外名校毕业等高端人才。而经济相对落后的工作区域，对数字化人才的吸引力度不够，存在人才学历的需求与供给失衡现象，因此对学历需求没有太高的限制。特别是需要扎根农村基层开展业务的金融机构，需要通过降低学历需求等办法来满足企业的用人需求。

从金融行业企业类型角度来看，数字化人才的流动伴随金融企业数字化转型的进程加快，呈现“马太效应”，具备规模优势的金融企业因其对自身数字化转型投入和数字化人才的需求不断增加，如大型的商业银行、保险公司、券商企业等，也吸引着更多数字化人才向其聚拢，因而这类金融企业也随之提高了对数字化人才的学历需求。另外，专门从事金融科技创新型的企业，对数字化人才的专业技能及学历认证也是十分看重的，只有在某一数字技术领域接受过知识技能培训和深入研究的专业人才，才符合此类金融企业的用人标准。

有调研显示，在接受调研的受访企业中，对数字化转型专业技术岗位的学历要求较高，普遍要求本科或者硕士学历，特别是虚拟现实相关岗位，受访企业对职位学历条件均要求达到硕士学历以上，部分企业对人工智能相关岗位学历要求是达到博士及以上（见图 4－7）。

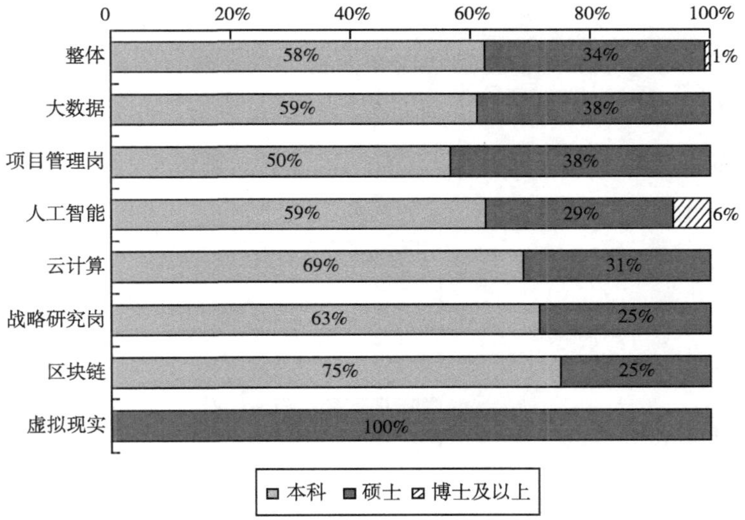

图 4－7 数字化岗位学历要求情况

伴随就业竞争的加剧及高等教育的普及化，用人单位对从业者学历要求越来越高。从 2022 年全国研究生招生数据来看，我国具有研究生学历的就业者比例稳步上升。2019 年，我国就业人群中研究生学历占比达到 1.1%。也就是说每 100 名就业者中就有 1 名拥有研究生学历。此外，近年来，我国研究生招生规模持续扩大，十年间，研究生招生总人数增长近一倍。尤其是为应对疫情带来的冲击，2020 年研究生招生增长 20.7%。结合本次调研数据来看，企业对于数字化岗位学历要求未来可能会更高。

4.1.5　案例：银行业数字金融人才需求分析

4.1.5.1　现阶段及未来三年招聘需求情况

随着各行业数字化转型的开展，数字化人才不再集中涌向互联网行业，而是成为各行业的招聘重点之一，银行业也是如此。在商业银行人才结构调整的趋势下，通过调研近几年招聘情况可发现，“金融 + IT”复合型人才最受青睐，现阶段数字化转型技术人才、数字化转型业务人才、信息技术人才最为紧缺。银行业较早开启数字化转型，且十分重视客户对于产品和服务的体验感和满意度，因此目前较为需求能够进行智能平台搭建和产品研发的数字化转型技术人才，以及具备金融功底和数据分析等能力的数字化转型业务人才，同时也需要信息技术人才去辅助落实数字化转型。此外，现阶段对于风控人才和数字化转型战略研究人才也有一定需求（见图 4 –8）。

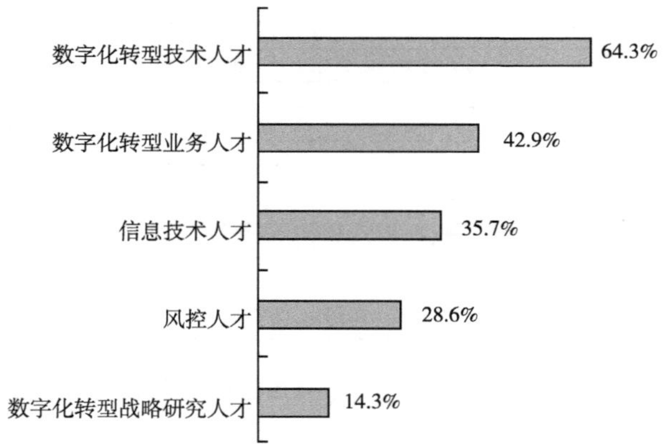

图 4 –8　银行业现阶段急需招聘的数字化人才类型

从商业银行未来 3 年的预期情况来看，数字化转型技术人才和业务人才依旧具有较高的重要性，对数字化转型战略研究人才的需求也很可能提高。未来银行业数字化转型将更成体系，随着各项转型项目的落地，对于战略方向的研究和决策将更为重要，这关乎银行在数字化转型道路上的长远发展。此外，风控人才和战略运营人才也是银行未来 3 年的招聘重点（见图 4 –9）。

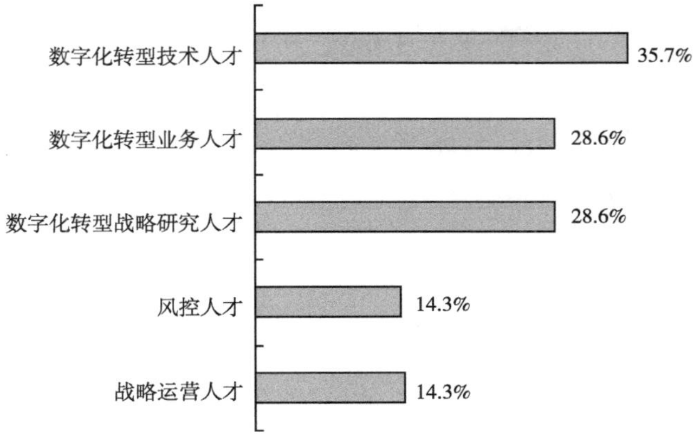

图 4－9 银行业未来 3 年急需招聘的数字化人才类型

4.1.5.2 各类型人才数字化岗位专业要求

从求职者高等教育阶段所学专业来看，计算机、软件工程、经济金融类等专业为人才招聘的主要需求专业。应用型岗位需要将数据分析和前台实际工作密切结合，因此银行更为看重求职者的经济金融专业背景；技术型岗位由于需要具备大数据、人工智能、云计算等技术基础，因此更倾向于选择计算机、软件工程等理工类专业人才或金融科技专业复合型人才；管理型岗位更具综合性，相关人员除需具备金融基础和数据分析能力外，还涉及从企业管理的角度研究数字化转型战略，因此较多选择经济金融类、企业管理等专业的人才。

对比各类型数字化人才热门专业需求可发现，计算机专业已成为金融行业的热门需求专业。随着数字技术的发展，计算机应用范围更加广泛，具备大数据、人工智能等前沿领域专业知识和技能的计算机学科人才已在金融行业脱颖而出。然而，金融行业具有较高的业务深度，这意味着经济金融类专业人才依旧在金融行业占有一席之地，相关需求更多体现在应用型和管理型岗位中。未来，随着数字化转型的不断深入，行业对复合型人才需求必定会提高，市场对人才的专业需求也不会只停留在传统的经济金融类专业，而是会向金融科技、金融工程等复合型专业转移（见图 4－10 至图 4－12）。

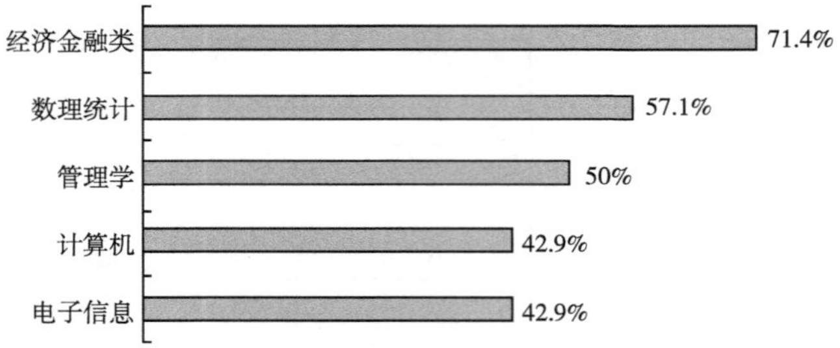

图 4-10 应用型数字化人才专业需求前五位

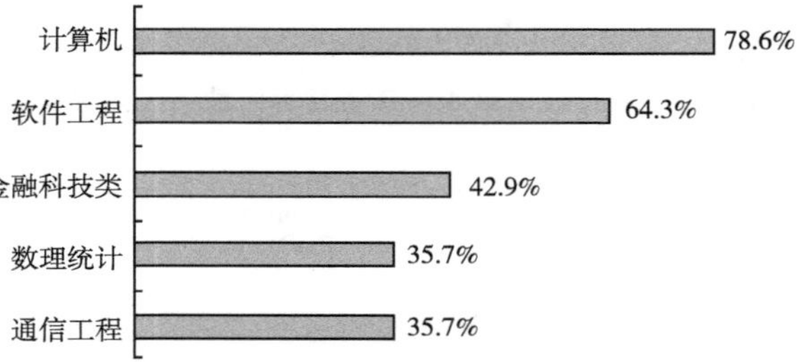

图 4-11 技术型数字化人才专业需求前五位

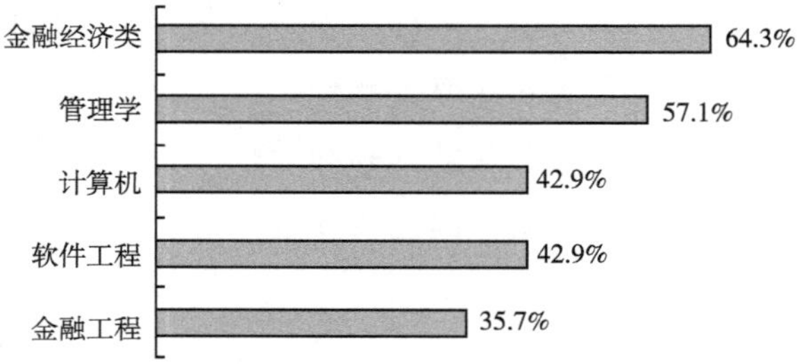

图 4-12 管理型数字化人才专业需求前五位

4.1.5.3 各类型人才数字化岗位学历要求

随着高等教育招生规模的扩大，更多人拥有更加平等的就业竞争机会，因此招聘单位对求职者的学历要求也随之提高。商业银行的数字化岗位普遍对求职者的学历有一定要求，其中，对于技术型及管理型数字化人才的要求相对更高。校园招聘方面，应用型数字化人才一般要求本科及以上学历，

14%的企业对相关岗位的学历要求提升至硕士研究生；对于技术型数字化人才，超过半数的被调研银行设置的学历要求为本科及以上，36%的企业要求求职者取得硕士学位，另有7%的企业需求博士学历人才；管理型数字化人才则更加看重学历，对硕士人才的要求达到了43%，也有少数企业的要求是博士及以上。未来，随着研究生招生数量的增加，银行对于数字化人才的学历要求可能会更高。社会招聘方面，银行对求职者的学历要求相对放宽，但整体来看，具有本科及以上学历仍是必要条件，且银行基本同时要求求职者具有一定年限的相关岗位工作经验（见图4-13）。

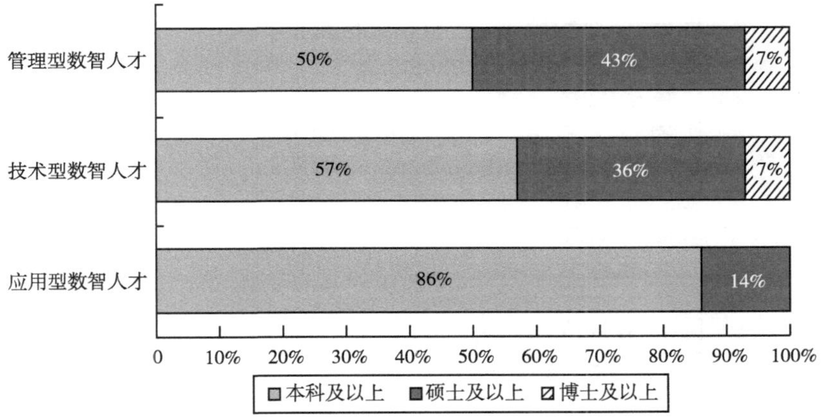

图4-13 商业银行数字化岗位校园招聘学历要求

4.1.5.4 区域数字化人才需求情况

不同地区的银行数字化人才的需求情况与区域经济发展水平和能力有较大关联性，经济发展水平较高的地区的银行业发展步伐靠前，数字化转型的推进程度更为深入，而站在客户的角度，相关地区的居民和单位受整体经济水平的影响，对金融产品和服务有更大需求，因此银行对于数字化人才的虹吸效应更加显著。

根据智联招聘依托求职大数据进行的研究，2021年银行业人才招聘需求较高的城市主要集中在东部地区，在各城市金融业中银行业人才需求占比排名中，前20名的城市中有13个东部城市，包括北京、上海、深圳、南京、杭州等金融业发展较为具有优势的城市，东部地区金融业包括银行业发展较为成熟，对于产品、业务持续创新的要求高，因此对于人才的需求一直位于较高水平。中部地区银行业的发展和数字化转型也在持续探索之中，郑州、合肥、长沙、武汉等城市的银行业对于人才也有较高需求。多数西部地区银行业的数字化转型还有待完善，但其中成都、西安、重庆等靠近中部地区且经济发展情况较好的城市已经在人才布局方面发力（见图 4－14）。

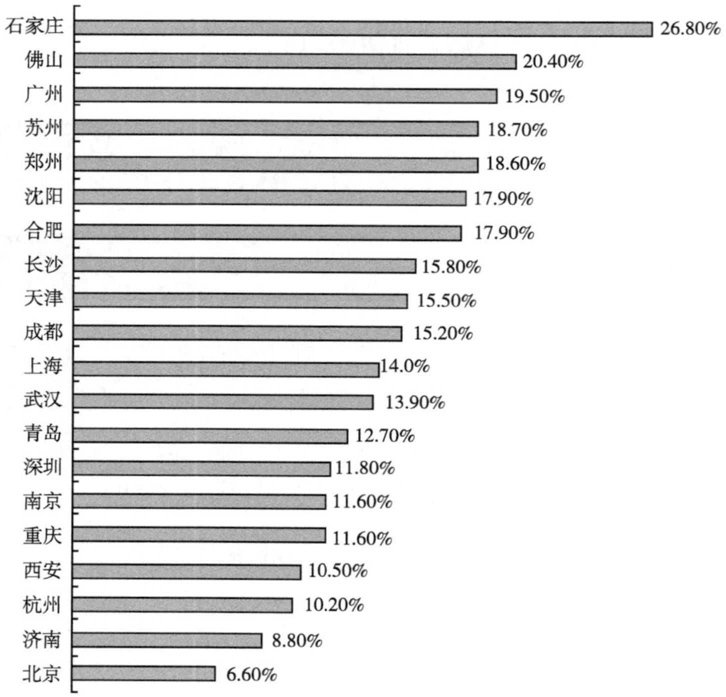

图 4－14　2021 年各城市金融业中银行业人才需求占比前 20 位

猎聘总结了 2021 年三季度各城市对数字化人才的需求，从总体数字化人才占比上来看，依旧是东部地区最为突出，TOP20 的城市中有 14 个东部城市，上海和北京是数字化人才最大的聚集地，人才占比分别达到 12.94% 和 10.68%，深圳、广州、杭州等一线城市的数字人才占比也达到 3% 以上。中部地区和西部地区数字化转型程度不如东部地区，数字人才依旧主要聚集在经济水平较高的城市（见图 4－15）。

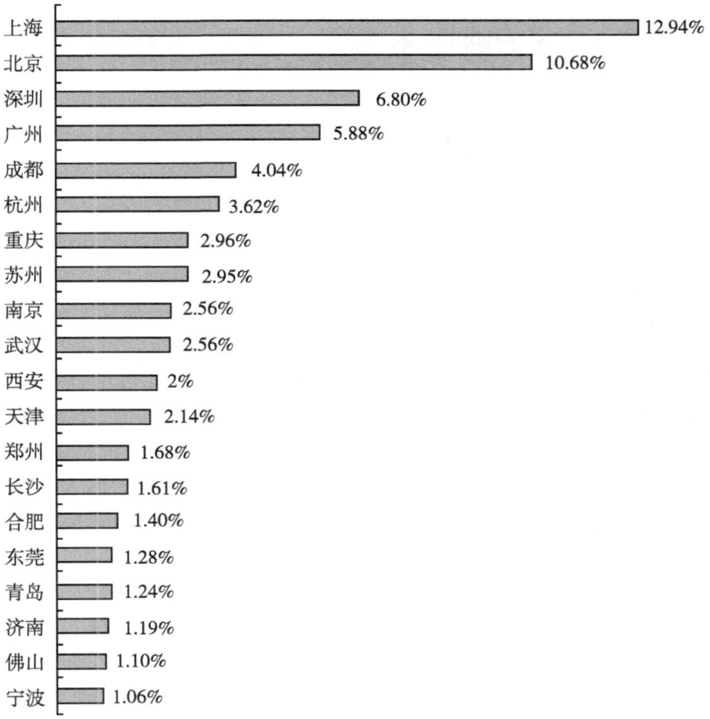

图 4－15　2021 年三季度各城市金融业中银行业人才需求

无论是银行业人才还是数字化人才，都较为集中于东部地区。不难发现，银行业数字化人才也是如此，一方面，由于东部地区经济、产业水平较高，是多数求职者的首选地区；另一方面，东部地区银行业体系更为完善，开启数字化转型时间较早，目前对数字化人才需求更加旺盛，因此在薪资水平设置、职业发展空间等方面都会更加吸引求职者。中部地区银行业的数字化转型体系也在逐步完善，银行对于数字化人才的需求主要集中在省会城市和其他较为发达的城市。西部地区受限于地区发展情况和市场需求情况，银行的数字化转型还在探索之中，目前人才需求旺盛的城市也主要是重庆、成都、西安等相对发达的城市。相信未来随着数字化转型的推进，中部地区和西部地区对于数字化人才的需求还会扩大，相关地区的商业银行对于数字化人才的激励措施也会更加丰富。

4.2　数字金融人才供给分析

4.2.1　数字金融人才供给现状

随着金融科技在金融领域的加速应用，金融业数字化转型明显提速，而在科技助力金融服务持续提质增效的背后，离不开金融人才的支撑。在这一背景下，金融科技类人才整体需求量逐步加大，金融科技人才也成为推动金融机构转型发展的关键因素。银保监会印发了《关于银行业保险业支持高水平科技自立自强的指导意见》，其中明确指出“培育专业人才队伍”，鼓励银行保险机构选配具有科技行业背景、科技金融专业知识的董事和高级管理人员，加快引进培养懂科技、懂金融的经营管理人才，有条件的可组建专业化科技金融团队，强化科技领域行业研究。金融机构服务边界的扩大、数字化转型的推进，金融科技人才不仅要懂技术，具备互联网思维，同时还要对金融业务知识有更深刻的理解。金融科技人才应当具有用户思维、平台思维、跨界思维、大数据思维，并能将这些思维模式与新型知识技能相结合。对于金融机构来说，应对金融科技复合型人才的获取和培养予以充分关注和创造实践机会。

为加强金融科技人才的培养，目前已有越来越多的高等院校开设金融科技专业或成立金融科技院系。据中关村互联网金融研究院不完全统计，目前全国已有超过 120 家高等院校在本科开设“金融科技”相关专业并招生。然而，金融科技人才依旧紧缺。毕马威（KPMG）发布的调查报告数据显示，目前金融科技人才的缺口主要在数据治理领域，占比为 59%，其中模型算法（50%）、数字化运营（44%）、架构设计（42%）和风险管理（36%）等专业领域的人才缺口也较大，将数据治理、模型算法和架构设计列为最紧缺人才的受访企业比例较高，分别为 37%、18% 和 18%。

从金融科技人才的供给上看，高校是金融科技人才的主要来源之一，但我国高校建立金融科技专业的时间较短，专业涉及面及毕业人数还不能有效满足银行、保险、证券行业对金融科技人才的需求。大、中、小型银行普遍存在金融科技人才短缺问题：大型银行虽然有一定量的金融科技人才储备，但与其业务规模及业务量相比，还远远不够，金融科技人才的占比亟须提高；中小型银行的金融科技人才占比虽然略高于大型银行，但近几年出现了占比率的负增长，在金融科技人才的储备上也面临严峻形势。

此外，高校应届生存在业务经验不足、技术转化应用能力差等问题，需要银行给予一定的培训和培养，这进一步拉长了人才的应用周期，加剧了我国银行业金融科技人才短缺的问题。

4.2.2　数字金融人才供给结构

《2020—2021 数字经济下的金融行业人才趋势报告》显示，金融技术和产品类人才职位需求大，但行业类对应人才占比不足（见图 4－16）。

热门职位

热门职位Top20	职位平均薪资	职位占比
金融产品经理	28.50	6.3%
GM/CEO	56.75	5.7%
Java	27.46	5.7%
VP	48.22	4.0%
投资总监	41.75	3.9%
产品经理	29.04	3.6%
行业研究	22.87	3.5%
信贷管理/资信评估分析	15.81	2.9%
PE/VC投资	31.61	2.5%
运营经理	26.46	2.3%
运维工程师	21.43	2.2%
WEB前端开发工程师	26.26	2.2%
数据分析师	23.56	2.2%
其他金融产品/行业研究/风控职位	21.98	1.7%
证券分析师	21.64	1.6%
互联网金融产品经理	25.33	1.6%
架构师	45.94	1.5%
新媒体运营	15.08	1.4%
咨询顾问/咨询员	17.03	1.4%
市场总监	36.32	1.2%

热门人才

热门人才Top20	人才平均薪资	人才占比
VP	59.2	8.1%
PE/VC投资	36.1	7.7%
GM/CEO	67.5	7.5%
金融产品经理	24.1	6.1%
行业研究	25.6	5.8%
信贷管理/资信评估分析	21.5	5.7%
产品经理	28.3	5.1%
投资总监	45.5	3.4%
运营经理	22.4	3.3%
Java	25.9	3.0%
证券分析师	29.2	2.5%
数据分析师	24.3	2.3%
其他金融产品/行业研究/风控职位	21.6	2.1%
运维工程师	23.5	1.5%
市场总监	36.9	1.5%
咨询顾问	22.7	1.3%
投融资经理	29.5	1.2%
信息技术经理	35.5	1.2%
市场产品经理	24.5	1.1%
品牌经理	29.3	1.0%
……		
WEB前端开发工程师	22.4	0.5%
互联网金融产品经理	29.6	1.0%
架构师	50.7	0.6%

图 4－16　数字经济下的金融行业热门职业和热门人才

资料来源：《2020—2021 数字经济下的金融行业人才趋势报告》。

据35家上市银行2021年财报，目前银行业的科技人员占比普遍在5%～10%。其中平安银行最高，占比达22.14%；第二名杭州银行，较平安银行低近10个百分点，为13.71%；农业银行最低，仅为1.99%；六大国有银行中工商银行最高，为8.06%。总体来看，传统银行显著低于互联网银行（科技人员占比一般超过5%）。当然，这与银行自身业务结构和历史发展路径存在很大关系。

目前，金融科技相关从业人员主要就职于金融业，如商业银行、投资银行、保险公司、基金公司、金融科技公司、金融控股集团等，少部分会进入咨询、会计、电商、物流、能源等行业，主要从事信贷风控、财富管理、交易支付、数字货币、区块链开发、智能合约、流程自动化、精准营销等工作。总的来说，金融科技岗位的供给，大致可分为三类：业务类岗位的产品经理、运营经理、AI业务经理等，数据类岗位的数据分析师、风险策略师、数据建模师等，技术类岗位的机器学习研究员、算法工程师、运维测试人员等。

从近两年的校招及社招情况来看，“技术流”人才依然走俏，金融科技岗、数据分析岗、算法工程师、IT架构专家、运维工程师等仍为招聘热点。

4.2.3 数字金融人才供给趋势

央行在2022年1月发布的《金融科技发展规划（2022—2025年）》中提到，要做好金融科技人才培养，制定金融科技人才相关标准，推进跨地区、跨机构人才顺畅流动。优化金融科技人才需求目录和引进模式，完善鼓励创新、包容试错的激励机制，打通金融科技人才职业发展通道。

近年来，金融机构对科技投入力度持续加大，金融科技领域的人才需求也随之扩张。《2021金融科技行业人才趋势报告》显示，2021年，金融及金融科技类公司热招企业前15位中，金融科技企业核心人才需求以技术类岗位需求为主，同时，传统金融行业也有大量互联网产研及运营岗位需求。以商业银行为例，公开信息显示，在近期的秋季招聘中，交通银行、工商银行、中国银行、建设银行、农业银行等均推出大量的信息科技岗位。

4.2.3.1 数字金融人才总量稳步增长

自2019年起，我国银行业金融科技人才的总数呈稳步增长态势。以所选取的具有代表性的19家银行为例，2019年这19家银行的金融科技人员总数为8.6万人，2020年增长到了11.6万人，增长率为34.2%。2021年末金融科技人员总数为12.1万人，虽然增长幅度较2020年有所降低，但还是有明显的增长。

其中，不同类型银行的金融科技人才占比情况不同。2019—2021年，中型银行的金融科技人才占比在三类银行中最高，平均占比为8.1%；其次为小型银行，平均占比为5.9%；最后为大型银行，平均占比仅为3.6%。但值得注意的是，虽然中型银行金融科技人才的平均占比最高，但其占比增长率却呈现下降趋势；而大型银行金融科技人才平均占比虽然最低，但其占比增长率最高。

4.2.3.2 数字金融人才应用属性增强

目前，高等教育中金融科技专业的人才培养计划尚不成熟，虽然已有不少高等院校开设了金融科技专业课程，但是没有统一的标准和规范，多是将金融学、计算机科学简单叠加，未将二者深度融合。金融行业数字化人才的培养最强调的关键问题是专业融合，可以借鉴现行业人才需求思路，深入研究全球金融科技行业发展趋势和用人单位的实际需求，围绕金融会计、金融学、大数据、人工智能、区块链、Python等金融科技核心内容，掌握金融科技知识和实用技能，解决金融科技实际场景应用问题，最终培养复合型金融科技人才。金融类学生要学习计算机相关知识，至少需要熟悉计算机科技能够做到的技术范围，而计算机科学专业学生在学习Python编程的过程当中要嵌入金融场景，将金融业务风险管控、大数据建模与Python编程结合起来。

同时，加强金融科技人才培养应用属性，高校及科研机构培养金融科技专业人才时可以与企业应加强合作和共享，共建金融科技教育的新模式，形成产业链的有机衔接和校企融通，甚至培养针对具体金融企业岗位定制的金融科技人才，以迅速补充金融科技人才缺口。

4.2.3.3 数字金融人才队伍优化

拓宽人才引进渠道，保证金融科技人才储备。在数字化转型的要求下，我国银行业近几年已经储备了一定数量的金融科技人才，但根据前文对我国银行业金融科技人才现状的分析可知，无论是大型银行还是中小型银行，金融科技人才的数量和占比都存在明显不足。因此，拓宽人才引进渠道，加速培养金融科技人才，不仅可以加强我国银行业金融科技人才储备，优化金融科技人才队伍，也符合我国银行业新时期数字化转型工作的重点和要求。为此，各家银行可以从人才招聘、人才培养、人才岗位等方面补齐人才供给短板。通过构建多样化招聘渠道、加大外聘人才引进力度等方式，充分发挥人才招聘的“蓄水池”作用。同时，还应重视金融科技人才的内部培养，设置差异化的培养路径，做好内部人才储备建设，以满足银行业的长期用人需求。

我国银行业的数字化转型已经取得了一定的成就，在此基础上，银行业金融科技人才队伍的优化要结合不同银行未来数字化转型的发展趋势及重点，有针对性地提高金融科技人才的质量，达到提速增效的作用和目的。在银行业深入推进数字化转型的进程中，大型银行重在技术创新和技术引领，中小型银行则以发展特色业务为主，重在提升客户体验。因此，在金融科技人才队伍的优化上，大型银行应着重培养其金融科技人才在关键核心技术创新上的意识和能力，从组织机构、岗位设置以及专业团队等方面，建立有效的内部竞争机制，充分发挥高、精、尖人才在技术创新、模式创新上的潜力，抓住信息技术发展先机，占领技术创新制高点。相较而言，中小型银行可以充分挖掘其金融科技人才的技术转化及应用能力，通过完善其人才保障体系，逐渐组建内部金融科技人才梯队，实现业务和资源的高效利用及整合。

建立金融科技人才评价机制，实现人才可持续发展。金融科技人才评价机制的建立不仅有利于金融科技人才明确发展需求，创造有效价值，还有助于实现银行业金融科技领域的可持续、健康、快速发展。因此，我国商业银行可以从人才考核、人才评价方式、人才评价标准等方面着手，建立适合自身发展的有效金融科技人才评价机制。

4.3 数字金融人才能力需求分析

数字金融人才不仅仅指专业技术人才，而是同时涵盖了金融企业数字化转型中需要的数字化管理、数字化应用和数字化技术三个层次的人才。每一类人才需要具备的相关能力如图 4－17 所示。

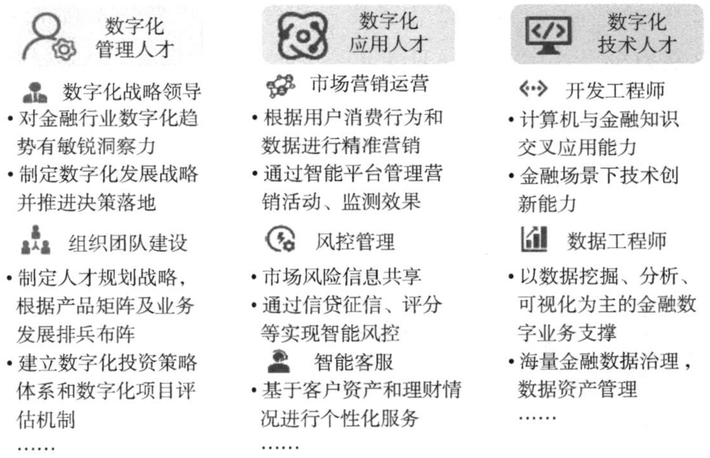

图 4－17 金融科技人才能力需求

数字化管理人才具备以下能力：一是数字化战略领导能力，对金融行业数字化趋势有敏锐的洞察力，能够制定数字化发展战略并推进决策落实。二是组织团队建设能力，能够制定人才规划战略，根据产品矩阵及业务发展排兵布阵；建立数字化投资策略体系和数字化项目评估机制。

数字化应用人才具备以下能力：一是市场营销运营能力，能够根据用户消费行为和数据进行精准营销，通过智能平台管理营销活动、监测效果。二是风控管理能力，实现市场风险信息共享，能够通过信贷征信、评分等实现智能风控。三是智能客服能力，基于客户资产和理财情况进行个性化服务。

数字化技术人才具备以下能力：一是开发工程师能力，应具备计算机与金融知识交叉应用能力和金融场景下技术创新能力。二是数据工程师能力，以数据挖掘、分析、可视化为主的金融数字业务支撑，能够进行海量金融数据治理和数据资产管理。

无论哪种层次或岗位，金融科技人才的特征可以归纳为以下几点：首先是复合型，金融科技人才的知识结构应同时包括金融知识、技术知识和合规知识，且能够将多种知识和能力进行复合运用；其次是应用型，金融科技人才应具备将知识和技能应用到具体业务场景中的能力；最后是创新型，强调金融科技人才应具备以金融科技的逻辑思维优化业务流程以及技术创新的能力。除此之外，还需要以较强的学习能力和合规意识作为基础能力特征，为更高要求的能力发展提供支撑（见图 4 – 18）。

图 4 – 18　金融科技人才能力特征

4.4　数字金融人才岗位职业能力要求分析

随着金融数字化转型的要求和深入，企业组织能力和岗位设置也逐步发生了变化。东方鲲腾的《金融行业数字化转型人才管理实践调研》针对金融行业数字化转型趋势和背景下的岗位设置变化情况、岗位技能要求情况和人才招聘趋势情况开展了深度调研。调研发现：

在岗位设置和变化方面呈现以下特点：

数字化技术岗位：大数据和项目管理岗是当下金融企业设立较为普遍的数字化专业技术岗位，数字化专业技术岗位对学历要求较高，普遍要求在本科或硕士学历，对于计算机、软件工程、数据科学专业更为青睐；各岗位普遍要求员工具备一定的数字思维、创新变革和快速学习的能力。

原业务岗位变化情况：随着数字化转型的推进，部分工作和职能逐步被数字化工具所取代，客服、核保、业务运营/管理等岗位普遍发生精简，对原岗位也提出了一些数字化工作操作要求，市场、产品、培训等岗位还需具备一定的数字化工具协同开发能力，投研、风控等岗位需具备一定的数字化建模能力。

业务条线增设数字化岗位情况：部分企业在一些业务条线增设了数字化业务岗位来支持业务的数字化转型，多数企业在产品、销售、客服三个条线增设了相关岗位，新增岗位多和数据分析/建模相关，常见岗位有：数据分析/建模岗、数字营销岗、数据平台开发岗、数字风控岗等；部分业务条线增设了人工智能相关岗位，如：智能客服岗、IA 产品经理岗、智能运维岗等。

4.4.1 金融行业整体及细分行业常设数字化技术岗位类型及岗位要求

4.4.1.1 数字化专业技术岗位设置分析

有调研显示，近半数的金融企业都设置了大数据岗和项目管理岗作为数据分析和数字化转型的基础，为提高企业的数字化专业能力，数字化战略研究岗、人工智能岗、云计算岗位设置也逐渐增加，区块链技术岗和虚拟现实岗位设置相对较少（见图 4-19）。

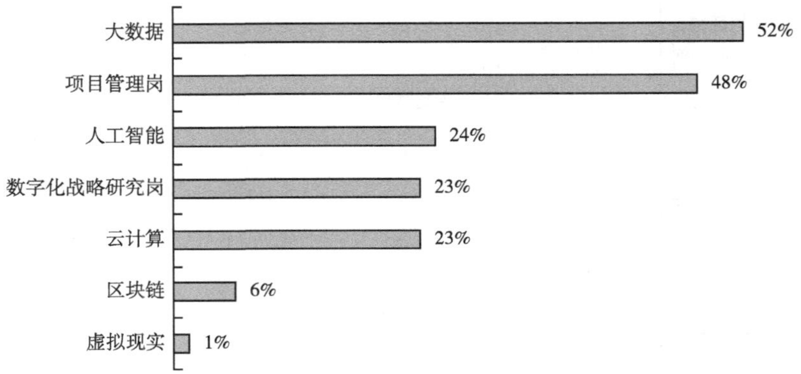

图 4-19 数字化转型专业技术岗位设置占比情况

4.4.1.2 金融各细分行业数字化专业技术岗位设置分析

不同细分行业数字化转型岗位设置情况也有所差异：大数据是数字化转型的基础，项目管理是技术和业务连接的桥梁，现阶段各细分行业这两个岗位的设置都较为普遍。除此之外，银行业数字化转型走在前沿，目前已经有1/3的企业设置了数字化战略研究岗，也开始使用虚拟现实实现各类场景的线上化；保险和金融科技企业虚拟现实暂未涉及，现阶段主要关注云计算，以帮助企业实现批量数据的存储和运算；证券和资管行业目前主要岗位设置依然为大数据和项目管理，部分企业也逐步设置了人工智能、数字化战略研究岗去进行业务布局和投研分析（见图4-20）。

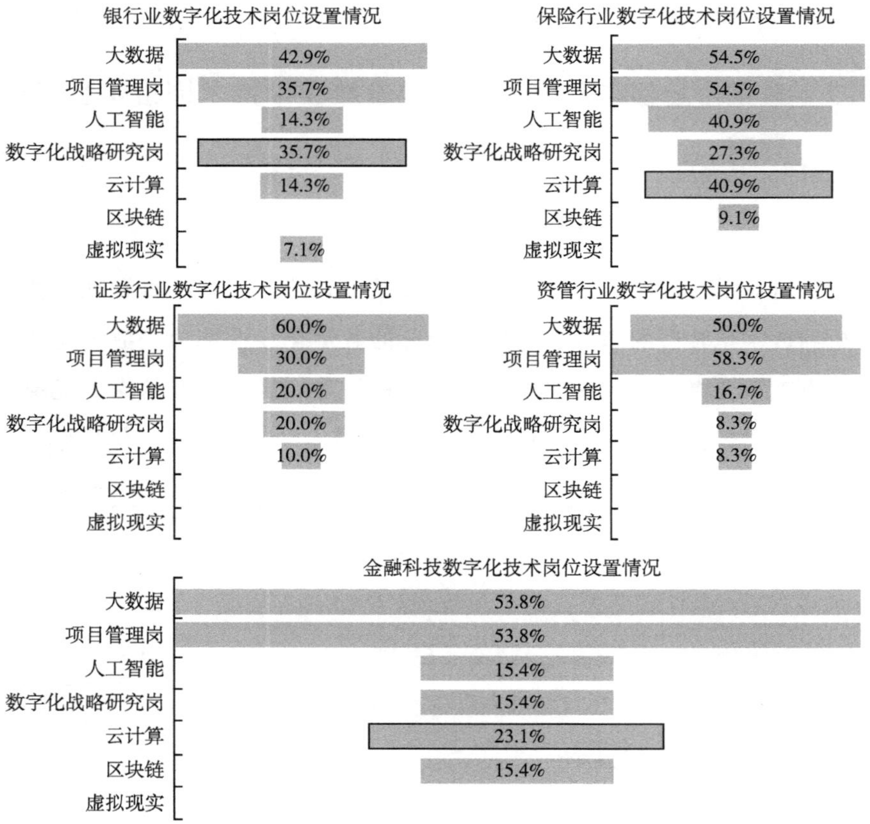

图4-20 金融各细分行业数字化专业技术岗位设置占比情况

以银行为例，在针对 14 家已启动数字化转型工作的商业银行的调研中可以发现，银行对于数字化岗位的人才需求在持续提升，相关岗位设置逐渐明晰。应用人才是数字化场景的应用者和创新力量，多为银行前台岗位工作人员，从前台数字化岗位设置来看，对数字化人才的需求较多集中在业务销售领域，21.4% 的被调研银行在业务及销售条线增设了数字化相关岗位，如业务数据分析岗、数字营销岗、客户经营岗等，此类岗位均对数字化技能有一定要求。而对于前台运营岗和客服岗，大多要求职工具备熟练使用数字化工具和平台的能力即可。

技术人才负责通过专业建设支撑数字化转型的实现，以中台产品研发、风险管理以及后台系统开发和运维人才为主，其中，28.6% 的被调研银行为此增设了产品研发相关岗位，主要包括 AI 产品开发岗、数据产品研发岗、数据挖掘岗等；21.4% 的被调研银行增设了风险管理相关岗位，主要有智能风控岗、数据分析岗、数据模型研究岗等；14.3% 的被调研银行增设了系统开发和运维相关岗位，主要有信息科技岗、智能运维岗等。

管理人才是数字化转型的领导力量，以后台职能和管理相关为主，14.3% 的被调研银行增设了与数字化技术相关的岗位，主要包括智能运营岗、经营分析岗、IT 管理岗、战略规划岗等。

此外，一些银行在前台、中台、后台的部分传统条线内也设置了与数字化转型相关的信息科技或金融科技岗，相关数字化人才与基础岗位人才形成配合，共同推进商业银行各环节的数字化转型。也有银行成立了金融科技部或信息科技部等部门，吸纳各层级数字化人才，或直接将数字化人才吸纳至总行层面，足以见得商业银行对数字化人才的需求和重视。

4.4.1.3　数字化专业技术岗位能力要求

从各项能力要求来看，数字思维、创新变革和快速学习是数字化专业技术岗位名列前三的能力要求，此外项目管理和执行推动也是要求较多的能力项之一（见图 4－21、图 4－22）。

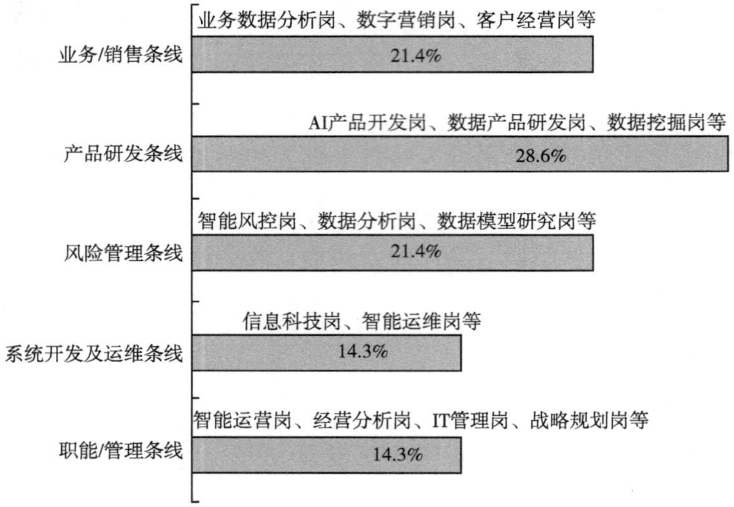

图 4－21 商业银行增设数字化岗位

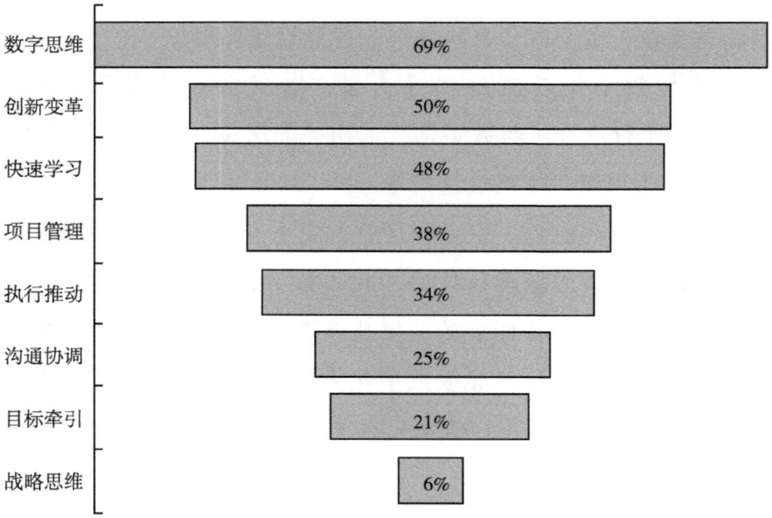

图 4－22 数字化专业技术岗位对员工的能力要求

不同岗位对各项能力要求有所差异，项目管理岗和云计算岗从项目的实际落地角度对项目管理能力提出要求，战略研究岗从企业长远战略角度考虑需要具备必要的战略思维和目标牵引能力，人工智能和区块链岗从本岗位研究专业性角度对目标牵引能力提出要求（见图 4－23）。

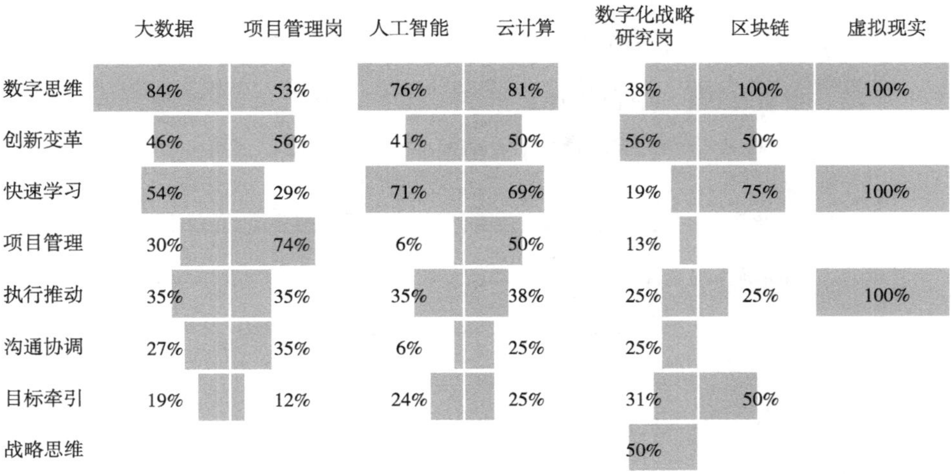

图 4－23 不同类型数字化技术岗位能力要求差异

不同的金融行业职能分工对人才的各项能力要求也有所差异，比如复合型综合掌握金融、法律、数理统计、计算机编程，掌握银行、证券、保险、信托等多种专业知识和运作技术，跨行业运作；创新型能够综合运用多种传统金融工具及衍生工具实现客户定制及个性化服务，以此扩大市场份额；国际型具有双语能力、熟悉外国经济及国际财务、国际金融法规、国际金融业务并富有管理经验；高学历型不但要熟悉金融业务知识，还必须具备驾驭高风险金融市场的能力；企业家素质型包括思想素质、决策能力、管理能力、用人能力和身心素质，对社会、市场、经济和政治力量与趋势具有良好的洞察力。具体到不同的岗位设置，项目管理岗和云计算岗从项目的实际落地角度对项目管理能力提出要求，战略研究岗从企业长远战略角度考虑需要具备必要的战略思维和目标牵引能力，人工智能和区块链岗从本岗位研究专业性角度对目标牵引能力提出要求。

4.4.2 金融行业整体及细分行业原不同职能岗位变化

4.4.2.1 原不同职能岗位变化

随着数字化和技术的推进，原有岗位的部分职能和工作内容逐步被数字化工具所取代，有1/4左右的调研企业在客服、业务运营/管理上进行了岗位精简，1/5左右的企业对财务/会计岗位进行了精简，除此之外前台的销售/业务、市场、投资/投研，中台的产品开发、风控、资产运营/管理，后台的人力资源、法务/合规、审计稽核均有所精简（见图4－24）。

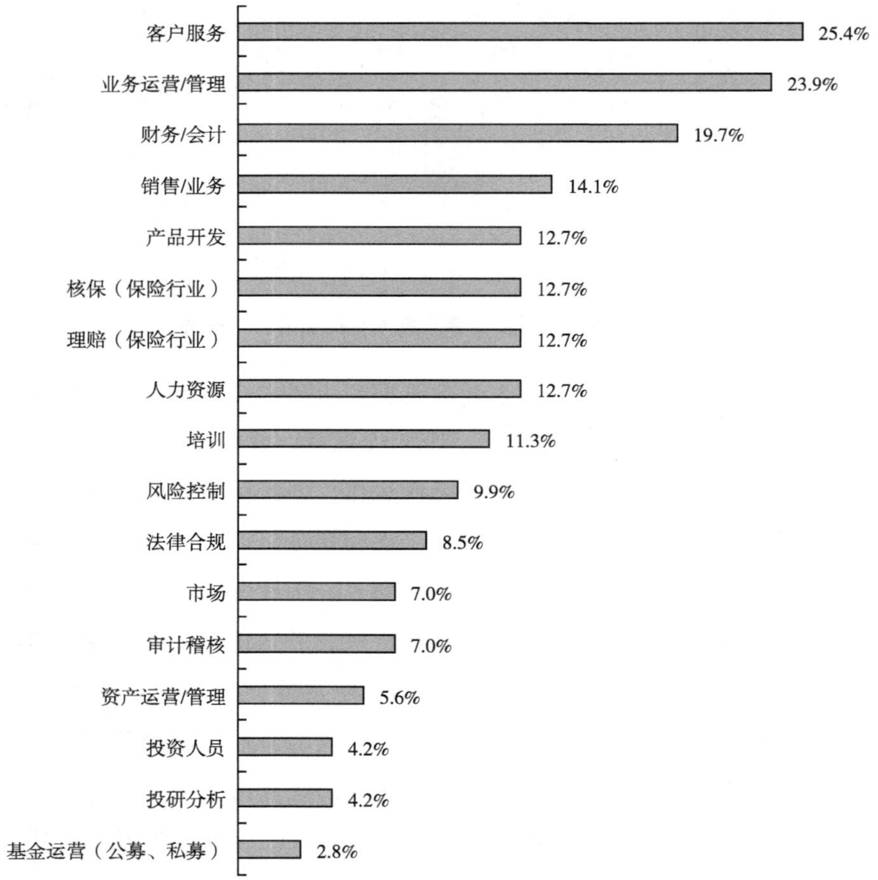

图4－24 数字化进程中的岗位精简情况

各细分行业在精简岗位上有所差异，除客服和业务运营/管理外，保险行业中的核保、理赔，银行业的审计稽核，资管/证券中后台的财务、人力、风控岗位成为了各细分行业精简排名前三的岗位。各类岗位精简比例普遍在10%～20%，客服、核保类工作内容流程化、人数多，较容易被数字化工具或人工智能取代，精简比例高达40%左右（见图4－25）。

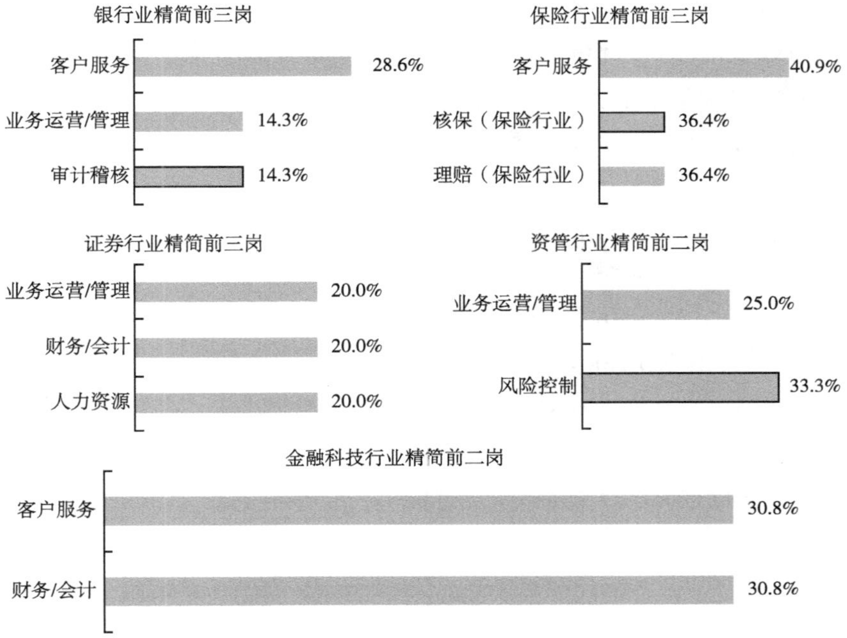

图 4－25 各细分行业精简岗位差异情况

4.4.2.2 原岗位数字化专业技能要求

随着企业数字化转型的推进以及部分岗位的精简，对原有岗位提出了数字化专业能力要求，整体来说 86% 的岗位都需要具备数字化工具操作能力，超半数岗位需要数字化工具开发协同能力，此外，部分岗位对数字化建模也提出了相关要求（见图 4－26）。

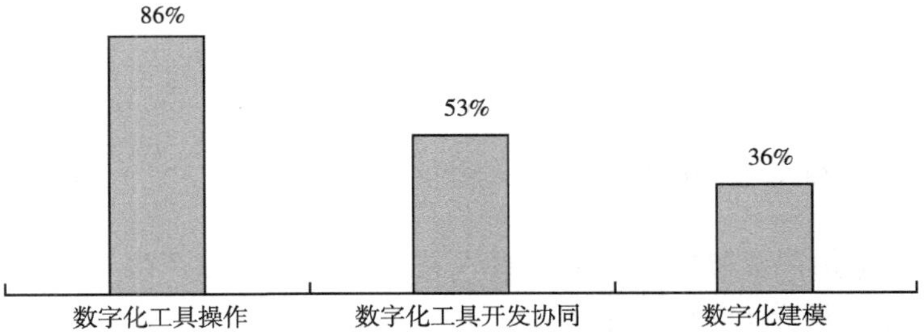

图 4－26 岗位数字化技能整体要求

从各具体岗位来看，客服、业务运营/管理、产品开发、核保、人力资源等岗位对数字化工具操作要求略低于其他岗位；产品开发、培训、市场作为和业务联系相对紧密的人员，对于数字化工具开发协同要求会更高；风控、法律合规、投资和投研岗位对数字化建模提出了更多要求（见图4－27）。

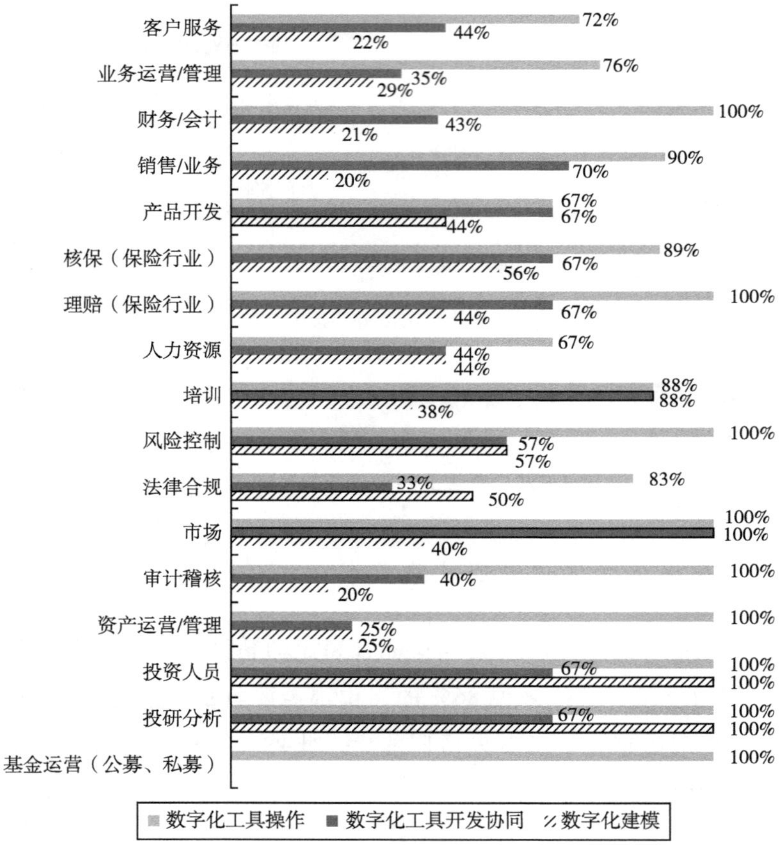

图4－27 细分岗位人员数字化技能要求

4.4.2.3 原岗位能力要求

随着数字化转型的推进，岗位对人员的能力要求也产生了部分差异，业务导向和沟通能力仍然是排在最前面的两项能力要求，但是随着数字化转型的深入，和数字化专业岗位一样，原岗位的数字思维能力、拥抱变革、执行推动和快速学习能力也将越来越重要（见图 4－28）。

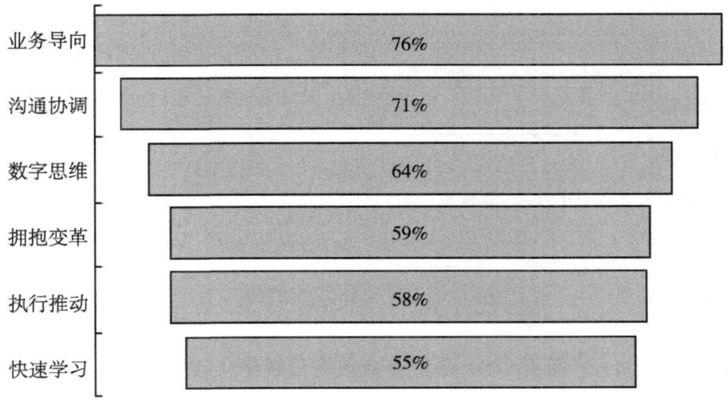

图 4－28 原岗位能力要求

4.4.3 各业务条线增设数字化相关岗位和相关能力要求

4.4.3.1 各业务条线增设数字化岗位分析

为了适应数字化转型的需求，金融行业在多条业务条线上增设了数字化业务相关岗位，产品、销售、客服三个条线的增设岗位最多（见图 4－29）。调研发现，新增岗位多和数据分析/建模、业务开发和创新等相关，如产品条线，常见增设岗位有 AI 产品经理、数据产品开发岗等；销售/业务条线常见新增岗位有业务数据分析岗、数字营销岗、互联网创新岗等；客服条线常见的有远程客服、线上服务管理岗等；信息系统和数字化相关的岗位有智能运营、数据建模、数据挖掘等；中台业务支持条线常设岗位有智能风控类岗位、数据分析岗、数据模型研究岗等。

金融细分行业在各业务条线新增岗位上有所差异，除产品和销售/业务条线外，银行、证券和资管行业在风控条线新增较多数字化岗位，保险在职能和客服条线新增部分数字化岗位，资本市场的证券/资管行业还增设了部分资产管理相关的数字化岗位，证券行业加大了数据管理条线数字化岗位设置，资管增设了投研条线的数字化岗位设置，金融科技行业除了非常重视产品和销售业务外，也开始非常重视数据的管理（见图 4－30）。

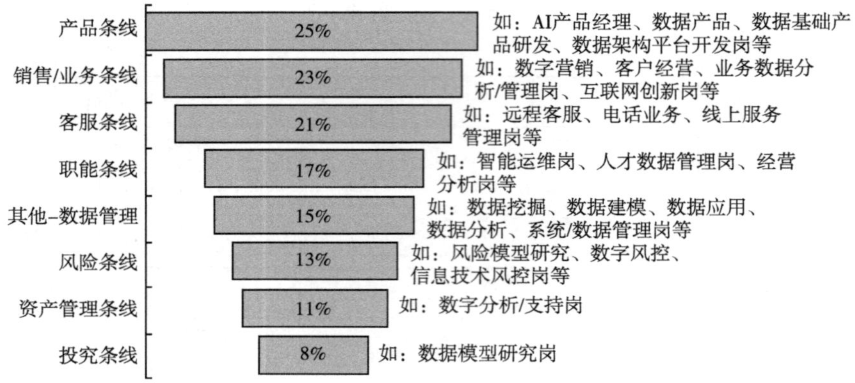

图 4－29 各业务条线增设数字化岗位

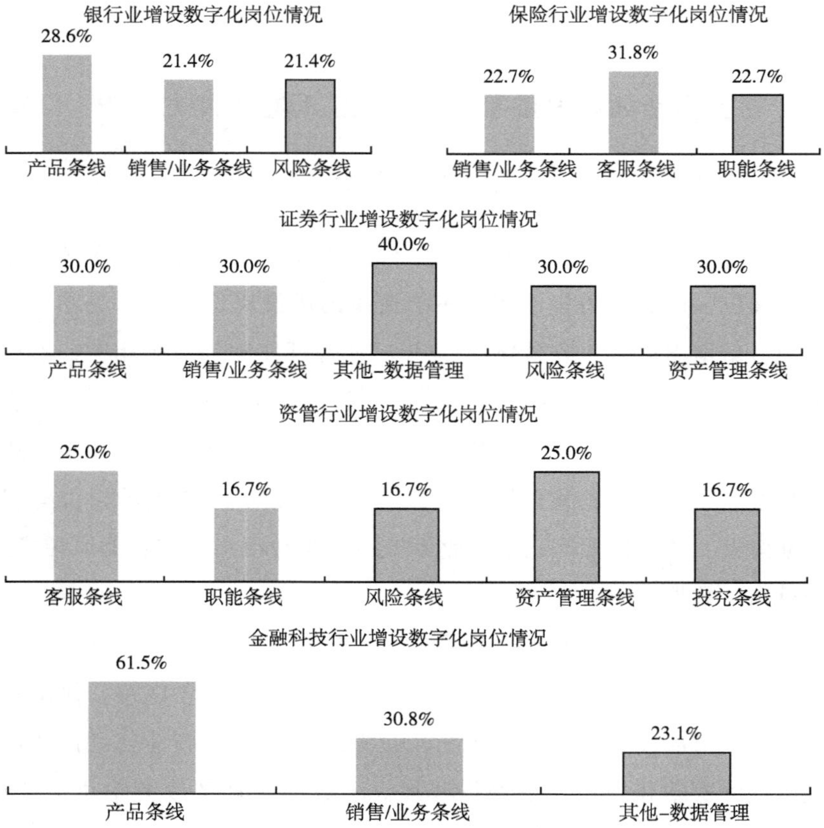

图 4－30 金融细分行业各业务条线新增岗位差异

4.4.3.2 增设岗位技能要求

各条线增设岗位都对员工的工作技能提出新要求，数据分析和处理、数字化工具操作是多数岗位都需要具备的技能（见图 4－31）。

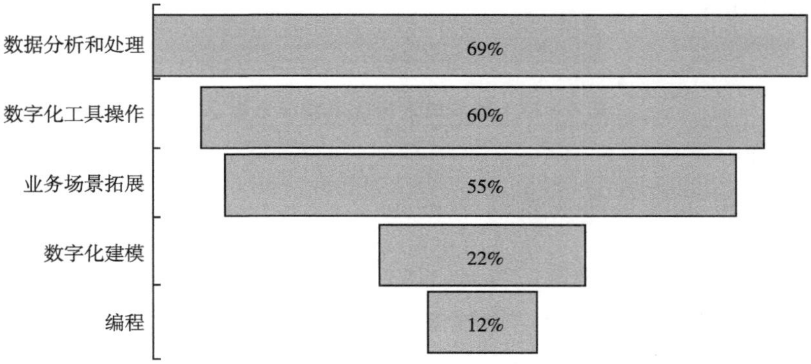

图 4－31 金融行业整体增设岗位所需能力要求

各具体业务条线有所差异：销售和投究条线增设岗位更加关注业务场景拓展技能；而风险条线和投研条线对数字化建模提出一定要求（见图 4－32）。

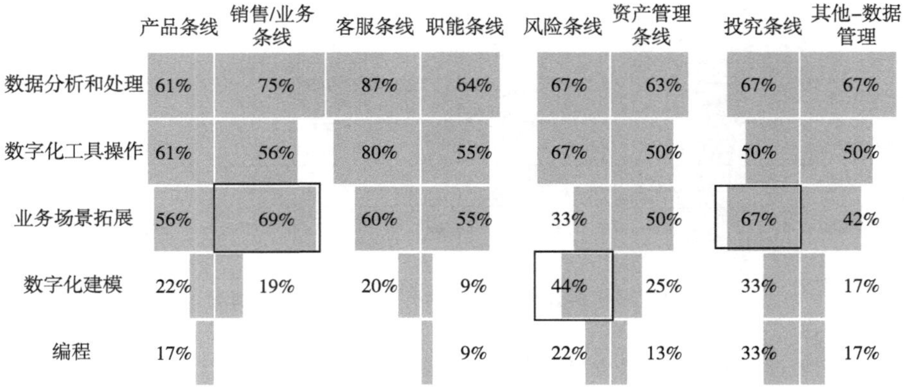

图 4－32 具体业务条线增设岗位所需数字化技能情况

在对各增设岗位所需要具备的能力要求里，超过半数企业对创新变革、快速学习和执行推动的能力提出了要求，数字思维、沟通协调、项目管理和业务导向能力对不同岗位来说有所差异（见图 4－33）。

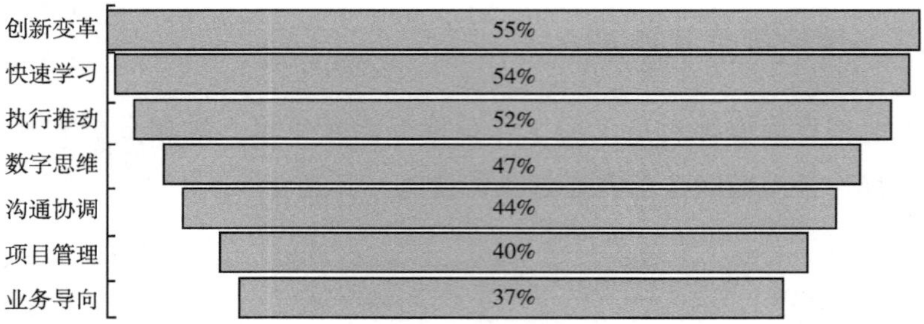

图 4 – 33　整体增设岗位所需能力要求

4.4.3.3　增设岗位能力素质要求

从各具体岗位条线来看，客服、风控等条线都开始更加看重数字思维能力，产品、客服、职能条线一直很看重沟通协调能力，销售/业务、资产管理、数据管理需加强项目管理能力，产品、职能和风控条线对业务导向能力也提出更高要求（见图 4 – 34）。

	产品条线	销售/业务条线	客服条线	职能条线	风险条线	资产管理条线	投究条线	其他–数据管理
创新变革	56%	56%	67%	73%	56%	38%	33%	42%
快速学习	56%	63%	53%	73%	22%	50%	50%	50%
执行推动	61%	69%	53%	45%	56%	50%	33%	25%
数字思维	56%	31%	67%	45%	78%	25%	33%	33%
沟通协调	61%	44%	60%	55%	56%	13%	33%	8%
项目管理	39%	69%	47%	27%	22%	50%		33%
业务导向	50%	44%	33%	45%	56%	13%	33%	8%

图 4 – 34　具体条线增设岗位所需能力要求情况

数字化时代的金融服务无时不在、无处不在且按需设计，这是技术和业务融合发展的趋势，未来金融服务将更加依赖于员工创新能力和问题解决能力，问题解决能力则细化聚焦于员工的快速学习、执行和推动能力。数字时代下，一线员工、后端研发部门、一线经理，他们都是体察数字化市场中重要转变的关键个体。企业为了适应数字化快速和不确定性的生态环境，需要着重关注这些员工的能力素质。

5 数字金融职业教育人才培养现状及面临的挑战

专业设置是高职院校人才培养的基础工作。随着新一代信息技术在金融领域的应用加速渗透，为实施“互联网 +”行动，主动适应信息时代新兴金融业态体系对复合型金融人才的需求，2015 年教育部《普通高等学校高等职业教育（专科）专业目录》新增“互联网金融”专业。在金融行业持续深化数字化转型背景下，金融科技领域的人才需求剧增，进而推动专业升级和数字化改造，2021 年《职业教育专业目录》将“互联网金融”专业更名为“金融科技应用”专业。为贯彻《国家职业教育改革实施方案》，各院校不断加强专业内涵建设，创新数字金融人才培养模式。

5.1 高等职业教育数字金融类专业开设现状

5.1.1 互联网金融专业设置情况

在金融业务和金融渠道电子化阶段，人们开始意识到数字技术在金融领域的应用潜力。这个阶段主要是对传统金融业务的数字化改造，如网上银行、电子支付等，现代信息技术企业仅仅给金融机构提供技术服务，并未对金融体系变革产生实质影响。这个阶段的数字金融教育模式尚未形成，相关的知识和技能主要通过传统的教育和培训方式获得。

随着数字技术的不断发展，金融业迎来革命性变革。不仅传统金融机构实现了从物理网点转向互联网，各类金融机构也如雨后春笋般出现。金融行业结构变革和技术变革呼唤掌握传统金融与互联网金融的知识结构复合型人才。2014 年 3 月，《政府工作报告》第一次提出“互联网金融”。同年 5 月，浙江金融职业学院互联网金融学院应时而生，成为首个培养互联网金融人才的院校。在技术变革和政策引导双重作用下，我国高等职业教育专科互联网金融专业自 2016 年开始招生。根据全国职业院校专业设置管理与公共信息服务平台的数据来看，2016 年共有 67 所高职院校设置备案拟招生“互联网金融”专业。

从开设“互联网金融”专业的高职院校省份分布来看，如图 5－1 所示，院校数量排名前三的是河北省、安徽省、广西壮族自治区，分别为 10 个、6 个和 6 个，占总体 14%、9.0%和 9.0%。到 2020 年，设置备案拟招生“互联网金融”专业的高职院校增加到 188 所。

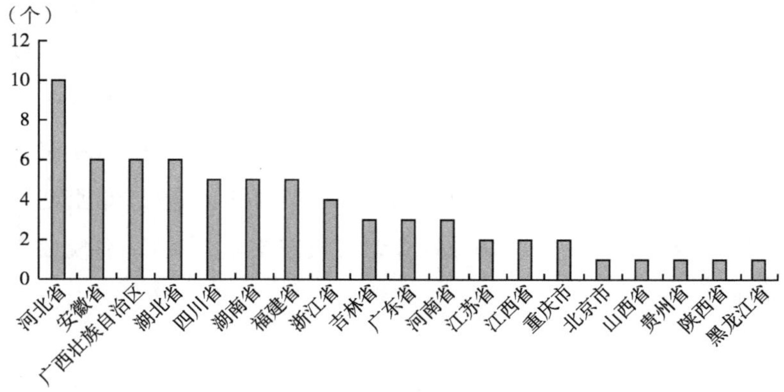

图 5－1　2016 年开设互联网金融专业高职院校省市分布

资料来源：全国职业院校专业设置管理与公共信息服务平台，https://zyyxzy.moe.edu.cn/home/major-register?year=2016&province=&school_code=&school_name=&major_code=&major_name=%E4%BA%92%E8%81%94%E7%BD%91%E9%87%91%E8%9E%8D。

5.1.2　金融科技应用专业设置现状

大数据、人工智能、区块链、云计算等新兴科技在金融领域的应用，不仅改变传统金融的模式，更是持续赋能金融，进而推动金融科技发展，同样也给财经院校的专业设置、科学研究和人才培养模式带来新的机遇和挑战。为契合金融发展趋势，职业教育的“互联网金融”专业更名为“金融科技应用”专业。

5.1.2.1　开设“金融科技应用”专业高职院校数量情况

根据最新全国高等学校名单，截至2024年6月20日，全国高等职业院校共计1 611所，其中：专科层次职业院校1 560所，本科层次职业院校51所。在1 611所高职院校中，开设“金融科技应用”专业的有175所，占比为10.86%。在51所本科层次职业院校中，开设“金融科技应用”专业的有深圳职业技术大学、浙江广夏建设职业技术大学、河北工业职业技术大学、山东工程职业技术大学和南宁职业技术大学5所，占比为9.80%。

从开设该专业学校所在的省（区、市）来看，院校数量相差较大。如图5－2所示，数量前九的省份依次是河南省（21所）、河北省（17所）、重庆市（13所）、广东省（12所）、山东省（12所）、浙江省（12所）、四川省（9所）、安徽省（8所）、广西壮族自治区（8所）。从学校所在地区来看，“金融科技应用”专业的教育资源分配极不均衡，中东部地区开设“金融科技应用”专业的院校数量相对多，而西部、东北地区较少。

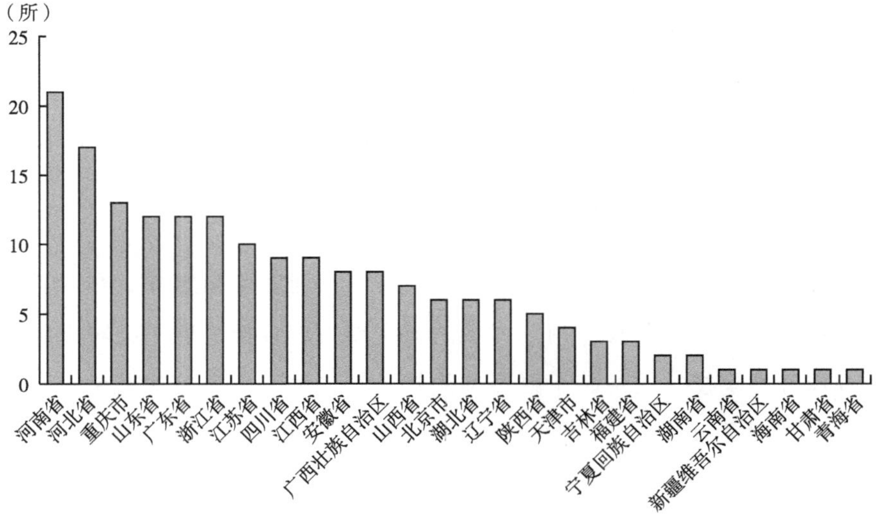

图5－2　2024年开设金融科技应用专业高职院校省市分布

资料来源：全国职业院校专业设置管理与公共信息服务平台，https：//zyyxzy. moe. edu. cn/home/major－register？year＝2016&province＝&school_code＝&school_name＝&major_code＝&major_name＝%E4%BA%92%E8%81%94%E7%BD%91%E9%87%91%E8%9E%8D。

5.1.2.2 开设“金融科技应用”专业高职院校类型情况

依据学科门类将所有院校划分为综合类、财经类、理工类、师范类、农林类、政法类、艺术类和其他 8 个院校类型，图 5 –3 展示了不同类型的院校开设“金融科技应用”专业的情况。

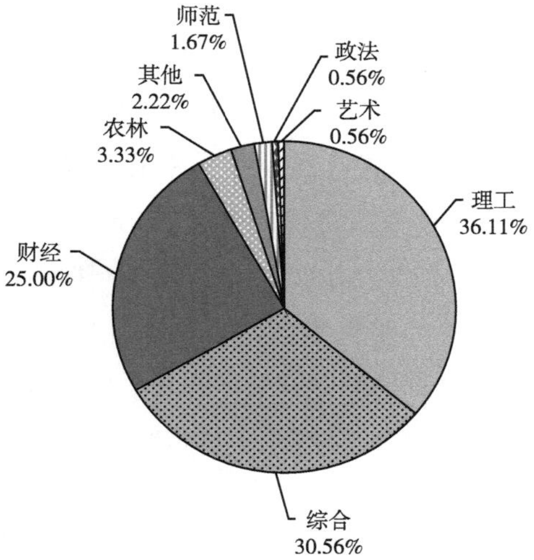

图 5 –3 高职院校开设“金融科技应用”专业院校类别占比

资料来源：全国职业院校专业设置管理与公共信息服务平台，https：//zyyxzy. moe. edu. cn/home/major – register? year = 2016&province = &school_code = &school_name = &major_code = &major_name = %E4% BA%92% E8%81%94% E7% BD%91% E9%87%91% E8%9E%8D。

如图 5 –3 所示，在开设“金融科技应用”专业高职院校中，尽管各类型院校均有开设“金融科技应用”专业，但主要为综合类、理工类和财经类院校，非财经类院校的数量高于财经类院校。其中理工类院校的数量最高，为 65 所，占总体的比例为 36. 11%；其次是综合类和财经类院校，分别为 55 所和 45 所，占总体的比例分别为 30. 56% 和 25% 。

5.2 数字金融职业教育人才培养改革现状

针对数字金融职业教育人才培养情况，2022 年有关项目对 70 家院校的老师、在校生和毕业生开展了针对性问卷调研。这些院校分布在全国20个省市自治区，广东省有10家，占14.29%，其次是河南省、湖北省各7家，第三是江苏省，有6家。被调研院校中，国家双高校占20%，地方双高校占24.2%，其他类型学校占55.7%。本节基于调研数据，从数字金融职业教育人才培养定位、人才培养模式、课程体系变革、师资力量四个方面，对我国数字金融职业教育人才培养的现状进行梳理分析，为我国金融科技应用专业职业教育发展提供参考。

5.2.1 数字金融职业教育人才培养定位

根据教育部2022年修订的高等职业教育专科专业简介，“金融科技应用”专业人才培养目标定位是面向传统金融机构和新兴金融科技企业的产品类、运营类、营销类等职业，培养从事金融科技客户服务、市场营销、商务推广、用户运营、数据分析、风险控制、产品设计等工作的高素质技术技能人才，强调具备工匠精神、信息素养和金融科技领域数字化核心技能，具有营销方案撰写、活动策划及实施、商业需求分析、产品原型设计、金融大数据采集与分析、区块链搭建、智能合约编写、借助工具实施金融科技风险控制等能力。

由于区域经济产业发展和金融服务场景的差异，依据当地金融人才需求端的变化，各地高职院校金融科技应用人才的培养目标定位和面向岗位也各有侧重点。部分高职院校“金融科技应用”专业人才培养定位和岗位面向情况如表5-1所示。综合来看，高职院校普遍认为金融科技人才必须是复合型技术技能人才，不仅需要培养学生掌握金融科技行业前沿的专业知识，更要强调信息素养和金融科技领域数字化核心技能培养，使学生具有在该领域进一步学习和深造的潜能。

表5-1 部分高职院校“金融科技应用”专业人才培养定位和岗位面向

院校名称	培养定位	岗位面向
浙江金融职业学院	复合型、创新型技术技能人才	传统金融机构和新兴金融科技企业的基层业务和管理岗位，从事金融科技产品设计、产品运营、平台运维、市场营销、风险控制、客户服务等工作

续表

院校名称	培养定位	岗位面向
北京财贸职业学院	应用型金融科技人才	传统金融机构，供应链金融、消费金融等领域，第三方金融服务企业及金融科技企业。从事金融业务操作、金融平台运营、金融数据分析、金融产品经理等工作
深圳职业技术大学	复合式、创新型、高素质技术技能人才	传统金融机构的常规性专业技术岗位、前台操作岗位、金融产品辅助设计、营销、运营和风控类岗位；金融科技公司产品营销和运营岗位；非银行金融机构或公司的财务人员、理财顾问等
广州番禺职业技术学院	高素质的复合型、创新型技术技能人才	传统机构的金融科技职能部门和企业财务或投融资专职部门，从事金融科技产品设计与开发、运营、营销、平台运维等相关工作
安徽商贸职业技术学院	高素质技术技能型人才	传统金融机构和新兴金融科技企业的基层业务和管理岗位，能够适应金融科技行业动态变化的工作要求，能够从事金融科技产品设计、数据分析、数据采集、系统运营与维护、市场营销、风险管理、客户服务等工作
成都职业技术学院	高素质技术技能复合型人才	传统金融机构及新兴金融科技企业的数据分析岗、金融科技企业客户服务岗、金融科技营销岗、金融科技产品运营岗及金融科技产品开发岗等

从调研情况看，金融科技应用（原互联网金融）专业的人才培养主要面向的岗位有：系统运营等运营类岗位，客户经理、产品销售等销售类岗位，数据分析、数据建模、开发工程师等研发类岗位，产品经理、项目管理、风险控制等产品类岗位，客户服务、尽职调查等服务类岗位，以及传统金融类岗位。这六大类岗位中，65 所高职院校以客户经理、产品销售等销售类岗位为主要培养方向，55 所高职院校以客户服务、尽职调查等服务类岗位为主要培养方向，48 所高职院校以产品经理、项目管理、风险控制等产品类岗位为主要培养方向（见图 5－4）。

5.2.2 数字金融职业教育人才培养模式

数字金融职业教育人才培养，以高职院校为主体，向下延伸至中职院校，向上升级到职业教育本科，未来可能升级至职业教育研究生的人才培养。办学形式主要有 5 年一贯制高职专科（初中起点）、“3＋2”分段（中职 3 年＋

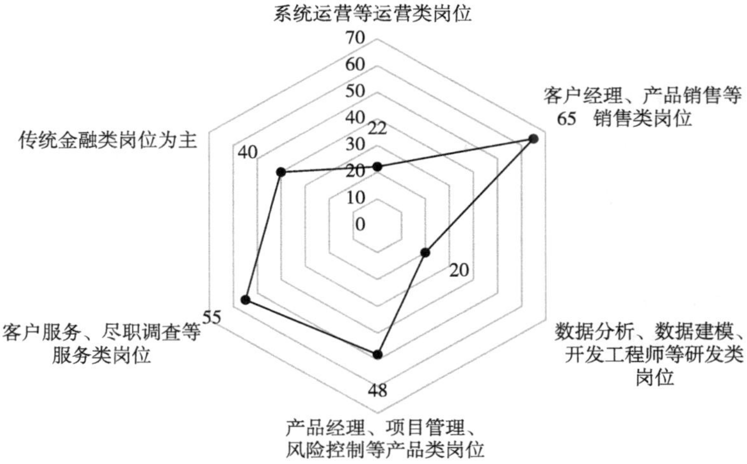

图 5－4 “金融科技应用”专业人才培养岗位面向

高职 2 年，需参加转段考试）高职专科、3 年制高职专科（高中或中职起点）、“3＋2”分段（高职 3 年＋本科 2 年，需参加转段考试）本科、4 年制职业本科等。

5.2.2.1 相关专业交叉联合培养

当前大多数高职院校采用“专业衍生型”开展人才培养，即金融数字化人才培养是基于已有的专业基础，充分发挥已有的平台优势资源，例如“金融服务与管理”“财富管理”“金融科技应用”等专业的师资和实训室资源、联合计算机类专业等，通过进一步强化专业交叉融合等方式，给学生带来更加通用、综合的学习体验，例如建立“金融科技应用＋X”复合专业培养新模式，该模式重视金融类专业与计算机类专业教育的交叉融合，进一步增强金融人才的复合性。

5.2.2.2 产教融合协同育人

金融数字化人才既需要基础专业作为支持，也具有强实践性，具有显著的实践应用价值，且内容更新快速，需要紧密对接实践，实现专业人才培养目标与产业需求、专业教学活动与企业岗位技能要求、专业教学内容与行业标准、实习岗位与就业岗位相通。为此，大多数职业院校与金融科技企业双向共赢的校企合作，形成了基于“双元育人”的校企合作订单培养、现代学徒制等人才培养模式。校企共建实训基地、共建二级学院等，共同参与院校金融专业学科建设、课程资源开发、师资队伍建设、实践基地拓展、数字金融技能大赛、教学质量评估等人才培养过程，探索校企合作“数字金融”人才培养新模式。校企合作的形式具体表现为：

订单培养。随着数字化进程的加速推进，金融科技人才需求呈现出爆发式增长态势。可以针对企业需求，建立订单班，通过学生、学徒的“双身份”，学校、企业的“双主体”来联合培育人才，学校建立适配对应的课程体系、管理机制，让学生按照企业需求学习相关知识技能，通过订单班形式进入到企业之中。

校企共建专业。依托产教融合共同体、市域产教联合体，校企双方充分沟通交流，由企业投入部分实训设备并派遣企业教师团队，校内教师负责金融专业的授课，企业教师重点负责数字化实训实践课的教授，从而实现双主体育人模式。

技术合作及共建实训基地模式。高职院校与具有数字化能力和数字化人才需求的企业开展技术合作，成立技术研发中心、大师技术技能工作室等，共享研究成果。学校负责提供实训场地与环境以及部分的设备和资源，企业提供生产实践中的新知识、新技能，共同完成校企合作的实训项目以及实践授课的环节。通过实训基地培训的学生能够直接上岗，实现教学与就业的对接与贯通。

5.2.3 数字金融职业教育人才培养“三教”改革情况

5.2.3.1 以课程体系变革推进数字化人才培养模式

课程作为“三教改革”的集成点，涵盖了教育过程中的教师、教材和教法三个环节。数字化背景下的“三教改革”要解决“谁来教数字化、教什么样的数字化内容，如何教数字化课程”的问题，这是院校培养金融数字化人才的重要内容，也是金融专业适应数字化变革改革的一个可以直接推进的改革起点。

金融类课程建设扎实推进，在国家级和省级精品在线开放课程方面取得了丰硕的成果（见表5-2、表5-3）。

表5-2 金融类精品在线开放课程（国家级）

课程名称	课程负责人	主要建设单位	主要开课平台
银行柜面综合实务	杜崇东	石家庄邮电职业技术学院	智慧职教 MOOC 学院
金融学基础	吕鹰飞	长春金融高等专科学校	学银在线
经济学基础	董昕灵	江苏城市职业学院	爱课程
商业银行综合柜台业务	董瑞丽	浙江金融职业学院	智慧职教 MOOC 学院
国际结算操作	刘一展	浙江金融职业学院	爱课程
企业理财实务	洪韵华	浙江机电职业技术学院	浙江省高等学校在线开放课程共享平台
金融科技概论	吴金旺	浙江金融职业学院	中国大学 MOOC
金融学概论	王雯	安徽工业经济职业技术学院	e 会学
理财规划	孟洁	山东外贸职业学院	学银在线
金融数据统计	李蓓蓓	长江职业学院	智慧职教 MOOC 学院
经济学基础	方旭	咸宁职业技术学院	职教通
个人理财业务	吴娜	广州番禺职业技术学院	中国大学 MOOC
金融学基础	王心如	广州番禺职业技术学院	智慧职教 MOOC 学院
经济学基础	曹家谋	江苏城市职业学院	爱课程
个人理财	李琳	四川财经职业学院	学银在线

表5-3 金融类精品在线开放课程（省级）

课程名称	课程负责人	主要建设单位
互联网金融产品运营	王栓军	河北软件职业技术学院
商业银行综合柜台业务	吴娜	广州番禺职业技术学院
证券投资分析	王丽	河北软件职业技术学院
理财规划实务	张惠兰	石家庄信息工程职业技术学院
金融服务礼仪	王华	浙江金融职业技术学院
国际金融	李军燕	山西省财政税务专科学校

续表

课程名称	课程负责人	主要建设单位
保险实务	邓华丽	广州番禺职业技术学院
保险实务	黄素	保险职业学院
国际金融	江暮红	广东工贸职业技术学院
保险实务	朱杰	辽宁金融职业技术学院
快乐经济学——基础篇	安静	顺德职业技术学院
经济学基础	孟庆海	辽宁金融职业技术学院
证券投资实务	马瑞	顺德职业技术学院
国际金融实务	孟庆海	辽宁金融职业技术学院
银行会计	唐笑炯	山西金融职业学院
经济学基础	冯瑞	苏州工业园区服务外包职业学院
商业银行会计实务	施晓春	长春金融高等专科学校
财政金融基础	黄娟	江西外语外贸职业学院
经济学原理与实务	程芸	九江职业技术学院
金融实务	付阳	江西工业工程职业技术学院
经济学基础	杨晶	四川财经职业学院
投资理财	朱再英	湖南化工职业技术学院
经济学基础与应用	胡田田	江苏电子信息职业技术学院
金融产品营销	屠萍萍	浙江农业商贸职业技术学院
个人理财实务	曾婕	江西旅游商贸职业技术学院
保险理论与实务	葛慧楠	辽宁经济职业技术学院
证券投资实务	黄鹏程	泉州经贸职业技术学院
个人理财实务	张艳英	厦门城市职业学院
保险理论与实务	刘婷	厦门海洋职业技术学院

为应对数字化变革产生的影响，金融职业教育积极寻求变革，最直接的体现就是数字化课程改革。通过对各个院校金融类专业课程数据搜集，金融类专业数字化课程呈现出从简单到复杂、从专业课程到拓展课程的特征。在数字化改革早期一般都是教师对金融专业部分课程内容进行数字化内容的增加，到后来在人才培养方案中增加“互联网金融”“金融科技”等专业课程，

同时建设资源库等。如图 5 - 5 所示，目前课程体系加入大数据、区块链、Python 等科技内容的课程主要有“金融科技概论”“大数据金融”“金融数据统计分析”“金融法规与风险防范”“区块链金融”等。同时结合“1 + X”证书引入企业标准，实现了比较完整的数字化课程体系。

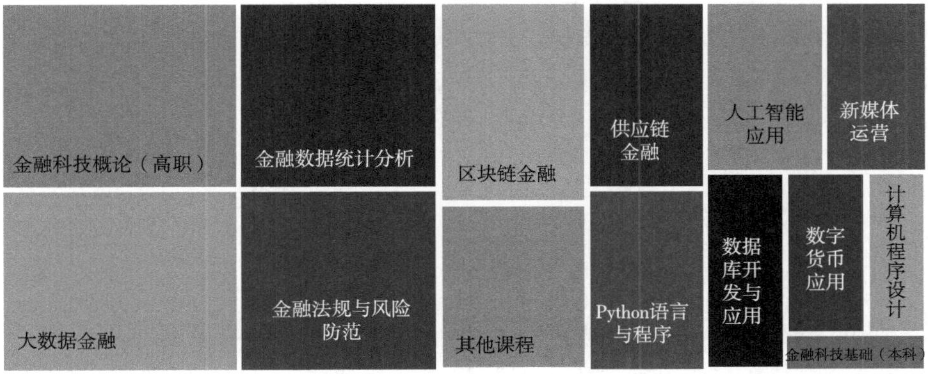

图 5 - 5 “金融科技应用”专业的主要课程

5.2.3.2 课程师资调整

课程改革最终的主体是教师，目前各个院校都在通过各种形式大量引进具有数据思维和数字技术应用能力的师资队伍，通过课程改革激发各类师资能动性，推进课程改革。如图 5 - 6 所示，很多院校的“金融科技应用”（原“互联网金融”）专业的师资队伍构成主要是两种方式：一是改良原专业教师团队。大部分院校通过加强师资培训，鼓励教师参与行业实践和参加数字化应用技术技能培训，提升实际经验和增强智慧化教学能力。二是在原团队基础之上增加金融科技方向师资配备。引进具有行业背景的专业人才，定期组织教师培训和学术交流，建立一支具有跨学科复合型知识与技能储备，并及时更新行业前沿业务动态的师资团队。

5.2.3.3 教材建设

财经商贸大类在各高职专业大类中在校生最多，入选“十四五”职业教育国家规划教材书目高职层次 770 本。如表 5 - 4 和表 5 - 5 所示，金融类入选

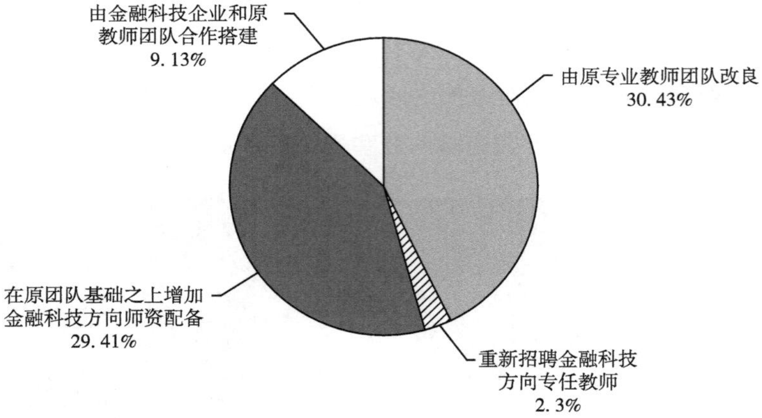

图 5－6 金融科技应用专业师资来源

“十四五”职业教育国家规划教材有 30 本，入选全国优秀教材奖的有 4 本，教材建设质量高。从国家“十二五”规划教材到国家“十四五”规划教材，金融类入选的教材呈现新技术应用特点，如《互联网金融》《互联网金融理论与应用》《互联网营销策划实务》等，展示出金融职业教育人才培养已适应当前金融科技发展的需要，及时将新兴金融业态、新型商业模式等纳入教学内容体系。同时，涌现出形式多样的活页式、工作手册式、融媒体教材。

表 5－4 国家“十四五”规划教材

教材名称	主要作者	出版社
保险基础与实务（第 4 版）	徐昆	人民邮电出版社有限公司
财产保险实务	刘俊青	中国人民大学出版社有限公司
个人理财（第三版）	廖旗平	高等教育出版社有限公司
公司理财（第七版）	刘章胜	大连理工大学出版社有限公司
国际金融	刘震	中国人民大学出版社有限公司
国际金融（第四版）	孙连铮	高等教育出版社有限公司
国际金融实务（第 6 版）	李翠君	重庆大学出版社有限公司
国际金融实务（第 3 版）	杨桂苓	机械工业出版社有限公司
互联网金融（第二版）	彭明强	中国财政经济出版社
互联网金融基础（第三版）	郭福春	高等教育出版社有限公司
互联网金融理论与应用（微课版第 2 版）	周雷	人民邮电出版社有限公司

续表

教材名称	主要作者	出版社
互联网营销策划实务	成荣芬	电子工业出版社有限公司
会计金融基本技能（第二版）	费玄淑	高等教育出版社有限公司
计算技术与点钞（第四版）	罗荷英	东北财经大学出版社有限责任公司
金融法理论与实务（附微课第 4 版）	罗艾筠	人民邮电出版社有限公司
金融服务营销（第二版）	王艳君	高等教育出版社有限公司
金融概论（第二版）	陈星	高等教育出版社有限公司
金融基础（第 2 版）	岳高社	人民邮电出版社有限公司
金融基础知识（第 3 版）	韩宗英	人民邮电出版社有限公司
金融基础知识（第 3 版）	王云云	中国财政经济出版社
金融市场（第五版）	李艳芳	东北财经大学出版社有限责任公司
金融学基础（第四版）	张会丽	大连理工大学出版社有限公司
经济学基础理论与实务	俞林	北京交通大学出版社有限责任公司
客户服务技能训练教程——基于体验经济第 2 版	王晓望	机械工业出版社有限公司
客户服务实务（第二版）	王鑫	高等教育出版社有限公司
客户服务与管理——项目教程（第 3 版）	方玲玉	电子工业出版社有限公司
客户拓展与维护（第二版）	颜青	浙江大学出版社有限责任公司
人身保险第 3 版	张晓华	机械工业出版社有限公司
商业银行综合柜台业务（第 3 版）	杨则文	中国财政经济出版社
商业银行综合柜台业务（第二版）	董瑞丽	高等教育出版社有限公司
商业银行综合柜台业务（第二版）	胡增芳	高等教育出版社有限公司
投资与理财（第 2 版）	张惠兰	北京理工大学出版社有限责任公司
网上电子支付与结算（第 3 版）	张劲松	人民邮电出版社有限公司
银行柜员基本技能（附微课视频第 3 版）	雷玉华	人民邮电出版社有限公司
银行会计实务（第三版）	崔澜	大连理工大学出版社有限公司
银行基本技能（第二版）	胡增芳	东北财经大学出版社有限责任公司
证券投资理论与实务（第三版）	马瑞	南京大学出版社有限公司
证券投资实务（第二版）	聂华	高等教育出版社有限公司
证券投资实务（第五版）	高建宁	高等教育出版社有限公司

表 5－5　　全国优秀教材奖

教材名称	作者	出版社	奖项
金融基础（第二版）	主编：郭福春　吴金旺 副主编：许嘉扬　潘锡泉	高等教育出版社	一等奖
经济学基础（第二版）	主编：冯瑞 副主编：朱辉	高等教育出版社	二等奖
投资项目评估	主编：王晋　丁琳 副主编：姚芳玲　王茜薇　姚畅燕	中国财富出版社	二等奖
国际信贷（第四版）	主编：宋浩平 副主编：王晋　邓彤	首都经济贸易大学出版社	二等奖
银行授信业务	主编：陆明祥　杨则文	高等教育出版社	二等奖

5.2.3.4　教法改革

数字经济背景下，传统的金融教学方式已经不能适应新时代人才培养要求，金融类专业都在积极通过案例教学、虚拟仿真、在线课程、线下活动等途径变革传统教学方式，构建更加交互式创新型教学方式。例如，利用金融科技教学资源库、国家虚拟仿真实训平台，为数字化教学方式提供支撑。

5.3　数字金融职业教育人才培养改革取得的成果

5.3.1　教育部职业教育金融类专业国家级教学成果奖

5.3.1.1　获奖院校具有分布集中的特点

国家级教学成果奖是国家在教学研究和实践领域中颁授的最高奖项，教育部自 1989 年起每 4 年评审一次，最近一次评选在 2022 年进行。如表 5－6 所示，近三次评选中与金融类专业相关的奖项共计 11 项，共涉及 9 所院校，分别为安徽财贸职业学院、安徽商贸职业技术学院、安徽国际商务职业学院、广州番禺职业技术学院、广州南洋理工职业学院、浙江金融职业学院、长春金融高等专科学校、江西财经职业学院和北京财贸职业学院。其中，获得该奖项数量最多的院校为广州番禺职业技术学院（4项），占奖项总数的36.36%，同时也是唯一一所连续三届蝉联该奖项的院校；其次为浙江金融职业学院（3项）。

表5-6 金融类高职教育国家级教学成果奖项

评选年份	成果名称	完成人	完成单位
2022	“数智赋能、双元育人”财会金融专业群数字化升级路径研究与实践创新	方春龙、刘银国、胡增芳、房丙午、潘海红、孙万军、王飞洋、张少兵、司俊、张珺、李昕、赵珊、曹海坤、张露、杨梓、卫欣怡、李晶、张翼	安徽财贸职业学院、安徽商贸职业技术学院、安徽国际商务职业学院、中联集团教育科技有限公司、阿里云计算有限公司、财智未来（北京）教育科技有限公司
	服务大湾区行业升级的“校园智慧金融实体”人才培养模式创新实践	罗威、王心如、齐立辉、曾卉、吴娜、李兆慧、陆明祥、张曦、张莲苓、任碧峰、杨丽、高燕、诸智武、彭静	广州番禺职业技术学院、广州南洋理工职业学院、中国银行广州番禺支行、广州银行信用卡中心、香港宝然环球有限公司
	双元双优互联互通：基于“外贸单证操作”课程的教师教材教法一体化改革实践	章安平、刘一展、米高磊、牟群月、范越龙、叶波、杨跃胜、肖旭、顾捷、施闻雷、唐春宇、华红娟	浙江金融职业学院、高等教育出版社有限公司、浙江省土产畜产进出口集团有限公司、浙江省纺织品进出口集团有限公司
2018	金融高职院校复合技能型人才“P+M”培养模式探索与实践	张炳辉、张晓晖、殷树友、隋菱歌、生洪宇、吕鹰飞、韩国薇、徐丽、陈廷勇、高同彪、李娜、张辛雨	长春金融高等专科学校
	金融专业群国家级数字化教学资源开发与应用	郭福春、谢峰、张国民、吴金旺、刘丽、董瑞丽、李敏、王忠孝、杨则文、马玉兰	浙江金融职业学院、广州番禺职业技术学院、全国金融职业教育教学指导委员会
	新金融背景下高职金融专业群构建的研究与实践	杨则文、陆明祥、邓华丽、曾卉、吴娜、王心如、贾芳琳	广州番禺职业技术学院
	以“淑女学院”为平台，精准培养现代金融“五美”职业女性的探索与实践	王华、郑亚莉、王瑛、邹宏秋、吴军飞、徐烨、韩缨、袁清心、张佳、曾盈村、郑春瑛、付泽伟、平萍	浙江金融职业学院、杭州万事利丝绸文化股份有限公司、中国民生银行杭州分行、东方证券股份有限公司杭州龙井路证券营业部、浙江理工大学服装学院、信达期货有限公司

续表

评选年份	成果名称	完成人	完成单位
2014	高职金融保险专业“三阶递进混成式”教学模式研究与实践	林火平、何先应、刘双红、王怡然、朱欣成、樊纪明、孙利锋	江西财经职业学院
	系统改革高职金融专业的探索与实践	张莲苓、杨则文、罗威、曾卉、邓华丽、张宏博	广州番禺职业技术学院
	基于城市需求的金融职业人才培养改革实践	王成荣、武飞、臧新军、陈颖、杨向荣、张存萍、胡君晖、姬晓婷、武雪周	北京财贸职业学院

5.3.1.2 “数字化技术”金融类国家级教学成果奖开始涌现

11 项金融类专业高职教育国家级教学成果奖可以分为人才培养模式、专业群构建、三教改革几个类型。在最近一次评选结果中，3 项成果中有 2 项体现出数字化技术，分别是“数智赋能、双元育人”财会金融专业群数字化升级路径研究与实践创新和服务大湾区行业升级的“校园智慧金融实体”人才培养模式创新实践，可见数字化技术对金融类专业的影响程度正在不断深化。

5.3.2 重大教师个人奖项概况

随着我国职业教育改革和发展步伐的加快，涌现出一大批奋斗在基础课程教学第一线的优秀教师。为了表彰长期从事一线教学工作，对培养优秀青少年有突出贡献，对教育思想和教学方法有重要创新，为人师表、师德高尚的教师，中央组织部、人力资源社会保障部等 11 部门启动实施“国家‘万人计划’”，广州番禺职业技术学院杨则文教授获此殊荣。为树立教材建设的先进典型和示范标杆，强导向、建机制、促建设，更好地引领我国教材建设的方向，带动更多教材建设的精品力作不断涌现，推动教材战线形成奋发有为、干事创业的良好局面，2021 年国家教材委员会发布了首届全国教材建设奖奖励决定，安徽商贸职业技术学院丁增稳教授、广州番禺职业技术学院杨则文教授获首届全国教材建设先进个人奖。

为提升技术技能人才培养质量、检验教学成果、引领教育教学改革，每年举办一届全国职业院校技能大赛教学能力比赛。如表 5－7 所示，近五年，金融类专业获得 8 项奖励。从参赛作品名称可以看到，2023 年获奖作品课堂教学融入了新技术。

表 5－7 金融类教师教学能力大赛一等奖

参赛单位	参赛作品	奖项	年份
包头职业技术学院	分毫不差、快捷高效 ——银行结算业务办理	二等奖	2019
邢台职业技术学院	经济型车险方案与理赔	一等奖	2020
广东机电职业技术学院	社区金融服务	二等奖	2021
泉州经贸职业技术学院	存款柜面业务	二等奖	2021
北京财贸职业技术学院	银行信贷助力实体经济	三等奖	2021
安徽商贸职业技术学院 安徽工商职业学院	自然灾害下的农业保险承保与理赔	一等奖	2022
北京电子科技职业技术学院	养老理财规划	二等奖	2022
长春金融高等专科学校	智慧网点助农业务处理	一等奖	2023

5.3.3 学生成长成才

5.3.3.1 国家级金融类学生职业技能大赛一等奖

为提升职业院校学生技能水平、培育工匠精神，由教育部牵头发起全国性职业院校综合技能竞赛活动。2023 年全国职业院校技能大赛高职组“银行业务综合技能赛项”更名为“智慧金融”赛项，是金融职业教育领域的一项重大赛事，将传统手工技能与数字金融业务相结合，更加注重以金融科技对接行业前沿，增加了数字金融业务操作内容，融入了数字人民币、大数据金融、AI 金融、云会融、物联网金融、区块链金融等业务场景。如表 5－8 所示，近四次比赛中，共有来自 15 所高职院校的 23 支团队荣获一等奖。其中，山东外贸职业学院、广州番禺职业技术学院、浙江金融职业学院均获过 3 次该赛项一等奖。

表 5-8　金融类学生职业技能大赛历届获奖（国家级）

赛项	获奖学校（一等奖）	年份
智慧金融	山东商务职业学院、台州科技职业学院、湖南财经工业职业技术学院、深圳职业技术大学、江苏财经职业技术学院、泉州经贸职业技术学院	2023
银行业务综合技能	浙江金融职业学院、山东外贸职业学院、广州番禺职业技术学院、深圳职业技术学院、陕西财经职业技术学院、江西财经职业学院	2022
银行业务综合技能	浙江金融职业学院、山东外贸职业学院、广州番禺职业技术学院	2021
银行业务综合技能	广州番禺职业技术学院、江苏财经职业技术学院、山东外贸职业学院、江西现代职业技术学院、湖南财经工业职业技术学院、浙江金融职业学院、顺德职业技术学院、湖南工业职业技术学院	2018

5.3.3.2　毕业生就业情况

（1）就业行业概况

调查院校互联网金融专业毕业生主要进入以下三类行业就业：金融行业、金融科技行业和与金融不相关的行业。如图 5-7 所示，从回收的 899 份调查

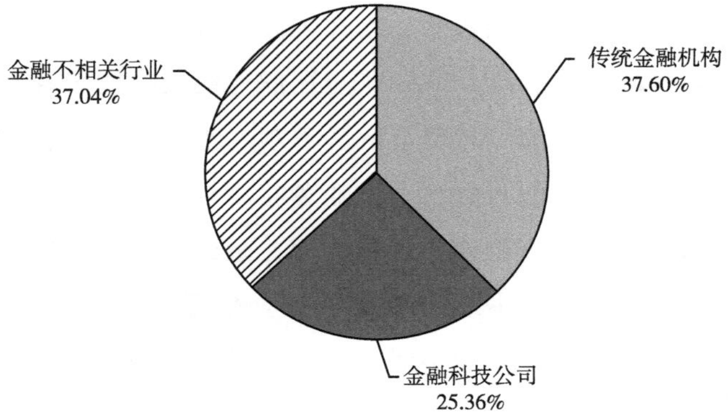

图 5-7　毕业生工作行业分布

问卷来看，在金融行业工作的有566人，占比62.96%。其中，在传统金融机构就业的毕业生338人，占比37.60%。传统金融机构中在商业银行工作的毕业生最多，为169人，占比18.8%。在金融科技行业就业的毕业生达到228人，占比25.36%。另外，还有333人毕业后从事与金融不相关工作，占比达37.04%。

（2）就业岗位情况

如图5－8所示，毕业生在金融机构和金融科技公司目前从事的工作岗位，可分为一线业务操作、营销、理财、投顾、行政、科技、财务、管理八类。其中，金融一线业务操作岗占比最大，为33.46%；其次为营销岗、会计财务岗和理财经理岗，占比超过10%，分别为16.64%、13.08%和11.78%；接下来依次为基层管理岗、投资顾问岗、科技类岗位和行政内勤岗，占比分别为9.35%、6.36%、4.86%和4.49%。针对具体岗位工作内容，61.85%的毕业生认为工作与所学专业是相关的，并且认为在工作中最重要的专业技能，依次为投资分析能力（63.85%）、理财规划能力（62.74%）、大数据统计与分析能力（61.18%）、服务营销能力（54.62%）（见图5－9）。

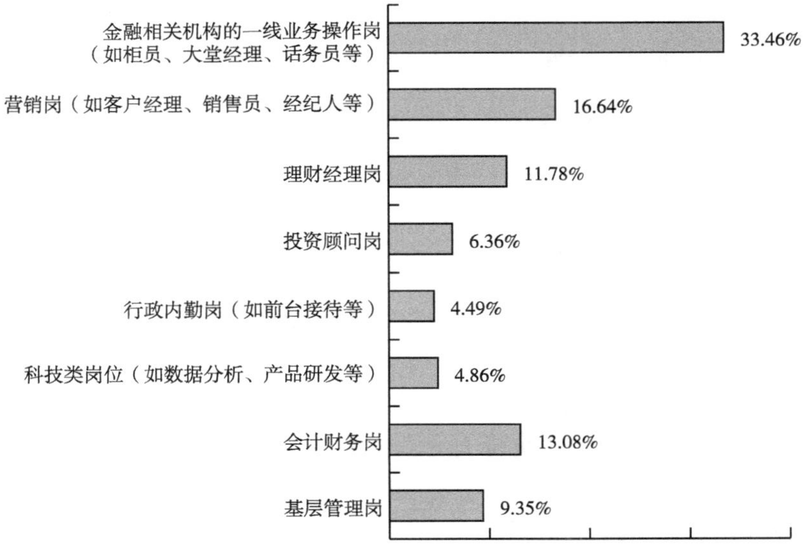

图5－8　毕业生工作岗位分布

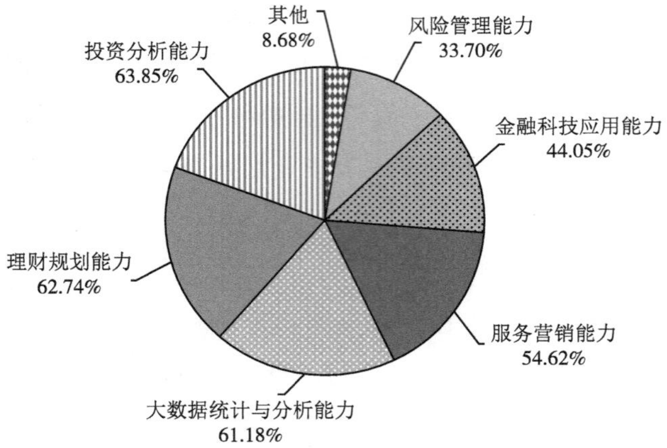

图 5-9 毕业生认为专业技能重要程度分布

(3) 毕业生薪资和工作满意度

如图 5-10 所示，调查对象的平均月收入以 5 000 元以下为主。其中，3 000 元以下的 294 人，占比 32.7%；3 001~5 000 元的 317 人，占比 35.26%，合计占比 67.96%；5 001~8 000 元、8 001~12 000 元、12 000 元以上分别占比 17.8%、7.23%、7.01%。

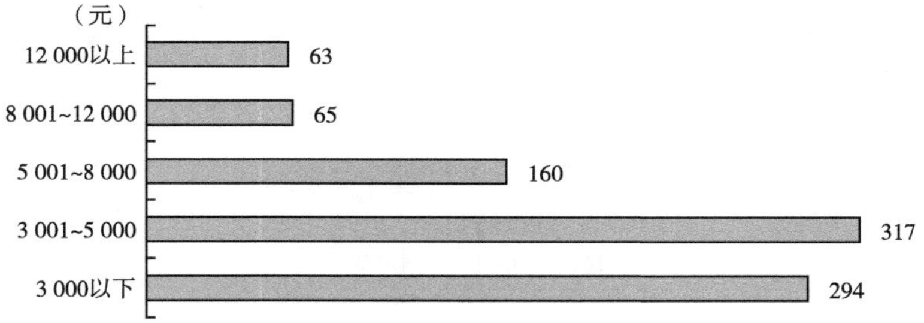

图 5-10 毕业生平均月收入分布

如图 5-11 所示，“金融科技应用”（原“互联网金融”）专业毕业生的工作满意度分为满意、不满意两大类，大部分毕业生对其所从事的工作表示满意。其中，满意可分为非常满意、比较满意、基本满意，占比分别为 14.35%、25.36%、20.58%，合计 60.29%；总体来看，毕业生都还满意自己的工作。不满意分为不太满意和不满意，占比分别为 28.70%、11.01%，合计 39.71%。

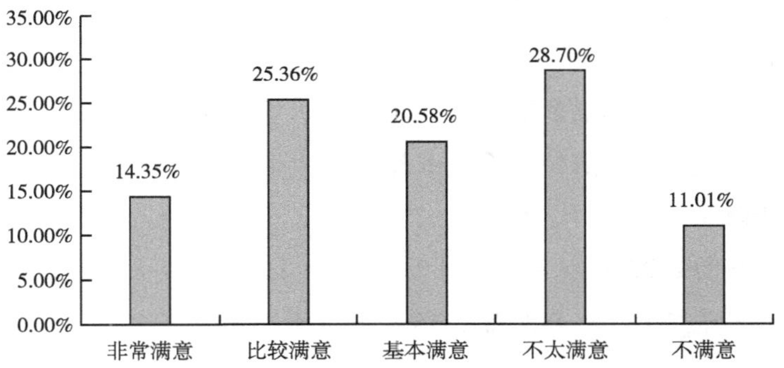

图 5-11 毕业生工作满意度情况

5.4 数字金融职业教育人才培养面临的挑战

金融业数字化发展的突飞猛进，一方面使数字化金融人才的需求出现了井喷现象，另一方面数字化金融人才的供给和培养出现了滞后和不足。数字金融职业教育人才培养，面临诸多挑战，亟须改进和变革。

5.4.1 数字化浪潮颠覆了职业金融人才的需求方向和培养方式

金融科技日新月异，金融产品和服务快速试错迭代，行业演进以前所未有的速度进行。创新带着“创造性破坏”的特点，一方面大量传统职业机会减少了，另一方面新职业也诞生于行业演进与产业变革的大趋势之中。

5.4.1.1 职业发展呈现新趋势

传统职业大量消失。世界经济论坛（World Economic Forum，WEF）预测，到2030年，全世界将有2.1亿人因为新一轮数字化、工业化、自动化、智能化和全球化变革而被迫更换工作。据麦肯锡的预测，到2030年，美国和西欧国家中的体力劳动工时将分别减少11%和16%，需要基础技能即可完成的工作时间将分别减少14%和17%，自动化等新技术将会取代这类重复性的简单工作。

技术快速迭代意味着大量新职业产生。随着数字经济的发展升华迭代，新职业关联数字经济、智能制造、乡村振兴，紧随时代热点，形成了数字化的新特征。近年来，不断涌现出的人工智能、物联网、大数据、云计算等生产技术类新职业，健康照护师、农业经理等生活服务类新兴职业已然成为产业发展的晴雨表。

我国发布的2022年版《职业分类大典》，与2015版大典相比，专业技术人员大类也就是二大类已经发布了15个新职业，包括人工智能、物联网、大数据、云计算、智能制造、工业互联网、虚拟现实、区块链、集成电路、机器人、增材制造、数据安全工程技术人员等。除此以外，这次修订还增设了密码工程技术人员、碳管理工程技术人员、金融科技师等29个新的职业。这些新增的职业坚持面向世界科技前沿，面向经济主战场，面向国家重大需求，面向人民生命健康，紧跟时代发展步伐，为新兴领域、新兴职业的从业人员提供了更大的职业发展空间。

新职业是一个动态变化的概念，未来，随着创新的加快，新职业人才需求缺口还将继续存在甚至扩大。人社部公布的《新职业就业景气现状分析报告》显示，预计未来5年，新职业的人才需求规模庞大，物联网行业超1 600万人、智能制造领域900万人、人工智能人才近500万人、无人机装调检修工约350万人、电子竞技员近200万人、云计算工程技术人员近150万人、电子竞技运营师近150万人、农业经理人近150万人、建筑信息模型技术员近130万人、工业机器人系统操作员和运维员均达125万人。

金融数字化，意味着在AI、区块链、云计算、大数据、隐私计算等数字技术支撑和引领下，以数据为关键要素，以价值释放为核心，以数据赋能为主线，对金融产业链上下游的全要素数字化升级、转型和再造的过程，进而完成服务实体经济的使命。

5.4.1.2 金融业呈现新趋势

在数字化进程中，金融行业呈现出比较明显的五种趋势。

一是从价值观念看，中国金融业将从“规模驱动”的模式，向“以客户为中心”“价值驱动”方向加速转向，从同质化转向差异化发展之路。金融发展的战场，将越来越多地从同质化、以规模为导向的“跑马圈地”，转向以客户为中心，依托技术的高效价值创造。

二是从 2C 向 2B 转变。以往数字金融的热点领域是 2C 业务，在现行的业务框架上，即便是在针对中小微企业的支持中，仍然是以基于 2C 的大数据分析为主。在未来，产业链、供应链、物联网将对实体经济带来更加直接、规模更大的支持，赋能企业业务的持续扩张。

三是金融的数字化将加速与绿色化相结合，数字化与绿色化的“双化协同”将成为金融发展的主要内容之一。

数字化转型和绿色化转型不仅是当今世界发展的两大主题，也是相互依存、相互促进的孪生体：数字化是当前减少碳排放的重要手段，推进绿色化离不开数字化；绿色化转型需要坚实的数字化技术作支撑，同时也将催生新兴的绿色化和数字化融合。通过数字化绿色化协同转型发展，共同助力碳达峰、碳中和目标实现。

中国信通院王婧媛认为，当碳达峰碳中和上升为我国的国家战略后，双碳将是我国“十四五”时期乃至未来较长一段时间的战略方向，而数字化、绿色化的协同转型发展，即双化协同，是实现我国“双碳”目标的关键抓手。据中国信息通信研究院预测，数字化降碳贡献度将达到 12% ~22%，另据新华社和石化等行业协会数据，绿色化贡献度将达到 20% ~30%；双碳目标的出现，也促使数字化绿色化进入历史交汇、协同发展、路径合一、相辅相成的重要阶段，推动经济社会形成绿色高质量发展的新格局。

四是场景化将成为金融数字化的主要应用方向。金融机构将基于自身服务场景结合各类技术特性，开发出一系列创新型场景化应用。伴随着金融科技的发展成熟，金融服务逐渐渗透到人们日常生活中的每一个角落，响应着各种消费场景和商业活动的即时需求，这种以场景为核心面向用户提供金融服务的形态，正在逐渐取代传统的金融模式。

五是从境内向境外发展。当前创新主要集中于境内业务，随着人民币国际化，资本项目跨境流动将越发活跃，这一过程当中，会产生很多创新机会。

5.4.1.3 金融职业人才培养呈现新趋势

一是“看未来、重时效”。

对未来人才培养需要根据技术发展规律进行布局。

首先是要着眼未来。在预判技术发展趋势的基础上提前布局，在培养方案中增加的即将大规模使用的技术类科目，比如隐私计算、云安全、边缘计算等，在人才的适应性方面抢占先机。

其次，也并非一味地增加新技术科目，需根据技术的成长规律进行设置。对于还处于发展非常早期的技术，即距离成熟还需要10年以上的时间的技术，因其发展方向、技术路线还有很多不确定性，在将其纳入人才培养的学科体系中要选择易落地的方向，比如元宇宙技术，要选择其中有落地可能性强的方向进行学科设置。

二是“厚基础、宽口径”。

金融数字化发展的过程中，数字金融落脚点在于金融，核心和根基是对于数字金融本质认知的全面性和深度。在金融数字化知识体系中，有很多不变的内容，比如，金融依然需要服务实体经济，依然遵循经济发展的客观规律，依然需要平衡安全性、流动性和盈利性三者之间的关系等。

金融数字化同样也带来了更多的“变”的方面。未来金融，不再是今天所定义的网点、PC端、移动终端的金融能力，它将与外部的场景、生态有高效融合，同时实现金融机构与外部、金融内部的高效数据连接、高效数据联合计算。同时，技术将与更多业务场景进行结合，技术数字化能力将全方位灌溉到企业的方方面面，不仅对外部提供服务，同时将渗透到企业内部的所有办公、内部协同和交互。由此可见，未来人才培养，既要让其打下坚实的金融理论基础，又需要拓宽培养口径，增强其适应能力。

因此，厚基础、宽口径的原则，就是要培养懂金融、懂技术、懂场景、懂市场、懂应用和懂监管的复合型人才。

三是“懂数据、擅工具”。

数据已经是银行的重要资产之一，金融数字化的深化，意味着数据资产将成为金融机构立足市场越来越重要的资源。未来的金融人才，要能够对机构产生的数据资产价值有清晰的认知，能够掌握各类使用和分析数据的工具，高效利用数字资源，为金融业务发展提供更大的价值。使用和分析数据的工具包括：大数据、数据挖掘、机器学习、反欺诈、区块链等技术，实现更为精准的客户营销，风险管理、运营优化等。

四是“能融合、会创新”。

能融合，意味着数字金融人才要有跨界视野，具备开放心态，在银行数字化转型过程中，将原有知识体系与新兴业态、新兴技术和新兴场景进行融合。

金融数字化快速迭代发展，也要求人才能创新视野，进行持续学习。金融业务在全面推动数字化转型过程中，将面临更多的新现象、新问题，需要人才能够持续地创新理念、创新流程、创新商业模式，更好地服务客户，促进业务发展。

五是“三层面、复合型”。

未来金融数字化人才培养需要从三个层面着眼培养复合型人才：

第一个是理论层面，是保持将金融学、经济学等理论作为基础科目，理解金融的基本逻辑是所有业务的出发点。

第二个是工具层面。以营销、运营、风控、客服等为核心组成的金融机构业务全流程中，数字化技术应用已经实现稳定、全面、高效覆盖，并基于AI、大数据、云计算、隐私计算等技术，形成一套金融数字化技术应用新生态。在人才培养的过程中，需要将数字化技术应用类课程设置为金融学科最基本的工具类课程，培养人才能使用AI、大数据、云计算以及区块链等技术工具，进行数据分析挖掘，推动金融业务开展。

第三个是应用层面，根据行业发展和技术发展趋势，一些新业态可能会出现或者持续发展，这些方面也将成为人才着力培养的方向。

5.4.2 院校数字金融职业人才培养存在短板

5.4.2.1 校企合作不紧密，产教融合水平不高

高职金融类专业面临的岗位相对属于金融数字化岗位中的劳动密集型岗

位，各种岗位需求多元化，同时由于高职院校在和金融企业合作中受困于毕业生学历问题，在开展校企合作中处于被动位置。数字化高级人才都集中在企业之中，并不愿意来高职院校开展数字化人才培养工作。

5.4.2.2 数字化时代需求的技能满足度还不够高，适应性还需提升

金融行业数字化进程推进速度很快，根据过去数字化要求培养的数字化技能在进入社会后可能无法使用，数字化人才技能需要不断适应行业发展变化进行改革。

5.4.2.3 对数字化本质把握不精准，数字化与信息化之间有差距

金融类专业对数字化本质把握还有一定差距，缺乏数字化人才培养的顶层设计，更多的是对原有人才培养模式的修修补补，教学模式、组织结构等都不能适应数字化人才培养的要求。

5.4.3 企业数字金融人才能力亟须提升

金融企业的数字化转型是一件需要调动企业从分到总、从业务到管理、从前台到后台每一个环节与人员的工作，其人才的培养更是需要企业整体有明确的规划与强大的执行力才能完成的重点工作。由于金融企业数字化的转型脚步快、幅度大，其人才培养过程中对数字化能力的培养要求需要配合整体数字化转型的节奏，因此相比于传统的人才培养要求更高，培养的节奏更快。

5.4.3.1 长期向心力弱

由于企业的人才本身需要承担企业中关键岗位的工作，日常能用于单独参与培训的时间较少，因此企业的人才培养需要有效利用员工的碎片化时间，对于系统化、系列化的课程安排而言存在一定的冲突，如何有效通过细节的安排与培训机制的调整，如何有效地结合绩效管理办法、岗位职级晋升等机制促进数字化能力在企业人才内部培养中的有效吸收，是企业面临的问题

之一。

5.4.3.2 技能极具个性化

企业内工作的员工会在工作过程中形成自己固有的工作方式与工作思维，因此越有资历与经验的员工在面对数字化能力培养和数字化转型要求的时候会产生更大的障碍（包括思想上的困难与实际行动上的困难）。如何有效调动存量员工主动迎接数字化转型，更愿意接受数字化能力优化的培养，是金融企业面临的较大的问题。

5.4.3.3 与组织环境不嵌套

企业普遍缺乏激活创新合作关系所需的敏捷性、互谅和协作能力。在企业数字化转型的实践中，企业内部的系统改造、数字化平台和系统的开发往往先于对人员数字化能力的培养，企业的数字化转型呈现“从后往前”传导的特点。企业花费巨资打造的系统往往最熟悉的人是后台与中台人员，对一线的客户经营人员、业务经营人员甚至存在完全不理解系统功能、不清楚系统逻辑等基本问题，但一线人员往往又是采集客户一手信息的第一来源与使用数字化资源给出经营指导的第一人。一线人员与数字化系统的脱节无法让系统数据与实际的营销工作产生联系，大量系统数据的价值无法体现出来，因此如何让一线人员理解数字化系统、会用数字化系统、能用好数字化系统，也是企业面临的非常现实的问题。

6 数字金融职业教育人才培养改革典型案例

数字金融的发展演化使得金融学科和专业的边界、研究范式不断被打破和重构，愈发凸显出交叉学科和专业的特征。新技术在金融领域的应用和普及催生出大量高素养、强技能的复合型应用人才需求，掌握“金融 + 科技”且能实际应用的跨学科、复合型人才受到金融人才市场的青睐。基于金融产业数字化转型升级的大背景，在教育部、全国金融职业教育教学指导委员会的指导下，高职院校金融类专业积极推进数字金融人才培养改革，在人才培养模式、课程设置与内容、产教融合校企合作、教学资源建设、教学方式方法、师资队伍等方面作出探索实践，取得了显著的教育教学成果，并形成了一系列典型经验和案例。

6.1 数字金融人才培养模式改革典型案例

案例1 浙江金融职业学院：校企共建产业二级学院，创新“双元共享、知行合一”专业群人才培养模式

浙江金融职业学院金融服务与管理高水平专业群由“金融服务与管理”专业、“国际金融”专业、“农村金融”专业、“金融科技应用”专业、“信用管理”专业5个优势专业构成。专业群基于大数据与普惠金融服务需求，精准对接浙江万亿元金融产业布局，培养精于技能、专于岗位、深于业务、思想政治坚定、德技并修、全面发展的高素质金融技术技能人才。面对数字化时代金融服务模式的变革对金融教育提出的新要求，浙江金融职业学院金融服务与管理高水平专业群以深化产教融合为主线，充分发挥金融人才培养的品牌优势、专业内涵建设的引领优势、助力地方金融发展的地位优势，通过体制机制创新和教育教学综合改革，突出系统性、开放性、协同性，聚焦新变革、新战略和新目标，精准对接产业转型升级的需求。

专业群从人才培养与社会服务的双重视角，与金融优势企业共建数字普惠金融产业二级学院，打造集人才培养、科学研究、社会服务于一体的育人平台，创新“双元共享、知行合一”的专业群人才培养模式（见图6－1）。

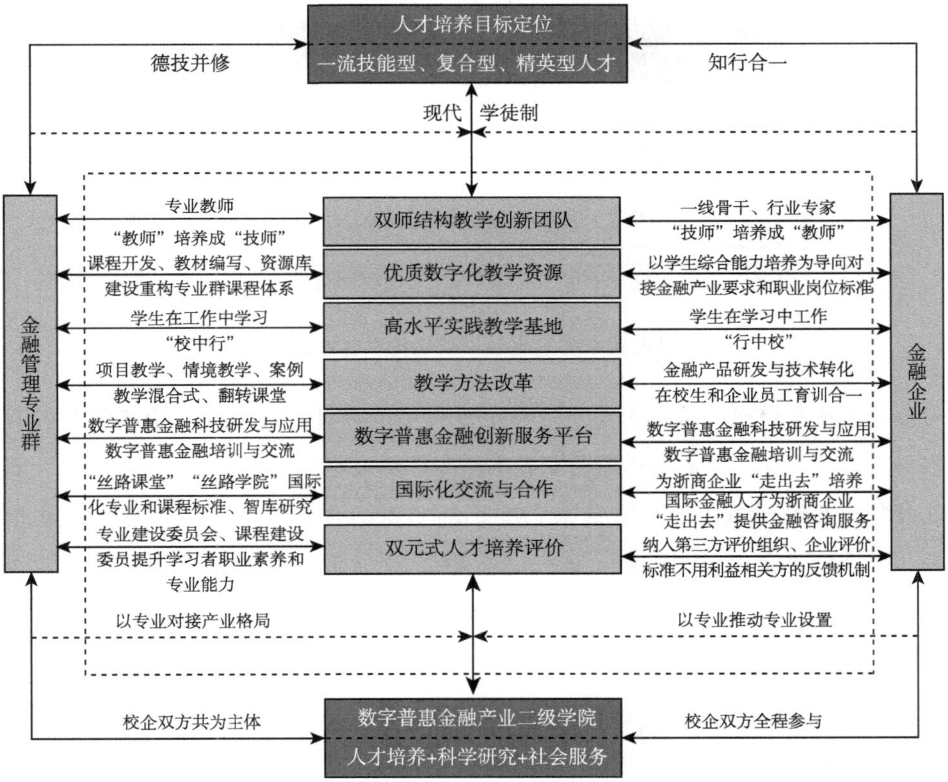

图6－1 “双元共享、知行合一”专业群人才培养模式

校企共建杭州联合普惠金融学院，制定订单式现代学徒制人才培养实施方案并开展试点，组建杭州联合银行学徒班、联合村镇银行学徒班、信用数据经理学徒班、金融科技学徒班，持续推进现代学徒制人才培养（见图6－2）。

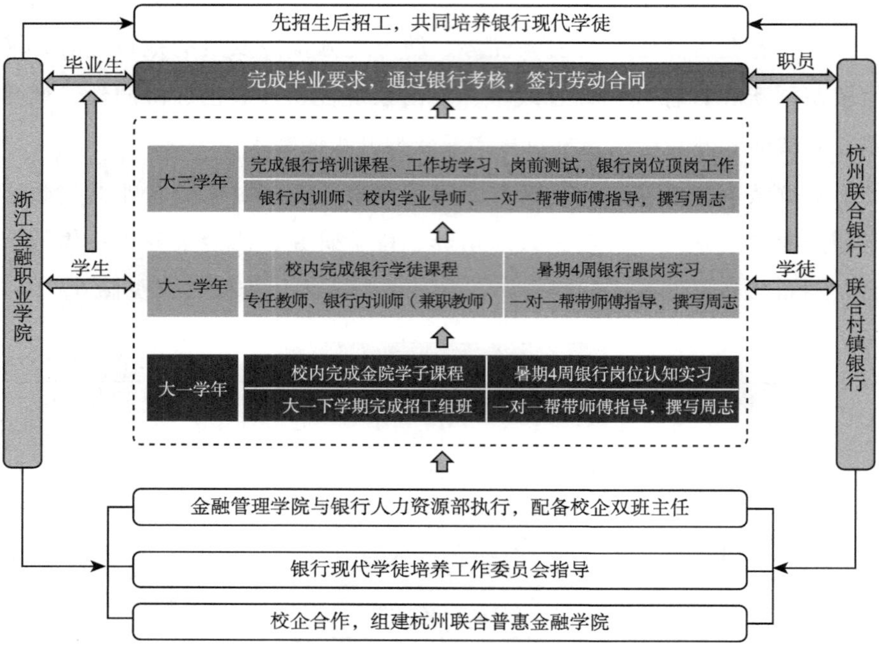

图 6－2　杭州联合普惠金融学院现代学徒制人才培养模式

专业群坚持高层次技术技能人才培养定位和系统设计，探索试点金融职业教育本科制人才培养，形成可推广的职教本科专业标准范式；深入推进“1＋X”职业技能等级证书试点工作，证书种类不断丰富，合作机构不断拓展，成功申报 3 个金融类证书试点院校；依托“金融”专业和“金融科技应用”专业两个国家教学资源库，开发优质数字化教学资源；融入金融行业资源要素，校企共建共享 16 个校内、56 个校外实践基地，在 10 家村镇银行设立学徒班校外实习基地，与同花顺、省租赁协会合作设立实习与科研校外基地，与青岛联信商务咨询公司合作共建“信用数据经理学徒班”和紧密型校外实习基地。

案例 2　江苏财经职业技术学院：金融管理专业群“五进五融、人人出彩”人才培养模式

江苏财经职业技术学院金融管理专业群 2021 年获批江苏省高水平专业群，包括“金融服务与管理”“金融科技应用”“大数据与财务管理”三个专业，其中“金融服务与管理”“大数据与财务管理”专业是江苏省高水平骨干专业。金融管理专业群以高水平专业群建设为抓手，构建“五进五融、人人出彩”人才培养模式（见图6－3），落实立德树人根本任务，深化产教融合、校企合作，实施人人出彩素质教育，提升专业群办学水平和人才培养质量。

金融管理专业群人才培养坚持立德树人根本任务，让道德模范、产业教授、劳动模范、职业经理、优秀校友进课堂，通过校企、课证、理实、校社、专创融合学习，开展主题班会、学生社团等素质教育活动，实现三全育人，让人人出彩。

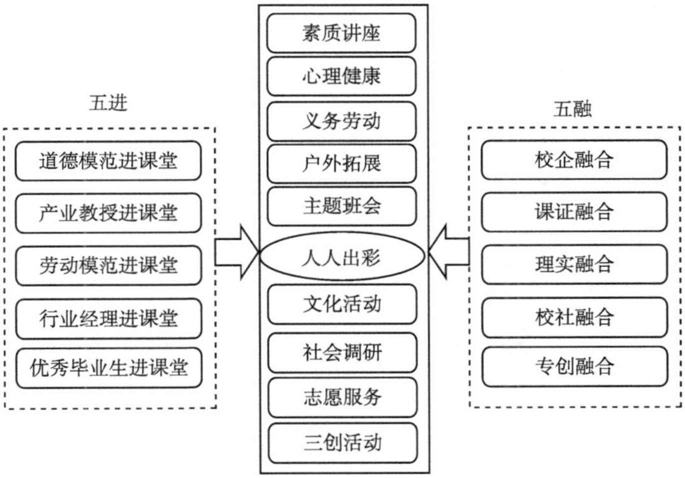

图6－3 “五进五融、人人出彩”专业人才培养模式

“五进五融、人人出彩”人才培养模式通过“五进”整合道德模范、产业教授、产业经理、劳动模范、优秀校友等因素到教育教学活动中，加深学生对职业的认识，对未来行业岗位知识能力素质的理解。“五融”融合企业、职业资格证、实训、社会及创业资源，对学生进行系统培养。

“五进五融、人人出彩”人才培养模式设计请道德模范、劳动模范进校任教，言传身教，树立榜样，强化道德品质教育，让学生向道德模范学习，践行社会主义核心价值观；向劳动模范学习，遵守职业道德，执行职业规范，发扬工匠精神，做新时代奋斗者。“人人出彩”素质育人体系设计，让学生发挥自己的特长，在自己感兴趣的项目中体现出彩表现。

案例3 重庆财经职业学院："金融科技应用"专业"线上线下互联，四阶梯递进式"人才培养模式

重庆财经职业学院"金融科技应用"专业按照高职人才培养规律、学生成长规律和专业特点，对全过程育人进行一体化设计与落实，形成"线上线下互联，四阶梯递进式"人才培养模式（见图6-4）。

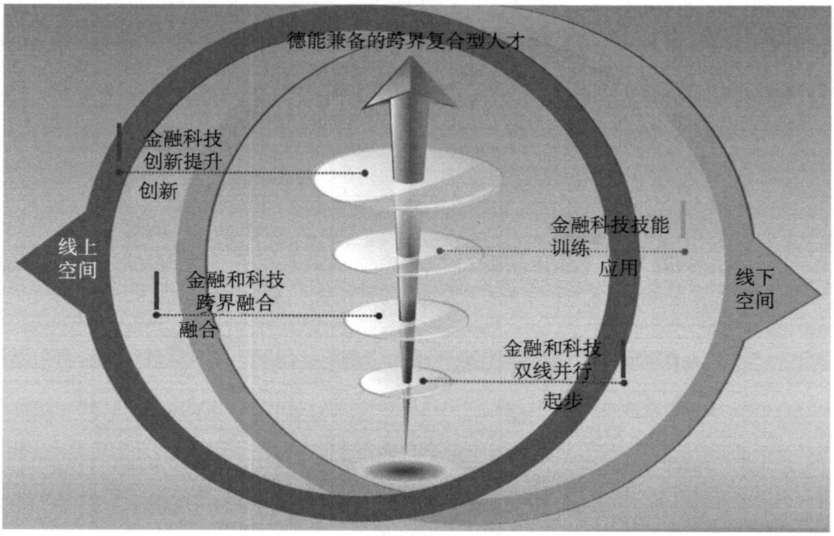

图6-4 "线上线下互联，四阶梯递进式"人才培养模式

构造线上线下互联互通的融合空间。线上线下同时开展课堂教学、实训项目、业务活动，配备线上线下师资和教学资源。

构建人才培养的四个递进阶段：

起步阶段，借助教师为助推器，夯实学生的专业基础，通过金融与科技双线并行的课堂教学，实施金融基础和科技基础知识和技能的培养。

融合阶段，借助软件为模拟器，锻炼学生的专业技能，通过课堂教学和模拟操作，实施金融和科技跨界融合知识和技能的培养。

应用阶段，借助金融服务工作室和理财协会为业务操作的演兵场和竞技场，强化学生的业务实操能力，通过校内金融服务工作室轮岗工作—校外合作企业跟岗实习—校外企业顶岗实习三个真实业务操作环节，递进培养学生的专业技能和业务能力，通过理财协会与行业企业共同开展社会服务，通过备赛各级金融科技技能大赛达到“以赛促教，以赛促学”的目的。

创新阶段，通过创新创业项目孵化、创新创业大赛以及创客活动提升学生的创新创业能力。

“线上线下互联，四阶梯递进式”把人才培养分为起步—融合—应用—创新四个阶段，并在这四个阶段科学地设置分阶段培养目标、培养途径，有计划、有重点、有步骤地开展育人活动，使“金融科技应用”专业育人路径循序渐进、层次分明，从而有效达成立德树人的目的。

案例4　保险职业学院：岗课赛证紧融通，行业企业深合作，探索金融人才培养新模式

保险职业学院“金融科技应用”专业积极与广州指南针商务服务有限公司、华道数据、保亿家网络科技等金融科技企业、新道科技股份有限公司等教育科技企业合作，赋能数字技术变革新形势下数字金融职业教育人才培养，走出一条有保险职业学院产教融合特色的专业发展道路。

以岗位职能要求为导向，行业真实软件为依托，职业技能竞赛为引领，从业资格证书为抓手，做到“岗课证赛紧融合”，标准先行，注重课堂设计的技能性和实用性，形成了以能力培养为核心的科学教学体系，促进人培方案打磨、课程体系优化和教学内容改革；通过“专家进课堂”，引进50多位产业导师，年均开展讲座20场，引导学生进行职业规划，做好实训实习就业启蒙；持续与新道科技、大家财险、保亿家网络科技等公司推进校企产业学院建设、实训基地共建、生产性实践项目合作，连续立项湖南省楚怡数智金融保险产教融合实训基地（见图6－5）、湖南省高职院校校企合作数智金融保险生产实践项目，建设涵盖智慧金融、PYTHON、区块链技术的虚拟仿真实训室；实现全国模拟证券投资大赛、湖南省职业院校技能竞赛企业经营沙盘模拟赛项奖项新突破；紧跟金融专业教指委的部署，以全国金融产教融合共同体、全国数字金融产教融合联盟为纽带，为学生提供技术岗占比超85%的高质量实习平台，缩短和消除人才培养与使用要求之间的差距，擦亮学院专业建设、人才培养的品牌。

图 6-5 保险职业学院省级楚怡产教融合实训基地现场

案例 5 浙江东方职业技术学院：面向“专业化 + 信息化 + 创新化”的“二阶三维五度”人才培养模式

浙江东方职业技术学院金融专业以“精技、适岗”为人才培养目标，以“厚基础、宽口径、重实践、敢创新”为人才培养原则，依托温州市金融综合改革试验区的行业根基，通过对培养目标、培养过程、培养效果三大关键模块的改革探索，形成了“二阶三维五度”金融专业人才培养模式，在学生技能水平提升、就业质量、教学水平等方面取得了较好成效。

基于专业岗位能力标准，立足温州全国首个金融综合改革试验区及浙南产业集聚区的行业优势，一是将理实混合阶和行业实习阶二阶有效融合作为人才培养总纲，大幅提高了学生的岗位适应能力；二是通过构建课堂线下教学 + 网络线上教学 + 行业实地教学的三维教学体系，为培养专业化、信息化、创新化的复合型技能人才奠定了坚实的技能习得基础；三是将二阶三维教学体系纳入五度评价指标系统，分别根据各维度教学特点进行针对性教学评价考核，将网络教学和行业实地教学共同纳入专业课程教学质量考核指标体系中，保证了行业动态及时把握和专业实践环节有效落实。

“二阶三维五度”的金融专业群人才培养模式，通过理实一体阶和企业实习阶二阶培养，有效地提升了学生实践能力和创新能力，课堂现场教学—网络空中教学—行业实地教学之三维教学体系，规范强化了教学理论、技能实践、技能应用的全过程，扩展了学生课程学习的时间和空间，五度评价指标保证了教学质量的快速提升，从而较好地满足了金融业对人才专业化、信息化、创新化的需求，学生就业对口率显著提升，用人单位满意度显著提高。

6.2　金融数字化课程体系改造典型案例

案例1　广州番禺职业技术学院：引领金融科技产业升级和职教理念更新的课程体系构建

广州番禺职业技术学院金融科技应用专业群对接“国际一流湾区和世界级城市群”智慧金融服务技术应用前沿的人才需求，秉持“校企融合、课程整合、内容综合”的建设理念和“课岗赛证融通”的要求，重构“平台共享、核心分立、拓展互选、能力递进”的专业群课程体系，服务湾区金融产业升级、金融科技进步和金融国际化。

专业群将金融行业新技术、新标准、新规范等先进元素纳入课程教学标准和教学内容；核心课程紧密对接企业岗位能力需求，引入职业技能等级证书的培训内容，引入竞赛项目，全面培养学生职业技能和职业素养。在专业大类招生、专业群学分制和集中轮流顶岗实习制度运行机制优化的基础上，专业群突出五大金融科技新技术的引领作用，面向金融中介、公司金融、特色金融三大领域，打造专业群课程体系。对接五大技术升级的20门专业群课程如图6－6所示。

深入挖掘专业群通用的金融科技基础知识技能、核心技能与专用技能，形成金融科技新技术、新方法和新标准引领、与核心岗位能力紧密相扣的专业群课程体系，整体构建课程思政全面覆盖、实践教学全程贯通、素质教育全方位驱动的“通识共享课程＋专业共享课程＋专业核心课程＋拓展互融共享课程”的专业群课程体系，如图6－7所示。

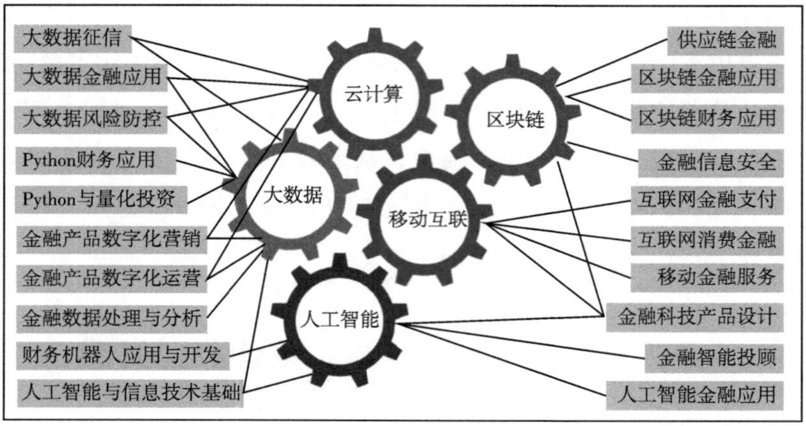

图 6－6　对接五大技术升级的 20 门专业群课程

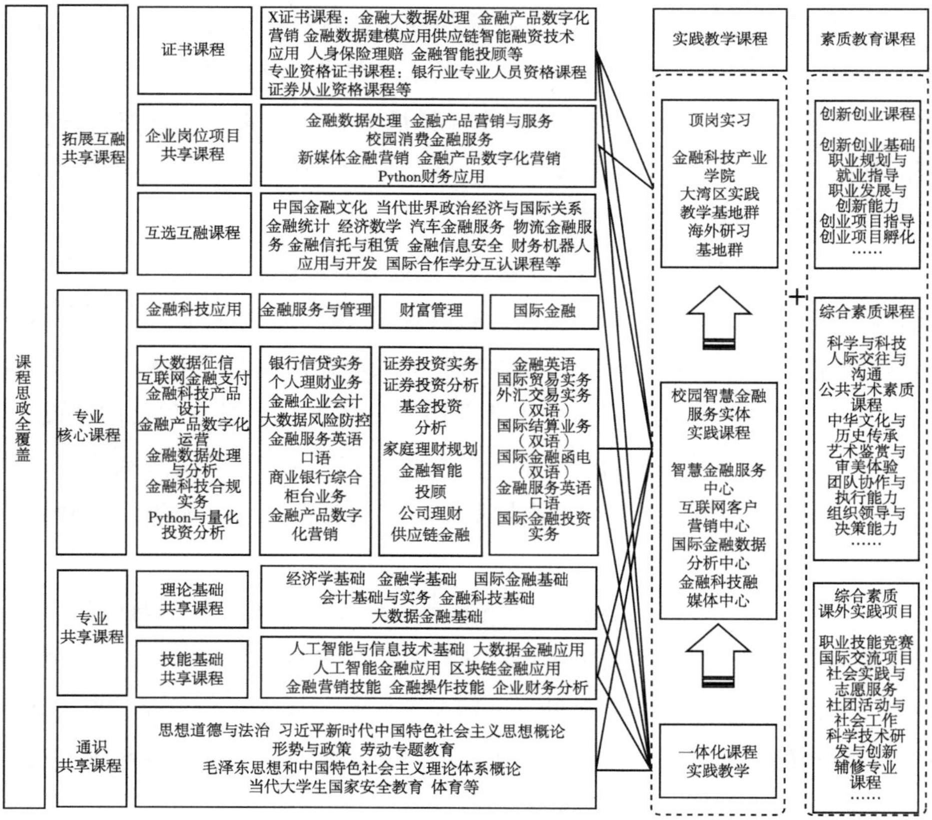

图 6－7　金融科技应用专业群课程体系

本专业群校企合作共同开发了一批新形态活页式、工作手册式、立体化新教材，建设国家“十三五”“十四五”规划教材 12 部；推进数字教学资源共享与应用，建成专业群教学资源库、国家级课程 12 门、省级精品课程 10 门；国家智慧教育平台上线课程 21 门，推进线上线下混合式教学改革，促进自主、泛在与个性化学习；学生得到了成长与发展，在各项技能竞赛中屡创佳绩，连续 5 届蝉联银行业务综合技能竞赛国赛团体一等奖；获金融行业赛全国一等奖近 40 项。

案例 2　重庆财经职业学院：构建“分层级、模块化”金融专业群课程体系

对接传统金融向金融数字化转型升级、金融基础服务向高附加值服务转变升级需求，重庆财经职业学院金融专业群以培养具有“数字化 + 智能化 + 核心金融专业技能”的复合型、创新型高素质技术技能金融人才为目标，通过大数据、区块链、人工智能、计算机 4 个关键技术融入课程，秉承“底层共享、中层分立、顶层互选”的设计思路，围绕所针对的金融职业岗位群，设立职业通用能力、职业专门能力、职业拓展能力课程包，按照金融科技、金融数字化营销、金融大数据处理分析、金融操作服务等就业方向设置模块化课程，将教学内容数字化升级改造，建立开放化、可自由选择的职业课程体系，满足不同层次、不同类型学生的学习需求，实现专业群分层分类精细化培养（见图 6 – 8）。

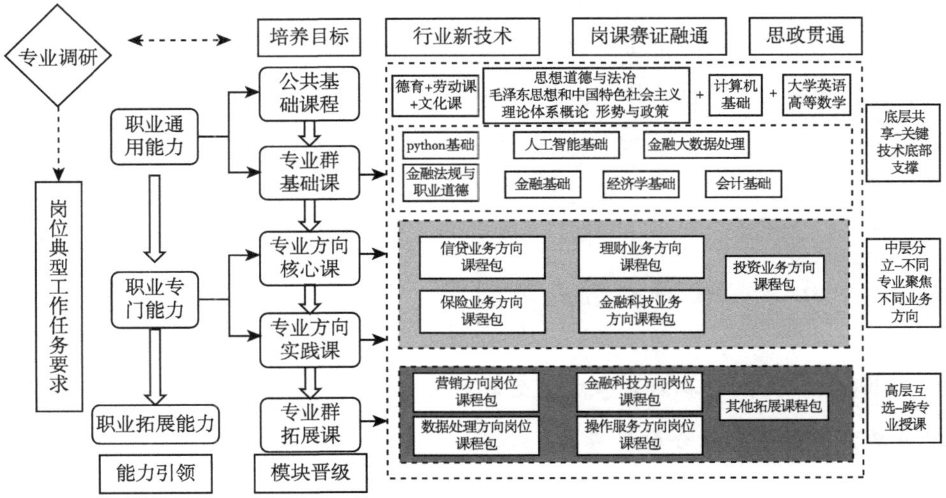

图 6 – 8 “分层级、模块化”金融专业群课程体系

案例3 北京工业职业技术学院：构建契合现代金融服务业面向的创新性课程体系

北京工业职业技术学院构建契合现代金融服务业面向的创新性课程体系，以面向数字化岗位、培养数字化素养、提升数字化能力为目标，以课程智能化改造为基础，以精品在线课程为主渠道，从体系支撑的视角，建设智能化的教学平台、教学资源、课程标准。横向上打通专业壁垒实现跨专业选修，纵向上着眼中高本一体化设计，实现初中高级技术技能人才贯通培养。

在课程体系设计上，以行动逻辑为导向，以课程模块化为载体，着眼岗位需求将课程进行重组重构，明确课程类型、性质、边界、定位、上下位联系、前后顺序和组团关系，推动课程体系内部贯通融通的结构化改造，形成实时、开放、动态、灵活、可重组的面向教学实施的、以教师教学创新团队为保障的课程谱系图。

案例4 浙江经贸职业技术学院：融合金融科技，模块化开设方向类课程

基于新的金融业态模式，聚焦行业发展，浙江经贸职业技术学院"投资与理财"专业构建了以金融产业链为主线的课程体系逻辑，以培养掌握必备的金融、财会知识，胜任投资、理财岗位工作的复合型投资与理财类人才为目标，在课程设置、课程开发、课程师资、教学资源应用方面体现专业群组高度的集约与共享效能。方向类课程主要包括以下模块：以培养会计核算、财税数据处理能力为核心的"互联网+会计模块"，开设智能财税、VR财税课程；以培养投资工具的应用与开发、理财产品设计能力为核心的"互联网+投资模块"；以培养风险防控、金融产品营销能力为核心的"互联网+金融模块"；以培养团队合作、沟通交流能力为核心的职业素养模块。

6.3 数字金融人才培养产教融合典型案例

案例1 天津商务职业学院：汇聚产教资源，支撑数字金融人才培养，京津冀数字金融产教融合联盟成立

2023年5月14日，京津冀数字金融产教融合联盟成立，全国金融行指委、联盟院校、企业、政府、行业协会代表参会。该联盟由京津冀地区开设金融类相关专业的职业院校、金融机构、金融科技型企业、科研院所、金融类行业协会等60余家成员单位组成。联盟汇聚产教资源，依据京津冀地区数字金融行业产业链分工对人才类型、层次、结构的要求，校企联合开展人才培养、岗位培训、技术研发和成果转化，支撑高素质技术技能人才培养，服务行业企业技术改造、工艺改进、产品升级，为京津冀地区金融行业的数字化转型提供人才支持。

联盟理事长、天津商务职业学院院长刘欣教授表示，此次发起成立联盟，学校将结合天开高教科创园的建设规划，着力发挥高校创新优势和策源功能，会同相关单位大力推进数字金融教育链、人才链与产业链、创新链的有机衔接，为联盟发挥重要作用搭建载体平台、提供优质资源、创造有利条件，更好地推动京津冀三地数字金融领域产业共生、资源共享、生态共筑、发展共赢（见图6－9）。

图6－9　京津冀数字金融产教融合联盟正式启动

案例2　安徽商贸职业技术学院：体制创新共命运，产教融合促发展，实践“迪科金服学院”混合所有制办学

安徽商贸职业技术学院与安徽迪科数金科技有限公司共同创办混合所有制二级学院——迪科金服学院，实施双主体办学，打造产教融合命运共同体。成立校企合作专业建设委员会，培养能够运用大数据、人工智能、云计算、区块链等新信息技术赋能传统金融业的高素质技术技能复合型人才，打造了校企共育数字金融高素质技术技能人才培养高地。建设了“双元育人”与产业学院发展“样板房”，校企人员互兼互聘，双主体育人，形成以产业需求为导向，以育人理念为指导，以岗位职业能力培养为重点的产业学院新样板。

迪科金服学院紧扣金融产业数字化转型升级，以就业为导向，以岗位职业能力为主线，进一步完善技能型金融人才培养模式。校企联合申报省级科研重点项目 3 项，获得国家教学成果二等奖 1 项（第二单位）、安徽省教学成果奖二等奖 3 项，编写国家“十三五”规划教材、“十四五”规划教材各 2 本、申报省级技能大赛 1 项，荣获省级校企合作示范基地。累计提供培训 9 893 人次，社会服务到账额超过 616.99 万元。多次举办全国性或区域性金融类人才培养论坛和发展峰会，混合所有制办学做法入选教育部产教融合校企合作典型案例，得到了《中国教育报》等主流媒体及官方网站的关注和报道（见图 6－10）。

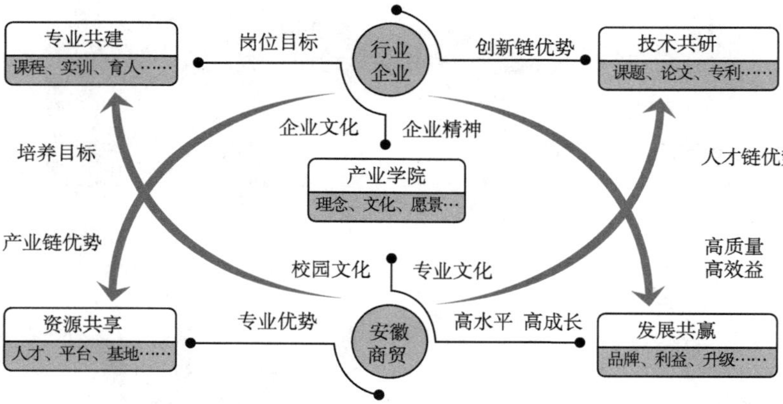

图 6－10 “迪科金服学院”混合所有制产教融合模式

案例 3　四川财经职业学院：四川财经·盈创星空·智谷星图金融科技产业学院

面对新经济、新产业、新技术，四川财经职业学院深化产教融合，创新人才培养模式，本着服务社会、相互支持、优势互补的原则，着眼共同培养金融行业应用型人才的合作基础上，与盈创星空和智谷星图教育科技成立“四川财经·盈创星空·智谷星图金融科技产业学院”，由校企三方共同合作运营，双主体办学，双元培养。四川财经职业学院抓紧机遇，促进人才供给链与经济产业链的无缝对接，实现专业人才的“新供给”。

为加快金融科技人才培育，深化高校科研院所、金融科技企业之间在金融科技人才培育方面的合作，强化金融科技相关基础教育和应用培训，加快构建多层次的金融科技人才培训体系，金融科技产业学院以促进产教深度融合为核心，坚持工学结合培养人才，深化教学内容与方法改革，在人才培养方案制订、师资建设、订单班开设、课程设置、创新创业等方面积极合作，落实“专业＋产业”创新协同全面发展、打通“产学研用”全链条，按需培养、精准培养、校企融通，共建企业人才培育新格局，推进校企三方协同育人，提升学院对金融科技产业发展的经济贡献度和协同创新能力，统筹推进高等职业教育创新发展（见图6－11）。

图6－11 四川财经·盈创星空·智谷星图金融科技产业学院签约成立

案例4 辽宁金融职业学院：融合视讯量化投资学院

2021年5月，辽宁金融职业学院投资保险学院与辽宁融合视讯股份有限公司签订校企合作协议和实训基地协议。2021年9月，校企共建“融合视讯量化投资学院”二级产业学院，共建共享校内外实训基地，为合作企业定制培养学生，共同探索校企办学新路径。

针对人才培养与企业需求转变的同步性，校企共同研讨课程建设，共同开发人才培养方案、根据专业特征和岗位需求、企业技能要求等调整教学计划，完善人才培养方案，根据企业的实际需求，注重提高学生的技能与相关的职业素养。课程设置为满足企业需求的各方面的技能，增设实践技能操作课，最大限度地提高学生培养的质量和效率。企业师傅和学校老师在企业与学校两个教育场所内，通过工作过程式的班级活动管理、校企双元化的班级制度管理，来达到让学生在学习专业知识的同时掌握应有的操作技能，让学生在潜移默化中逐步适应身份转变、提高学生的职业素养，最终实现培养适应企业需求的综合型高技能人才的培养目标（见图 6－12）。

图 6－12 “融合视讯量化投资学院”二级产业学院成立

案例 5 重庆财经职业学院：校企共建蚂蚁云客服校园服务星站

重庆财经职业学院联手蚂蚁集团，于 2023 年共同建立全国首家“校园服务星站”，通过校企共建产教融合实训就业基地、共组定向学徒班、共建教师企业实践流动站、共同举办创新创业大赛等，为学生提供消费金融领域相关课程实训以及“运营客服”岗课余兼职、岗位实习、最终就业的机会，形成产教良性互动，校企优势互补的产教深度融合发展格局，不断提高金融专业群建设水平和质量。

蚂蚁云客服校园服务星站利用蚂蚁云客服平台，借助“去中心化服务资源网络”，通过技术手段将有能力、有意愿从事客户服务工作的学生有机整合，满足互联网平台高通量、高弹性的服务需求，为金融专业学生提供不受教学时间、地点限制的数字实训、数字实习、数字就业、灵活就业等机会，提供消费金融、人工智能领域的真实岗位，通过开展“真环境、真项目、真产品”的实训教学，落实“真技术、真技能、真本领”的人才培养高质量目标。

蚂蚁云客服校园服务星站每期可接纳 40 余名学生的学徒班进行集中实训

实习以及每年为 1 000 余名学生提供兼职就业机会。依托蚂蚁云客服校园服务星站，2023 年，学院学生在全国及重庆市各类专业技能竞赛中获奖 80 人次，孵化金融创新创业项目 2 个，分别获“互联网 +”大学生创新创业重庆赛区（产业赛道）银奖和铜奖（见图 6 – 13）。

图 6 – 13　重庆财经职业学院蚂蚁云客服校园服务星站

案例 6　山东商业职业技术学院：现代金融产业学院校企共育共育新时代“匠”才

山东商业职业技术学院现代金融产业学院结合学院金融类专业优势，持续推进与企业、行业的融合发展，整合区域优质资源，联合引导政府产业园区及金融行业知名企业发挥协同优势，创新“院校 + 园区 + 企业”技能人才培养长效机制，把育人需求和产业发展紧密结合起来，与山东省小额贷款协会、威海市商业银行股份有限公司、中国民生银行济南分行、华泰证券山东分公司济南营业部、济南历城区鲁商小额贷款股份有限公司等众多金融类龙头企业及其他多家企业，积极探索职业教育联合人才培养模式，组建的“多院校、多专业”与产业集群融合发展的合作共同体，实现教学内容与企业项目的深度融合、教学环境与工作环境的深度融合、产业导师与专职教师的深度融合，构建产业需求与人才培养良性互动的发展格局，为经济发展提供有力的人才支撑。

现代金融产业学院紧跟信息技术创新发展步伐，以传统行业数字化建设转型升级为契机，通过专业共建、课程共建、师资共享等方面开展工作，形成行业升级促进专业变革、专业建设助推行业发展的“产教互促共赢”新态势，多措并举服务产业链特色人才需求。

产业学院坚持教学过程与生产过程对接，几年来与中国人民财产保险股份有限公司、太平洋保险股份有限公司共建生产性实训基地，用于生产教学，共同开展技能型人才与应用型人才的培养；坚持专业设置与职业岗位对接，推行“教育+就业”无缝衔接模式，在教学过程中融入真实工作场景，让学生在充分了解企业需求与文化的同时，也确立了对工作岗位的职业认同感，为企业培养大批“入职即可用”且适应性强的员工。

案例7　北京经济管理职业学院：筹建数字经济研究院，建立服务数字经济综合性研究平台

北京经济管理职业学院将专业（群）建设与服务“两区”建设有机融合，筹建数字经济研究院，开展数字经济研究，结合数字经济发展，开展职业教育与首都数字经济、数字贸易的研究，打造教育孵化平台，各专业（群）联动互动，创新教学模式，集成技术—资本—品牌的产业路径，为学校提供创业指导和创业孵化帮助；建立学校教师的数字资源库，建立学校支撑和服务数字化综合性研究平台。

6.4　数字金融人才培养教学资源建设典型案例

案例1　浙江金融职业学院：金融科技应用专业国家教学资源库“一体两翼三保障四用户”的资源体系构建

浙江金融职业学院落实服务“数字中国”和“建设学习型社会”国家战略，响应数实融合的号召，引领“人工智能+类型教育”，联合14所高职院校，重点合作16家金融机构与新型金融科技龙头企业，以金融科技应用专业为主体，辐射“财富管理”“保险实务”“信用管理”三个专业，充分推广应用，建成“技术赋能，场景多元，服务精准，教学共生”的金融科技应用专业教学资源库。目前该资源库已在智慧职教平台安全高效运行7年，并纳入国家智慧教育平台。

金融科技应用专业资源库顶层建构遵循“一体化设计、结构化课程、颗粒化资源”逻辑结构，构建了“一体两翼三保障四用户”的资源体系，建立从资源建设到资源应用与再生的良性循环（见图6－14）。

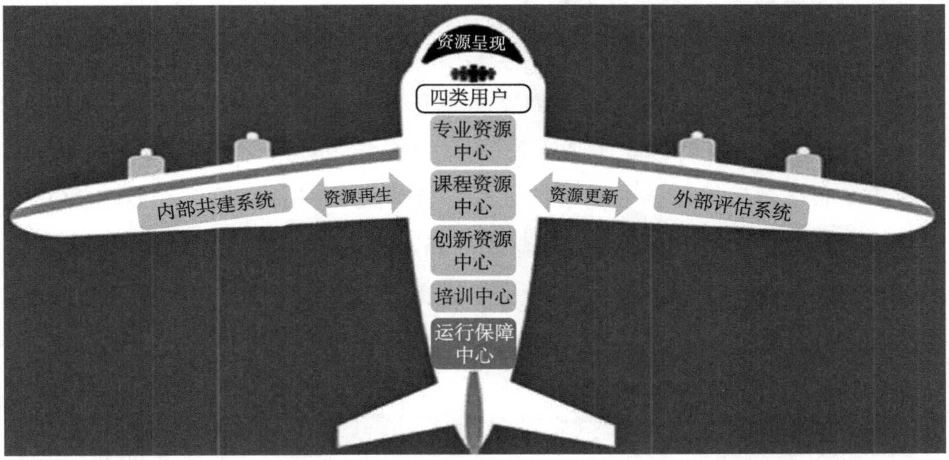

图6－14　金融科技应用国家级资源库建设总体规划设计

“一体”即资源建设主体，以专业资源中心、课程资源中心、创新资源中心为平台，以12门课程和7个专业素材库为核心；“两翼”即支撑，是服务于“一体”的两大支撑系统，包括外部评估系统、内部共建系统；“三保障”是为了保障资源库建设的组织保障、运行保障和技术保障体系；“四用户”是指最终建设的资源库能够满足学生、教师、企业员工、社会学习者等四类用户的需求。

案例2　广州番禺职业技术学院：校企共建、开放共享，助力教学资源数字化升级

广州番禺职业技术学院国际金融专业教学资源库遵循“应用驱动、共建共享、学校为主、社会参与”理念，以“能学、辅教、促改”为核心，融合数字人教师、AIGC智能问答、虚拟仿真等技术，构建集成教师教学改革、学生自主学习、金融从业者提升及公众金融知识普及的终身教育信息化平台。

资源库建设联合国家级教学改革试点金融类专业院校的长春金融高等专科学校、外贸类国家“优质校”山东外贸职业学院主持建设，获全国金融职业教育教学指导委员会、广州市数字金融协会等权威机构指导，以及中国银行、广州银行等金融机构及行业领先金融科技企业深度参与，确保资源库紧跟金融产业发展，高效转化新业态、新技术为数字化教学资源，开发货币金融数字博览馆与虚拟仿真资源。

资源库建设各类素材 12 456 条，非文本类资源，占比达 96.6%，原创资源占比为 80.6%。累计日志总数超过 1 100 万次，辅助建设 403 门在线课程。资源库借助数字化手段实现优质教学资源的公平共享，注册用户 77 036 人，覆盖 1 399 个单位（含 980 所高职院校），社会学习者占比超 40%，服务对象包括 286 家金融机构及企事业单位，并积极响应“一带一路”倡议，为共建国家提供了累计 2 600 人日的金融职业培训。团队积极开展经验交流与师资培训，支持兄弟院校课程资源建设，引领金融职业教育数字化，实现资源共享，提升数字化教学影响力（见图 6－15）。

图 6－15 国际金融专业教学资源库——AIGC 智能问答、课程思政资源库

案例 3 天津商务职业学院：面向社会，服务产业，校企共建财富管理专业教学资源库

天津商务职业学院、四川财经职业学院、渤海证券股份有限公司等全国 20 余家高职院校和金融企业联合建设财富管理专业教学资源库，已入选天津市职业教育专业教学资源库项目，并接入国家智慧教育平台。

资源库设有专业园地、课程中心、微课中心、素材中心、虚拟仿真 5 个基本资源栏目，以及考证直通车、理财训练营、投教云基地、精神财富站 4 个特色资源栏目。除了面向专业教学以外，还把金融机构从业者和具有理财需求的社会公众作为重要服务对象，帮助学生、企业员工和社会公众用户认识到自身财经素养与中国发展实质关联，把个人财富、家庭幸福与国家战略联系起来，帮助使用者树立高远的人生志向，形成强大的学习动力以及作为新时代中国人的自豪感、使命感（见图 6－16）。

图 6－16 财富管理专业教学资源库

案例 4 台州科技职业学院：校企协同，五方合作，构建“一三五”保险实务专业教学资源库

台州科技职业学院保险实务专业教学资源库对接行业数字化改革下的人才变革需求和各类用户的保险知识学习需求，实现保险知识时时可学、处处能学、人人乐学。校企协同，形成由高职院校、行业协会、企业组成的资源库建设联盟，集结了中国保险职业教育的精英力量，覆盖全国 60% 以上开设保险实务专业高职院校。

构建“一三五”资源库总体架构（见图 6－17），助力个性化学习与终身教育。资源库包含一个专业园地；课程、产品、培训三大中心；行业信息平台、科普 315、典型工作任务、“三色”保险、校企立交桥等五个特色模块，以颗粒化资源支持多场景应用，满足个性化学习和终身学习。其中，“三色保险”为重点打造特色模块，分别是红色保险、绿色保险、特色保险三个子库，包括中国保险大事记、劳模风采、保险素养展示，国家绿色保险战略“一带一路”再保险共同体等。构建“小语种＋英语＋技能”课程体系，开发一批“一带一路”双语课程，搭建国际化交流平台，建设丰富的双语课程资源，讲好保险中国故事，服务“随企出海”等国际交流项目，实现国际化推广。

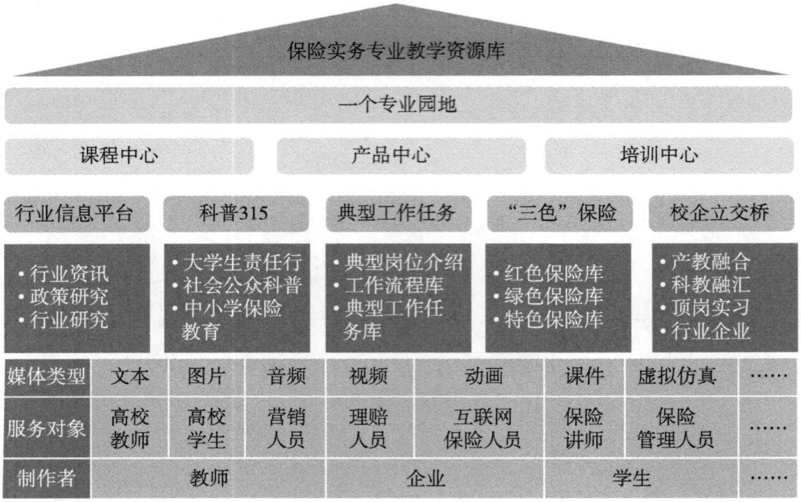

图 6－17　保险实务专业教学资源库“一三五”架构

目前，资源库已建成1套完善的资源库建设机制，覆盖了3门国家在线精品课程。首年制作2 000多个动态视频，吸引1.5万学习者。成果触及多行业协会、企业，约80%保险专业院校从中受益。

案例5　江西财经职业学院：打造华东智慧金融职业教育虚拟仿真实训基地

江西财经职业学院联合区域虚拟仿真头部企业共同建设“华东智慧金融职业教育虚拟仿真实训基地”，2021年立项为国家职业教育示范性虚拟仿真实训基地培育项目。

该项目主要依托于金融类专业特色，交叉融合会计、商贸、信息技术等专业优势，以专业与行业融合、理论与实践融合、德行与技能融合为理念，校企共建、标准共行、师资共享、资源互通，应用虚拟现实、云计算、大数据、人工智能等新科技，将虚拟仿真系统与实体实训设施深度融合，解决实训教学中的难点、痛点与堵点；联合行业企业共同推进职业教育教学改革，打造集教学、研发、培训、创新创业等多功能于一体的虚拟仿真开放性资源平台；精准对接区域人才需求，为社会培养高素质技术技能人才。

基地具备专业虚拟仿真实训、公共虚拟仿真实训、虚拟仿真资源研发、虚拟仿真体验四大功能区。建设有数字化银行虚拟仿真实训室、综合保险虚拟仿真实训室、虚拟仿真证券交易所、金融科技虚拟仿真实训室、金融数字营销虚拟仿真实训室等，对接学校国双高会计专业群，省双高市场营销专业群和大数据技术专业群等，辐射“金融服务与管理”“金融科技应用”“财富管理”“保险实务”“证券投资实务”“大数据与会计”“市场营销”“财税大数据应用”“电子商务”“商务数据分析”“大数据技术”等专业（见图6－18）。

图6－18 金融科技虚拟仿真实训室效果

6.5 数字金融人才培养教学改革典型案例

案例1 河南经贸职业技术学院：金融数字化人才培养改革实践

河南经贸职业学院为进一步提高金融专业数字化人才的培养质量，从人才培养理念、人才培养目标、人才培养体系、教学评价体系、师资队伍建设、学校实训设施条件等方面，进行全方位立体式改革。

基于数字化人才培养的新理念，明确金融专业数字化人才培养目标，引进数字化教学设备、完善数字化教学资源，营造数字化教学氛围；同时，改革人才培养方案和课程体系，以“课岗融通”“课赛深通”“课创贯通”“校企融通”为突破口，进行课程体系深度改革，进一步提高教学质量，培养符合企业岗位需求的数字化技能型人才；通过设置“1＋X”证书制度，提升技能培养水平和升级评判模式，优化数字化实训条件，将数字化技能培训与专业课程融为一体，培养具有扎实基础、能熟练运用数字化的技能型人才（见图 6－19）。

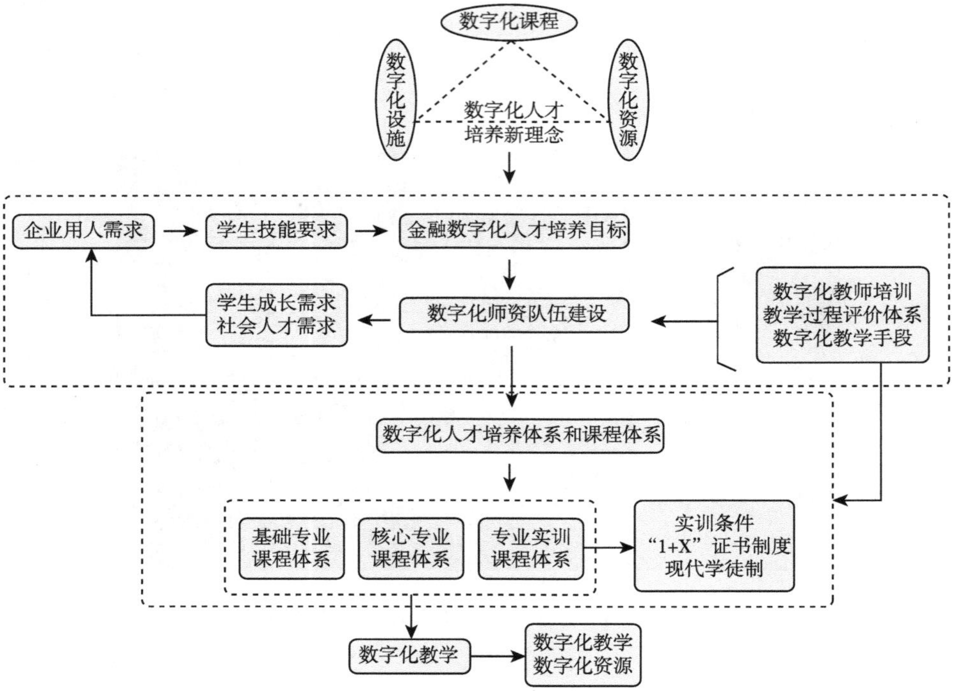

图 6－19　河南经贸职业学院金融专业数字化人才培养路径

案例 2　山东外贸职业学院：动态适应 Fintech 行业发展需求，探索跨学科金融科技课程设计

高职院校金融专业人才培养应密切关注金融科技发展现状，实时捕捉行业人才需求，改革专业课程设置。在夯实金融专业理论知识基础上，探索跨学科跨专业知识融通路径，动态适应人才需求现状。

以山东外贸职业学院“金融科技”课程为例，该课程教学目标偏重学生能力培养与职业素质培养，即在坚持课程理论系统性的前提下，以适用性、实用性和应用性为重点设计教学内容，兼顾金融专业知识和数字技术基础的复合型知识结构，依托数字金融实训软件开展实训教学，进行岗位模拟，培养学生数字化创新思维与实践能力（见图6－20）。

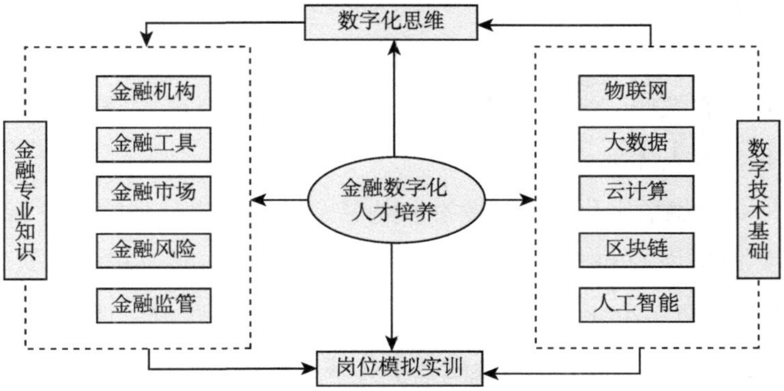

图6－20 山东外贸职业学院“金融科技”课程教学模式

课程以任务为驱动，结合金融专业人才培养方案和高职学生学习特点进行取舍和优化，课程实训软件是智盛数字金融实训软件，依托超星、智能课堂等平台，实现线上线下混合式教学。在教学过程中，授课教师综合运用概念式和探究式教学策略，灵活运用通过任务驱动、翻转课堂、案例分享、自主探究等教学方法，不仅展示了金融与科技融合的新业态与新工具，还从内容统筹、岗位模拟和学练赛三个层面重塑金融科技课程教学过程，为学生实现知识深化提供良好的情境支持。

课程已逐步形成教师为主导、学生为主体的课堂教学模式，采用教师评价和学生互评相结合，“教、学、用、赛”全过程、全方位、多元化的评价机制。通过金融科技课程学习，学生不仅能够熟悉金融市场运行逻辑、金融业务的操作流程，还能够理解“智链云大”等前沿技术的原理以及在金融行业的应用。该课程自开展以来，已取得良好的教学效果，在教学实践中，积累了丰富的教学案例和视频资源。该校财会金融系培养的学生在全国职业院校技能大赛银行综合业务技能赛项上连续两年斩获金奖，其中金融科技模块成绩领先优势显著。

案例3 石家庄邮电职业技术学院：外化于形、内化于心，打造“六化四有三维”课堂——“金融数字化营销”课堂革命案例

本课程围绕“岗课赛证融通、德劳技创融合”，在尊重、自由、平等的课堂环境中，通过书本知识“任务化”、课堂设计“三卡化”、学习资源“有形化”、教资力量“智囊化”、教学方法“多元化”、练评渠道“数字化”等方式，外化于形、内化于心，将“校、企、网”三个维度联合起来，构建有用、有趣、有景、有效的“六化四有三维”课堂，为培养德才兼备、市场所需的金融数字化营销人才助力。

课程对标金融数字化营销新业态和基层金融营销岗位技能的更新，对接各级各类相关比赛内容和“金融产品数字化营销 1 + X 职业技能等级证书（中级）”的考核标准（2021 年 2.0 版），将“金融数字化营销”课程教学内容与考证大纲进行深度融合，更加注重金融数字化营销策略、数字化营销方式、金融客户需求分析和数字化关系管理、数字化营销方案策划实施的教与学。以“学习者为中心”，将诚信勤勉、专业严谨、精益求精三重思政和劳动教育主题贯穿其中，配合“1 + X 证书”，深入推进“岗课赛证”融合。围绕 5E 教学模式，通过“六化”措施，在尊重、自由、平等的课堂环境中，将“校、企、网”三个维度联合起来，打造有用、有趣、有景、有效的“六化四有三维”课堂（见图 6 – 21）。

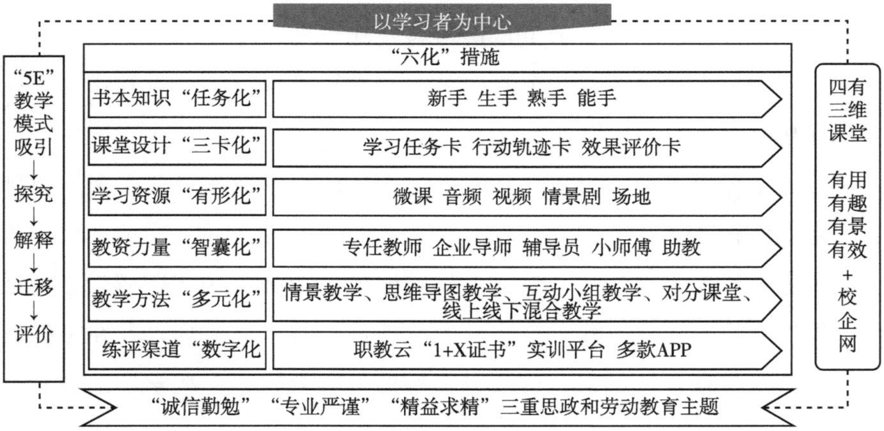

图 6 – 21　“六化四有三维”课堂建设思路

案例 4　重庆财经职业学院：上承“赛证”下接“岗位”，构建“三进阶”教学模式——“家庭理财规划”课程教学改革案例

以产品为中心的理财业务转向以客户为中心的财富业务，AI、大数据等技术在财富管理中的作用凸显，基于理财行业转型和技术升级的背景，重庆财经职业学院“家庭理财规划”课程以培养金融科技新业态下的新型数智化“投资顾问”“财富经理”为目标，积极贯通“岗课赛证”，全面重构教学内容，校企双元联动，创建基于学徒制的“三进阶”教学模式（见图6－22）。

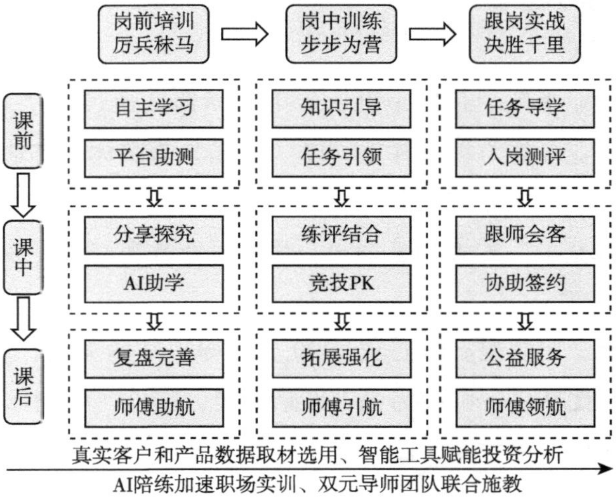

图6－22 “家庭理财规划”课程“三进阶”教学模式

课程以数字经济时代背景下“投资顾问”“财富经理”岗位真实工作过程为导向，以现代学徒制合作企业真实业务需求为驱动，有机对接“智能投顾”“家庭理财规划”两个1＋X职业技能等级证书内容，积极融通全国职业院校技能大赛——“银行综合业务”赛项内容，校企协作重构教学项目，开发教学案例。

课程根据“投资顾问”“财富经理”岗位特点和工作流程，设置“岗前知识培训—岗中技能训练—跟岗业务实战”三进阶递进式教学任务，根据校企共同确立的教学内容，发挥“四维联动”教学资源优势，以智能工具为助手，通过真实客户和金融产品数据取材选用、智能工具赋能理财分析、AI陪练加速职场实训、双元导师团队联合施教，设定“课前初试锋芒，课中百舸争流，课后跃马扬鞭”三个教学环节，推动专业能力不断精进，精准服务企业客户，提供“千人千面”的财富管理服务。在完成教学过程后，设置“岗后志愿服务”环节，让学生面向社区开展投资理财知识普及活动，在社会服务中培养学生金融报国心、爱国情。

6.6 数字金融人才培养师资队伍打造典型案例

案例1 山东外贸职业学院：双育、双元、双分，打造“国际金融”专业高水平教学团队

山东外贸职业学院“国际金融”专业教学团队通过以“双育”为抓手，坚持德育教育与业务能力提升并重；以“双元”为载体，打造校企双元合作共同体；以“双分”为依托，创新“分层进阶、分类发展”教师培养体系，系统推进“国际金融”专业团队建设，推动职业教育高水平发展，服务区域经济社会发展。

打造新品牌。团队现有核心成员20人，知识结构完善，教学能力突出，专业素质过硬。团队坚持师德为先，奉献为荣，突出“党建+专业”发展特色，持续派出教师援疆支藏，助力当地专业和经济建设，建有省级高校“双带头人”教师党支部书记工作室；聚焦教学、实训、竞赛、服务，实施“一师一案”成长工程，育成1名市教学名师、1名省技能名师、1名省教学名师、多名省市社科专家，打造成教科研成效突出、行业影响广、社会服务影响大的省级职业教育教师教学创新团队。

实现新作为。团队作为联合主持人共同参与建设国家级专业教学资源库，主持省级国际金融资源库建设，参与国家专业标准建设，建成国家级职业院校在线精品课程1门，省级2门，省级在线课程资源10门。教师获省级青教赛一等奖1项，三等奖1项，团队获教学能力大赛省级一等奖1项，二等奖1项，三等奖2项；指导学生参加职业院校技能竞赛获国赛一等奖三次，省赛一等奖四次，团队成员5人获职业院校技能大赛优秀指导教师。团队教师近五年承担省级及以上项目13项，编写教材5本。

凸显新优势，团队响应国家“一带一路”政策，提供援外培训服务29次，为“一带一路”国家和中国外向型企业牵线搭桥，助推沿线各国金融合作与经贸发展；2名教师兼职律师事务所，被金融机构聘为法律顾问，长期提供法律咨询和法律诉讼服务，获得直接经济效益60余万元，并为金融机构、企业、个人挽回损失、创造经济效益累计达6 000余万元；3名教师被聘为青岛市社科联社科专家，开展社科普及活动 11 项；团队成员面向全国中高职院校教师开展技能提升、课程建设培训服务 50 余次，培训学员近万人。

案例 2　长春金融高等专科学校：金融教师团队获批“吉林省高校黄大年式教师团队”

长春金融高等专科学校金融教师团队长期深入开展师德师风建设，着力提升教师队伍教育教学、科研创新、社会服务水平，2021 年获批为第二批“吉林省高校黄大年式教师团队”。

金融教师团队秉承“心有大我、至诚报国、教书育人、敢为人先、淡泊名利、甘于奉献”的黄大年精神，以立德树人为根本，坚持“三以”和“三个相统一”，模范践行“四有”好老师标准和社会主义核心价值观，涌现出多个先进典型。团队成员邱立军被评为“全国优秀教师”；张晓晖被评为“全省师德先进个人”；张晓晖、吕鹰飞被评为“全省优秀教师”；刘妍被评为“全省优秀共产党员”。科研平台党支部被评为“全省高校先进基层党组织”和首批“全省党建工作样板支部”。

金融教师团队把思政教育融入教育教学全过程。积极推进“三全”育人，建设全覆盖专业课程思政资源库，“金融学基础”被评为吉林省课程思政示范课程；以先进的职教理念指导“三教改革”，建成 6 门省级精品在线开放课程，主编出版教材 17 本（数字化教材 5 本）。以技能大赛为引领，培养强于技能、精于业务、专于岗位的金融工匠，指导学生获全国技能竞赛奖项 101 项（一等奖 19 项）、省级奖项 40 项（一等奖 21 项）；积极培育优秀教学成果，获得省级以上教学成果奖 3 项，其中《金融高职院校复合技能型人才“P + M”培养模式探索与实践》获 2018 年国家教学成果二等奖。

专业团队聚焦科研创新，主持创建 6 个省级科研平台；为政府和行业提供咨询服务，提交决策咨询报告 22 份，7 份获省领导重要批示，10 份被企业采纳；深入开展金融文化研究，出版《吉林近代货币文化研究》等著作 18 部，立项省级教科研课题 145 项，发表论文 142 篇，获省市级及以上科研奖励 36 项，其中吉林省优秀社科成果奖 7 项（一等奖 2 项）。

专业团队积极投身社会服务，创建扶贫、扶智、就业“三位一体”的金融职业教育扶贫机制，与吉林九台农商行连续 4 年实施金融教育“精准扶贫励志班”项目，帮助全省 15 个贫困县市 115 户农村贫困家庭子女实现教育脱贫，得到省委书记的高度评价，成为全省脱贫攻坚可复制、可推广的经验之一；连续 4 年承办省委党校金融专题培训班，承办省人社厅金融高级研修班，开展金融业务培训 10 600 人次、金融知识普及教育 5 600 人次、金融认知和爱国主义教育 3 400 人次；搭建金融学术交流平台，承办省委组织部吉林金融大讲堂，连续 4 年举办长白山学术论坛，将东北亚金融博物馆建设成为吉林省爱国主义教育基地，组织大型专题巡回展 14 次，弘扬优秀金融文化。

案例 3　北京财贸职业学院：提升教师能力，打造数字金融教师队伍

北京财贸职业学院金融学院现有专业教师 28 人，其中高级职称 16 人，博士 6 人，双师型教师占比达 96.55%。特高建设以来，建设北京市职业教育教师教学创新团队 1 个、校级创新团队 1 个，建成一支具备数字金融创新和教学实践能力的优秀教师队伍。

学院注重加强教师队伍培养，依托北京市职业教育教师教学创新团队培养骨干教师力量，通过设立发展规划和培训方案，提升教师梯队，培育名师和专业带头人；举办多次金融专业培训和高端金融职业资格培训；与多家金融企业签订合作协议，推动教学团队与行业深度融合；通过教师下企业实践工作，解决教学和科研问题，转化为教学资源，推动教育改革，平均实践天数从 33.58 天提升至 86.13 天。

教学团队育人成果显著，金融学院学生近三年在国家级技能竞赛和创业大赛中取得多项奖项，教师指导获得北京市及以上荣誉，共计 109 人；教师团队获得 46 项教学奖励，其中 3 个团队获得北京市教学大赛一等奖，1 个团队获得国家级教学大赛三等奖；教师发表科研论文 42 篇，申报教科研项目 26 项，完成多项国家级和省级教育科研规划课题；教师还积极参与制定专业教学标准，并开展了多场财商教育系列讲座，受到社会广泛关注。

案例 4　广州番禺职业学院：名师引领、骨干担纲、新秀成长，持续提升省级优秀教学团队建设水平

广州番禺职业学院财经学院“金融服务与管理”专业群教学团队是广东省级优秀教学团队，共有专任教师 32 名、企业教师 34 名。其中教授 6 名、副教授 10 名、博士 8 名，硕士研究生以上学历占 94%，双师型教师占 90%。来自国内外金融行业和高校的兼职教师队伍使教学团队始终与产业一线和技术应用前沿保持紧密联系。

名师引领。教学团队拥有国家“万人计划”教学名师 1 名、广东省“特支计划”教学名师 1 名、广东省高职教育专业领军人才培养对象 1 名、广东省南粤优秀教师 2 名、广州市教学名师 1 名。专业群带头人杨则文教授是“国家高层次人才特殊支持计划领军人才”，国家“万人计划”教学名师，4 次获得国家教学成果奖，4 次主持国家教学标准制定，主持 4 门国家级课程，主编 6 本国家规划教材和 4 本财政部规划教材，担任历届银行业务综合技能国赛专家组组长并主持制定历届银行技能国赛规程，主持“名师带你做专业建设”和“名师带你做课程建设”2 门 MOOC 网上注册和现场培训的教师达 2 万多人，主持“税法”MOOC 注册学员达到 3 万人。

骨干担纲。团队以 80 后骨干教师为重点培养对象并逐渐成为重大项目担纲主持者。罗威博士是金融学教授，是广州市重大决策论证专家，主持获得 2022 年国家教学成果二等奖；吴娜副教授是国家级技能大赛优秀指导教师，国家在线精品课程主持人，指导学生获得国家级、省级竞赛一等奖 6 项；王心如副教授是国家在线精品课程主持人，省级资源库建设第一执行人，主持获多项省级、国家级教学和科研成果；另有 4 名教师获得全国高等职业院校教师信息化教学大赛一等奖和三等奖，3 名教师立项国家规划教材，3 名教师获得国家级技能竞赛优秀指导教师荣誉，7 名教师获得广东省教师信息化教学大赛奖项，16 名教师建成省级以上在线精品课程，14 名教师取得“大数据分析师”“大数据应用工程师”“机器学习工程师”等证书，16 名教师具备双语教学能力开展国际学生教学与对外交流。

新秀成长。团队将 90 后青年教师作为培养的新势力，让他们通过课程建设、教材建设、专业建设、科研项目研究、社会服务等方式更快融入集体，增强归属感和使命感，已经逐渐成长为课程团队、教材团队、竞赛指导团队等专业建设的重要力量。目前 90 后青年教师朱晓婷已经主编了新形态立体化教材《区块链金融应用》，主持的慕课“区块链金融应用”上线国家智慧教育平台开放。

7　数字金融职业教育人才的培养路径与改革措施

党的二十大报告明确指出，“统筹职业教育、高等教育、继续教育协同创新，推进职普融通、产教融合、科教融汇，优化职业教育类型定位”。金融职业教育育人实践面临数字经济发展大趋势带来的机遇和挑战。数字中国建设构筑中国式现代化发展新优势，2023 年 2 月，中共中央、国务院印发的《数字中国建设整体布局规划》指出：“加快数字中国建设，对全面建设社会主义现代化国家，全面推进中华民族伟大复兴具有重要意义和深远影响”。于金融职业教育而言，如何加强数字技术创新，培养创新型、应用型、复合型人才，为建设数字中国作出重要贡献已经成为责无旁贷的使命和责任。

7.1　数字金融职业教育人才培养路径

7.1.1　“层次贯通、类型统筹、标准指引”的育人路径

2021 年 10 月 12 日，中共中央办公厅、国务院办公厅共同印发了《关于推动现代职业教育高质量发展的意见》，该意见在强化职业教育类型特色中强调推进不同层次职业教育纵向贯通、促进不同类型教育横向融通。同时，在具体实施中鼓励一体化设计职业教育人才培养体系，推动各层次职业教育专业设置、培养目标、课程体系、培养方案衔接。数字金融职业教育人才培养遵循“层次贯通、类型统筹、标准指引”的育人路径，培养层次上实现“中职—高职—职教本科”的纵向贯通，培养类型上实现职业教育、普通教育及

继续教育协同育人的横向统筹，人才培养实施过程遵循国家专业教学标准指引的规范育人。

7.1.1.1 纵向层次贯通：中职、高职、职教本科一体化育人

（1）层次贯通的新专业目录调整

按照“十四五”国家经济社会发展和2035年远景目标对职业教育的要求，在科学分析金融产业、金融职业、金融岗位、金融专业关系基础上，对接现代金融产业体系，服务金融产业基础高级化、产业链现代化，统一采用专业大类、专业类、专业三级分类，一体化设计中等职业教育、高等职业教育专科、高等职业教育本科不同层次专业，科学确定金融人才不同层次的专业定位，形成了新版金融类专业职业教育专业目录。具体专业目录调整情况见表7－1。

表7－1　金融类专业职业教育专业目录调整情况一览表

7302 金融类（中职）				
调整前			调整后	
专业编码	专业名称	调整方式	专业编码	专业名称
120400	金融事务	合并	730201	金融事务
120500	保险事务			
120600	信托事务	撤销		
5302 金融类（高职）				
调整前			调整后	
630201	金融管理	归属调整、合并、更名	530201	金融服务与管理
630904	物流金融管理			
630209	互联网金融	更名	530202	金融科技应用
630205	保险	更名	530203	保险实务
630207	信用管理	保留	530204	信用管理
630206	投资与理财	更名	530205	财富管理
630203	证券与期货	更名	530206	证券实务
630202	国际金融	保留	530207	国际金融
630208	农村金融	保留	530208	农村金融
630204	信托与租赁	撤销		

续表

3302 金融类（本科）				
调整前			调整后	
830201	金融管理	保留	330201	金融管理
830202	互联网金融	更名	330202	金融科技应用
		新增	330203	保险
		新增	330204	信用管理

新专业目录的调整统筹处理金融的传统专业和现代专业、一体化设计与特色设计、分段培养与系统培养、教育主导设计和行业指导设计、新兴产业发展与传统产业升级之间的关系；兼顾不同职业院校、不同金融工作岗位对专业口径宽窄的不同需求，兼顾系统培养学生和学生终身学习、全面发展需要，充分考虑金融人才的中高职贯通培养、高职扩招、融合发展等需求，面向金融职业岗位群逐层提升，培养目标和规格逐层递进，实现金融数字化人才定位有机衔接。同时，新专业目录面向战略性新兴金融产业的数字化重点科技领域，面向金融服务业向高品质和多样化升级等，系统梳理金融新职业场景、新金融科技岗位对技术技能人才的新需求，以目录为引领推进金融职业教育供给侧结构性改革。从金融类专业技术应用升级的角度看，新专业目录优化和加强 5G、人工智能、大数据、云计算、物联网等领域的金融专业设置，适应金融数字化转型、金融产业基础高级化趋势，面向金融行业的数据驱动、人机协同、跨界融合、共创分享的智能形态等，从金融的专业名称到内涵全面进行数字化改造。

新专业目录调整通过深入剖析不同学历层次的设立背景、培养规格与岗位需求，梳理不同学历层次的知识基础、技术技能与职业素养，精准提炼金融数字化人才在学历对接中的维系点和切入点，从而通过金融岗位对接、数字化能力相接、专业课程衔接实现职业教育层次中对数字化金融人才职业胜任力、职业竞争力和职业发展力三个维度的培养，最终实现金融数字化人才从就业结果导向的职业胜任力培训，发展为职业竞争力与职业发展能力的终身职业教育。

(2) 层次贯通的探索实践

为了构建层次贯通的一体化职业教育人才培养体系，以江苏为代表的多个省份从20世纪80年代起就开始了一系列探索与实践，主要探索出了“分段衔接”“五年贯通”两种实践模式。

“分段衔接”模式，包括中职学校与高职院校“3+3”分段衔接模式、中职学校与应用型本科学校“3+4”分段衔接模式、高职院校与应用型本科学校“3+2”分段衔接模式、五年制高职与应用型本科学校“5+2”分段衔接模式、高端技术技能人才贯通培养项目“中职—高职—职教本科”贯通7年（“2+3+2”）一体化培养体系。依托现代职业教育体系建设项目，分段衔接模式基本覆盖到每个阶段、每种形式的职业教育，构建了“中职—高职—职教本科”一体化培养的学制框架。

“五年贯通”模式，即招收初中毕业生，实行五年一贯制的高等职业教育，由同一个办学主体在同一个教学地点采用一个人才培养方案实施贯通培养，统筹安排教学计划，实现了中等职业教育与高等职业教育的有机衔接，有效克服了“3+2”“3+3”等分段衔接项目两所学校（两个办学主体）各管一段的弊端，确保育人理念一以贯之。

(3) 层次贯通的核心抓手

当前阶段，金融职业教育中高本一体化人才培养体系构建的重心已经发生转移，即从组织建制层面转移到人才培养层面，即围绕金融行业数字化人才一体化培养目标，对金融行业数字化人才的能力开发、课程体系、评价制度等进行一体化设计。中高本一体化贯通培养体系路径实施的核心抓手包括：

第一，以立德树人为根本任务。区别于金融高水平学术型人才，金融数字化人才具有独特的人才培养规格，具体表现为，既要具有熟练的数据处理能力和分析应用能力，也要具备较高的金融理论水平，还要具备现代化金融环境随时更新变化的应变能力、学习能力和创新能力。高素质金融数字化人才所具备的这种跨学科、跨专业的综合职业能力，其培养是一个系统性的过程。在此过程中，要紧密围绕现代化金融产业，以金融科技岗位群为职业导向，紧扣高素质金融数字化人才的培养目标进行一体化设计，并结合不同阶段学生成长与学习特点，系统规划学习内容、学习方式及学习场景等。其最终目标在于，回应立德树人的人才培养要求，打造金融行业数字化人才一体化成长轨道，让学生在具有相似培养模式的轨道上持续积累素质、知识与技能。这一目标的实现，在很大程度上依赖于中职、高职、职教本科在金融行业数字化人才培养层面的一体化程度，要改变过去很长一段时间各层次职业教育缺乏衔接、独立发展的尴尬局面，并立足高素质金融行业数字化人才一体化培养需求，将一体化理念融入基本办学要素和金融行业数字化人才培养的各个环节。

第二，以适应数字金融发展需要的复合型人才培养为逻辑主线。复合型是金融数字化人才的本质特征，对接金融行业与岗位需要，学生的理论知识与技能培养需要兼具金融、计算机、统计、大数据等多学科领域。以金融行业数据处理应用能力成长为主线，一体化构建具有更高衔接性的职业教育人才培养体系。具体来说，中职、高职和职教本科的能力差别主要体现在复杂性与业务处理能力两个方面：复杂性包括不同金融业务情境、不同职业岗位数据的基础处理能力、应变能力及综合分析能力等方面；业务处理能力需要对不同层次职业教育人才的职业能力结构进行一体化开发。在针对职业能力分析的基础上，教育行政部门依据能力分析结果，对中职、高职、职教本科的专业教学标准进行一体化设计，进而为推动实现课程层面的真正一体化提供条件。

第三，以课程体系构建和教学内容升级为重要保障。科学合理地设计一体化课程体系、升级数字金融教学内容，是实现金融数字化人才培养的关键保障。没有一体化的课程体系和教学内容，很难实现职业教育一体化人才培养体系的构建，甚至影响到现代职业教育体系的构建。中职、高职和职教本科一体化的职业教育课程体系，应该以相对一致的工作任务与职业能力分析结果为依据，同时基于一体化设计的专业教学标准选择合适的课程内容。具体而言，需要统筹考虑不同阶段内容的丰富度、难易度、衔接点和命名法则等，基于一体化课程体系的基本框架，围绕金融数字化人才一体化的培养目标，进行校本课程的探索与开发，尤其是可以联合当地金融行业、不同类型金融机构的力量开发具有地方特色、区域特色的校本课程。

7.1.1.2　横向类型融通：职业教育与普通教育、继续教育协同育人

2019 年出台的《中国教育现代化 2035》提出，建成服务全民终身学习的现代职业教育体系，推进基础教育、职业教育、高等教育和继续教育协调发展。《中华人民共和国职业教育法》（2022 年）在给出职业教育概念时强调，国家建立健全适应经济社会发展需要，产教深度融合，职业学校教育和职业培训并重，职业教育与普通教育相互融通，不同层次职业教育有效贯通，服务全民终身学习的现代职业教育体系。职业学校教育和职业培训之间的关系从原有的“并举”定位为“并重”，为高职院校改革发展指明了方向。党的二十大报告明确指出，“统筹职业教育、高等教育、继续教育协同创新，推进职普融通、产教融合、科教融汇，优化职业教育类型定位”。职业教育、高等教育和继续教育属于义务教育阶段后的教育，对不同类型和层次的“后义务教育阶段”的发展战略作通盘考虑，在避免各自为政和独立发展带来的弊端的同时，“三教”协同创新为新时代金融数字化人才培养提供了的发展观和方法论。

金融数字化职业教育人才培养应充分挖掘职业教育、普通高等教育与社会培训的各自优势，将人才培养贯穿“三教”始终，系统设计金融数字化人才培养的横向一体化融通体系，开发多元化教学应用场景，共享资源、优势互补，最终实现数字化金融人才的产业结构对接与需求层次对接。

“三教”协同育人开放共享的人才培养创新思维。传统意义上的金融职业教育以培养高素质、复合型劳动技术技能人才为目标，金融数字化发展对创新拔尖人才和具备持续学习提升能力的人才需求逐渐攀升，仅仅依靠育人环境单一、孤立的职业教育难以满足，在人才培养目标和理念上亟须向开放共享转变。职业教育、高等教育与继续教育协同发展，普通高等教育通过金融类学科专业的系统教学，提供创新型拔尖人才培养平台；继续教育通过紧密对接金融从业人员的社会培训，为社会学习者提供持续学习和自我提升的渠道；金融职业教育则借助高等教育和继续教育，发挥自身实践教学和对接产业的优势，形成“三教”协同、共建共享的育人理念。

“三教”协同育人融通互转的人才培养模式。2022 年新修订施行的《中

华人民共和国职业教育法》要求促进高等职业教育充分发展，完善学历教育与培训功能。通过统筹多元主体力量，探索兼顾通用职业能力和可持续发展能力的金融数字化人才培养模式。利用现代信息技术优势实现资源共建共享，促进学习型社会构建进程中金融数字化教育资源的深度传播与流动，逐步突破资源壁垒；通过建立统一的学习成果认证标准，打通职业教育与普通教育之间、职业教育与继续教育之间的横向延展、纵向贯通，建立融通互转机制，从而完善金融类职业教育人才培养的一体化设计。

"三教"协同创新产科教融合高质量育人路径。产科教融合是衡量职业教育质量的重要标志，更是顺应高等职业教育提质培优发展需要、提升高质量育人的核心路径。"三教"统筹创新实践将引导这一路径更有效发挥协同优势。金融职业教育具备最接近金融产业数字化转型的优质教育资源，普通高等教育则拥有应对金融产业升级的技术优势，继续教育最直接对接金融数字化产业培训和用人需求。结合区域产业升级和发展需要，将各类教育的优势和育人目标汇聚成合力，深化产教融合，推进科教融汇，以高质量育人实现金融数字化人才服务区域社会经济发展的重要功能。

金融数字化人才的复合型特点本身需要多学科的综合培养，高等职业学校在金融人才的培养上因其广泛的产业特色呈现出广而浅的散点型教育，难以实现金融数字化人才综合学科的全面发展，金融数字化人才需要多主体的共同协同培养。结合社会培训的典型特点和职业学校教育在金融数字化人才培养中的痛点，在金融数字化人才的培养中，有必要设计金融数字化人才培养的横向一体化融通体系，开发多元化教学应用场景，共享资源、优势互补，最终实现数字化金融人才的产业结构对接与需求层次对接，具体包括：

一是适应成长规律，延伸培养周期。聚焦技术技能人才成长成才的 9 年关键期，即"中职 3 年 + 高职 3 年 + 毕业后 3 年"，贯通技术技能人才学校教育和就业成长全过程。社会职业培训接续学校教育，建立毕业生 3 年成长档案、加强职业发展和再就业培训、推送优质就业单位，建立起完整、高效的职业成长帮扶服务体系，为学生成长成才保驾护航。

二是适应不同需求，完善培训体系。对接政府、金融行业和企业，建立由专家学者、行业能手和资深教授组成的高层次人才培训专家资源库，组建品德高尚、业务精湛的培训管理团队，面向职业院校教师、企业员工、在校学生开展技能培训和评价。

三是适应全面发展，融通“岗课赛证”。学校对接岗位工作优化课程体系和教学内容，开展各类大赛提高学生的行业适应性，全力推进职业技能等级证书制度，构建涵盖学生学习过程表现、技能大赛成绩、职业技能等级证书获取情况的评价体系，推动人才培养质量持续提升。

四是适应数字化升级，营造培训新形态。建设高质量数字金融教学资源库，推进职业培训数字化升级工程，建成综合性信息化培训服务平台，构建包括数字化培训资源包、模块化专业培训课程、继续教育在线开放课程等的培训课程体系，积极开展线上教学，营造社会培训的良好生态。

7.1.1.3 国家标准指引：科学性、适应性、可操作性规范育人

以国家金融数字化人才培养战略为目标，以国家金融类专业教学标准为人才培养规范，强化专业人才培养的科学性、适应性、可操作性，实现“做中学”“学中做”，促进学生知识、能力与素质三维协调发展，促进人才培养质量的全面提升。参照教育部发布的《职业教育专业简介》（2022 年修订）最新金融类专业人才培养的培养目标、培养规格及课程体系，服务地方和行业发展需求，对接专业与职业岗位要求，深入探索实践数字化教学手段和方法，围绕课程设计和教学需要搭建场景化、多维度实践教学基地，通过教学做一体化的实施，实现具有国际化思维、掌握数字科技和大数据分析能力并深刻理解金融业务知识的金融数字化复合型人才的培养。以下以“金融科技应用”专业的高职专科为例具体探讨理论实践融合育人路径。

（1）培养目标

“金融科技应用”专业的人才培养目标定位为：本专业培养能够践行社会主义核心价值观，德、智、体、美、劳全面发展，具有一定的科学文化水平，良好的人文素养、职业道德和创新意识，精益求精的工匠精神，较强的就业创业能力和可持续发展的能力，掌握本专业知识和技术技能，面向银行、证券、保险、基金等传统金融机构及新兴金融科技企业的客服、市场营销、商务经理、用户运营、平台运维、数据分析、风控、产品助理等职业群，能够

从事金融科技客户服务、市场营销、商务推广、用户运营、运维、数据分析、风险控制、产品设计工作的高素质技术技能人才。

通过行业企业深入调研发现，金融科技专业人才主要任职于商业银行、证券公司、保险公司、金融科技公司、消费金融公司等金融机构。随着金融与科技的深度融合，以及金融机构数字化转型发展，金融机构对数字货币运营、金融科技应用平台系统运维、金融产品设计与研发、金融科技风险控制、区块链工程技术、金融大数据分析以及与供应链金融相关的岗位需求量与日俱增。因此，这一人才培养目标的确定，是面向金融数字化转型升级进程中行业人才需求进行的岗位精准定位，对接金融数字化领域的具体工作内容和职业能力要求，兼顾了专业人才的知识基础和技术技能。

（2）培养规格

金融数字化人才在系统学习本专业知识并完成有关实习实训基础上，全面提升素质、知识、能力，掌握并实际运用数字金融岗位需要的专业核心技术技能，分别从政治素养、科学素养、职业素养、专业知识、专业技能等维度，明确具体的人才培养规格要求如下：

政治素养：坚定拥护中国共产党领导和中国特色社会主义制度，以习近平新时代中国特色社会主义思想为指导，践行社会主义核心价值观，具有坚定的理想信念、深厚的爱国情感和中华民族自豪感。

科学素养：能够熟练掌握与本专业从事职业活动相关的国家法律、行业规定，掌握绿色生产、环境保护、安全防护、质量管理等相关知识与技能，了解相关产业文化，遵守职业道德准则和行为规范，具备社会责任感和担当精神。

职业素养：掌握支撑本专业学习和可持续发展必备的经济数学、人工智能、中华优秀传统文化、创新创业、办公软件应用等文化基础知识，具有良好的科学素养与人文素养，具备职业生涯规划能力；具有良好的语言表达能力、文字表达能力、沟通合作能力，具有较强的集体意识和团队合作意识，学习一门外语并结合专业加以运用。

专业知识：掌握现代金融、经济、金融科技、个人理财、会计、区块链、人工智能、数字人民币等方面的专业基础理论知识。

数字技能：具有适应产业数字化发展需求的基本数字技能，掌握信息技术基础知识、专业信息技术能力，基本掌握金融科技领域数字化技能。

专业技能：掌握金融科技营销方案、文案写作、活动策划、商业需求分析、产品原型设计、交互文档写作等技术技能，具有金融科技品牌营销、金融科技产品营销、金融科技用户运营、金融科技产品设计、项目管理等实践能力；掌握 Python 语言、金融大数据采集与清洗、区块链搭链、智能合约编写等技术技能，具有金融大数据统计、分析、可视化、金融行业区块链应用等实践能力；掌握云服务器管理调度、平台运维等技术技能，具有金融科技平台运行与维护等实践能力。

问题分析：能够使用最新的法律法规分析金融科技业务创新与发展业务，并能使用合适方法及工具实施金融科技风险控制。

终身学习：具有探究学习、终身学习能力，具有整合知识和综合运用知识分析问题和解决问题的能力。

（3）专业课程体系

构建基于金融岗位工作过程的课程体系是金融数字化人才培养的关键核心。课程体系的搭建应按照金融数字化人才的职业定位和职业标准，有机整合专业的理论课程与实践课程，以突出职业本位、强化技能训练、提高现代金融数字化就业能力为目标，既要保证传统金融知识技能的全面培养，又要实现金融新业态下对数据挖掘、统计、处理、分析、应用等能力的全面提升。

结合金融数字化人才培养的需求缺口和专业能力要求，对于专业技术能力的培养应在课程体系的专业基础课、专业核心课以及专业拓展课三个类型，在金融数字化人才培养的过程中，具体课程体系应涵盖如下：

专业基础课：应既包含金融专业的基础通识类课程，如“经济学基础”“金融学基础”“金融职业技能”“会计基础与实务”“经济法”等，也包含基础的数字化课程，如“金融科技概论”“Python 语言基础与应用”“人工智能概论”“金融大数据”等。按照专业教学标准建议开设 6～8 门，至少包括“经济学基础”“现代金融基础”“金融科技概论”“会计学基础”“经济法”“个人理财”“Python 语言基础与应用”“人工智能概论”等。

专业核心课：应对应银行、证券、保险、基金等传统金融机构及新兴金融科技企业在数字金融领域的客服、市场营销、商务经理、用户运营、平台运维、数据分析、风控、产品助理等职业群，根据岗位核心职业能力要求选取教学内容，设置专业核心课。按照专业教学标准建议开设6~8门，至少包括“金融数据统计”“大数据金融”“区块链金融”“金融科技营销”“金融科技用户运营”“金融科技产品设计”“金融科技合规实务”等。

专业拓展课：基于金融数字化人才横向拓宽视野、纵深精进专业的复合型培养要求，专业拓展课设置上需广泛涉及金融、法律、计算机、人工智能、大数据、国际经济等诸多学科，满足包括：银行业务综合技能、图形图像处理、证券投资基础、互联网征信、小额信贷实务、数据库原理与应用、金融科技信息安全、金融科技平台运维、金融机器学习入门与实践、供应链金融、金融科技创业指导等。

在新版专业教学标准指引下，专业人才培养可结合教学改革实际，探索重构课程体系，按项目式、模块化教学需要，将专业基础课程内容、专业核心课程内容、专业拓展课程内容和实践性教学环节有机重组为相应课程。有必要对金融科技应用相关学科获得一定的整体把握。同时，学生的职业发展规划不同，学科的教育停滞于泛泛而谈，很有可能成为数字化技术技能拔高精尖的第一阻力，因此非常有必要从学科广泛、专业精深两个视角设置专业拓展课程。

（4）教学实施

项目化课程设计。专业核心课程对接岗位及相关职业能力要求，将数字金融业务引入专业课程教学内容，以岗位工作任务系统设计教学项目单元。项目化教学贯穿人才培养全过程，以模拟项目开展理论与实践一体化教学，以企业项目开展真实项目教学，以多阶段工学交替的顶岗实习开展岗位项目教学。以解决数字金融领域实际问题和处理数字金融真实业务为载体，突出学生核心职业能力的培养。

场景化实践教学场所构建。紧密追踪数字技术在金融领域最新应用场景，校企协同、多维度搭建与产业人才需求密切相关的校内实训基地和校外实践教学基地，全面落地校企双元育人。校内实践教学场所综合考虑学生“普惠+个性”的场景化综合服务能力、“新媒体+大数据”的智能化精准营销能力、

“挖掘+决策”的数字化数据分析能力，搭建校园消费金融场景、互联网客户营销场景、金融数据分析场景等数字化金融场景；校外实践教学基地以产业学院为依托，通过改革人才培养模式、开发智慧教学资源、开展行业岗位培训，建设产业升级智库，构建育训共同体、打造技术应用标杆，全面对接现代金融服务产业链。

数字化教学改革实施。探索分层分类教学，构建适应学生自主学习、泛在学习的智慧化环境，立足数字金融产业创新人才培养模式，依托多元化校企协同育人平台，分层分类确定人才培养方案。通过建设智慧校园、智慧课堂，构建适应学生自主学习、泛在学习的智慧化环境。校园移动互联网络无处不在，大数据技术随时记录、分析学生学习行为，不断改进教学的物理空间和网络空间。建设适应移动学习的颗粒化教学资源，适应数字时代学生的学习习惯和心理需求。构建柔性选课机制，以“学分互认+拓展课程库+辅修专业”助力跨界培养，进一步完善学分制改革，以适度冗余的课程适应行业快速发展。打造“金融职场+智慧课堂”新形态，以“理实一体化”和“线上线下混合教学”推进课堂革命。构建金融职场和智慧课堂叠加的课堂新形态，全面采用“线上+线下”混合教学和“课堂+职场”的技能训练方式，形成在金融科技和智慧校园下进行知识学习、技能训练和价值观养成的人才培养新模式。适应金融产业数字化升级，建设新形态数字化系列教材，教材内容体现适应产业升级需要的课程体系和课程标准的要求，体现金融产业数字化发展战略和金融科技应用新要求，广泛采用 MOOC 技术、二维码技术、数字化资源制作技术及虚拟仿真技术实现教材与网络资源的立体化连接。

数字化教学资源建设。持续建设并更新数字化教学资源，整合优化并实施技术升级，建设专业群优质共享的在线精品课程和数字化资源库；按照“结构化课程+一体化设计+颗粒化资源”的要求，依托金融科技产业背景，校企合作共建专业群教学资源库，建设包括专业核心课、专业基础课和专业拓展课在内的教学资源和相关专项技能训练资源的系列数字资源；利用虚拟现实等先进技术进行资源开发，提升教学资源的实践性和交互性；适应移动互联时代泛在学习的需要，为校内开设 SPOC、开展线上线下混合教学提供条件，为开设 MOOC 提供社会服务和国际服务。

数字化师资队伍建设。坚持“引进来”“走出去”两条腿走路，打造双师型教学团队，引进金融科技企业高层次人才，将金融市场的科技发展、智慧服务领域最新成果纳入人才培养和技术研发中；聘请行业能手作为现代产业导师与专业教师共同担任项目经理，承担项目课程教学任务；校企协同建设教师培训基地，专业教师分批次下企业锻炼，提升新技术、新规范的应用能力，并搭建教师走访企业和数字化师资培训的系统化学习平台，让教师在课程建设中敢开发、能开发。

7.1.2 “政、行、企、研、校”协同育人路径

金融数字化人才培育需要从国家到地方由多元主体共同参与、通力协作，通过多方主体共同完善金融业数字化人才协同培育机制：政府层面，通过加强基础设施建设、提升办学水平、提高劳动力社会地位等方式，为数字化人才培养创造良好政策环境；高等院校与科研机构着重培养视野前沿、专业融通的复合型高端数字化人才队伍；职业院校作为专业人才培养的主阵地，应根据市场与技术发展情况调整完善专业与课程设置，以持续稳定地输出优秀技术人才；社会相关行业机构、企业则应转变思维，积极投入资源，引领、加强金融数字化产教融合人才培育全过程。

7.1.2.1 加大政策支持力度，营造金融数字化人才培育良好环境

近年来，党中央、国务院高度重视数字经济发展，作出了一系列重大部署。习近平总书记在 2018 年 11 月 G20 峰会上提出，“世界经济数字化转型是大势所趋，新的工业革命将深刻重塑人类社会。我们既要鼓励创新，促进数字经济和实体经济深度融合，也要关注新技术应用带来的风险挑战，加强制度和法律体系建设，重视教育和就业培训”。在 2020 年 3 月浙江考察时习近平总书记再次强调，“要抓住产业数字化、数字产业化赋予的机遇”。2021 年 3 月发布的《中华人民共和国国民经济和社会发展第十四个五年规划和 2035 年远景目标纲要》设立“加快数字化发展 建设数字中国”专篇，明确提出“打造数字经济新优势”，这为我国数字经济未来发展指明方向和任务。在探索金

融数字化职业教育人才培养过程中，政府可以通过加强基础设施建设、提升办学水平、提高劳动力社会地位等方式，为数字化人才培养创造良好政策环境，实现数字化金融人才培养的可持续发展。

在培育劳动力市场方面，政府一方面要积极鼓励扶持高校发展，提升高校办学条件与办学水平，确保高素质劳动者和技术技能人才的稳定培养输出；另一方面，在职员工继续教育方面，可以参照德国、日本等发达国家，发展社区学院、双轨制、学分银行等方式，结合职业资格与学历互认等机制，鼓励在职员工参与继续教育，推动终身教育体系落地实施。在技术创新方面，可通过出台财税补贴优惠政策鼓励企业加大数字技术研发创新力度，并建立完善产学研协同人才培育体系，切实提升金融业员工的数字化技术应用水平。此外，应深化收入分配制度改革，为数字金融技术员工创造良好的工作环境与收入水平，提升员工技术研发与转化的动力。总体而言，相关政府部门应破除金融业员工数字化转型过程中的政策障碍，保障员工教育培训、技能认定、收入待遇等各方面机制的不断优化完善。

在构建完善保障机制方面，政府着眼于产业发展的长效成果，进一步建立健全产教融合人才培育的落实机制和考核评价机制，整合各行业的优势资源向产教模式投入，加大财政政策的扶持力度，撬动社会资本进入产业人才培育体系。在培育主体上充分保护产教融合中校企双方的合法权益，明确权责界限，通过出台意见办法、法律法规、实施方案等政策性文件，确保机制的长期稳健运行；对于产教融合的落实细则进一步完善，制定相应的指导意见，对于具体实际操作问题进行针对性的辅导和引导；加大投入主体的激励力度，调动相关主体的积极性。以政府为基点出台产教融合联盟相关政策，着力健全需求导向培养机制，加强企业信用约束，落实财税用地等政策。

在夯实高职院校实力方面，加强对高校的重视与投入，充分发挥培养数字金融人才摇篮的作用，一是加强数字化金融培训课程体系建设，对接数字化并延伸科学知识，与现有金融专业知识体系进行融合与改造，系统构建适合金融业相关需求的课程体系；二是在教学方式上充分利用网上教学平台，自建或采用第三方学习资源，运用多样的数字化教学设备与技术，突破传统教学手段在时间、空间、教学内容、教学形式上对专业知识传授的限制，从而使学生能够自主安排学习内容、进度并评估学习效果；三是在教学资源上进一步探索校企合作、订单培养等模式，从师资条件、实践培养、设施条件等方面加强课程与实践的结合，保障数字化金融资源体系完善落地。

7.1.2.2 深化产教融合，建设社会化行企共育体系

积极响应国家数字经济发展战略，通过成立“数字金融产教融合共同体”“数字金融市域产教联合体”等由行业企业主导、校企共同运营的社会化行企共育体系，以培养新型数字金融人才为宗旨、促进学生就业为导向，按照“产教融合、贯通培养，合作共赢、集群发展”思路，积极发挥组织、协调、服务功能，推动数字金融领域产教深度融合，成员间的优势互补、资源共享、协同发展，提升数字金融相关专业教育整体水平，畅通学生职业发展通道，为数字经济发展提供有力的智力支持和人才支撑。

（1）以企业为链条推进产教融合组织制度革新

《关于深化产教融合的若干意见》中提出，要通过鼓励企业加入院校专业规划、教材开发、课程设计等途径推进企业融进人才培养环节，突出企业主体位置。第一，密切合作关系。企业主体从市场合作和产业分工两方面着手，提供专业化服务，搭筑校企互利共赢的利益共同体，密切校企合作关系。第二，协调部门工作。领导者组织企业、院校、社会、政府等部门进行密切协作，相关企业主管部门、国有资产监督管理部门建立健全协调联动机制，切实推进工作。第三，加强舆论引导。企业提前做好宣传工作、控制舆论走向，加快推进企业用人单位及学校教学科研管理等全方位改革，培养学生主动服务于经济、企业重视投资于人的意识，推动整个社会形成共谋发展的氛围，为企业推进产教融合组织制度革新打造良好环境。

（2）以院校为平台实施产教融合人才定向培养

高职院校在实施教学方案过程中突出“产教融合”的发展理念，教学工作的合理有序开展有利于满足企业人才需求。根据国家人才发展战略要求，为实现高职院校高质量培育的目标，院校把以知识为根基的教学体系向以项目化为目标的教学体系转变。一是形成并实施“职业情境、项目主导”工学结合人才培养模式。通过院校教学过程中渗透企业项目的方法，提升学生的

实践能力、认识问题能力、解决问题能力以及团队协作能力。二是将实训实习项目融进教学任务，以不同专业的特殊发展现状，对接地方产业，培育技能训练项目。三是实现校企共建教学课程，制定教材。四是让企业的骨干人员为学生兼职教学。搭建开放包容的产教融合联盟平台，聚集人才、技术研发项目等各项供需信息，并向各院校推送精确的产教融合相关信息。

（3）创新产教融合协同育人体制机制

人才培养方向对准产业链，构筑起专业教学动态模式，结合产业环境和协同育人诉求，发挥课程创新研发、培养项目示范、集中实习实训、双创特训孵化、能力水平认证和区域人才服务等职能，推进以学生为中心的启发式、合作式、参与式的教育教学，引导学生自主选择专业、课程和教师。开展独具特色的学习实践活动，包括虚拟体验学习、创客实践指导、职业赋能训练、商圈协作仿真、真企实习实训、地方产业交流和课程定制培养等。借助互联网技术与行业自身优势，引入优质师资资源与教学平台，提升职业教育培训质量，优化教育投资结构。企业改变以往校企松散合作模式，拓宽校企深度联盟融合办学新局面，通过“引企入教”吸纳更多优质人才与资源，建立牢固的产教融合信息平台；政府贯彻落实相关支持政策，助推产教融合联盟落地。全社会各合作主体间明确“权、责、利”，建立“三位一体”的产教深度融合运行机制，形成“利益契合”共同体，提升产教深度融合发展成效，推动社会经济高质量地不断向前发展。

（4）构建校企合作、产教融合育人新模式

瞄准立足地区区域经济基础，瞄准金融数字化转型进程中专业调整优化方向，以目标导向、需求导向和问题导向为切入口，及时调整优化专业课程体系与教学内容，确保专业主干课程与项目和金融产业数字化岗位职业能力要求变化的总体方向相符。

在依托稳固长期的校企合作机制的基础上，开展校企间的数字金融应用技术与前沿理论研究的协同创新人才培养平台，通过建立创新团队、研发中心等方式，吸引校企双方的优秀教学师资和专业技能与技术人才的加入，以新技术研究、新产品开发、技术成果转化与推广、技能等级的提升等为重点任务，结合学生职业生涯发展的规律，把学生综合能力提升贯穿于技术项目研发的始终，搭建起项目技术理论学习和创新应用的共享平台。

探索实践深度校企合作育人模式。实施现代学徒制人才培养，建设校企共同体理念下的企业大学，构建“立体多维、四通八达”的数字化人才培养模式，在战略合作和优势互助基础上，校企实现资源、功能和体制等多方位的链接与共享，发挥企业主体作用，以主人公的态度和身份积极参与高校课程开发、基地建设、专业建设等数字化人才培养环节。推进实体化运作，联合区域龙头金融企业或金融科技领域企业共建，探索开发混合所有制的二级学院，构建符合企业用人标准的课程体系，并将相关的技能等级要求融入教学和实践岗位；合作开发技术技能型实训平台、生产型实训基地等，让学生所学即所做，做到课堂学习与工作岗位无缝衔接，提高企业参与育人共建水平，最终达到企业参与高校数字金融人才培养过程，创新教育培养模式。

7.1.2.3 深化科教融汇，推进协同育人

科教融汇协同育人是提高人才培养质量的重要举措。科教深度融合，是高等院校培养创新人才的重要渠道，在金融数字化高端人才培养中发挥着巨大的促进作用。深化科教融汇，培养金融创新型人才，一是明确数字金融创新型人才的培养目标，完善人才培养体系，形成一套完整的新时代创新型人才培养教学模式。二是以科研项目和比赛项目作支撑，促进学生专业知识综合运用能力和创新能力提升，优化思维方式。三是提高专业群及专业的理论研究和科技研发能力，以产出为导向，密切关注数字金融领域的理论发展和技术创新，形成高水平研究成果，反哺教育教学水平。四是注重系统理论知识与创新实践相结合，积极探索以问题为导向、产教科深度融合的教学方法，全面提升学生的科学逻辑思维能力和实践创新能力，积极打造创新与实践能力的资源共享平台，寻求产学合作，整合学校与企业的资源，加强以企业和社会需求为导向的实践教学体系，培养以专业综合能力为基础的创新型应用人才。五是把优质的科研资源转化为育人资源，推进在数字金融等领域实现高校与产业界的合作，双方通过联合申报重大课题、联合设立科研项目、科研平台开放课题、开展学术互访等形式，提升教师科研能力，提高师资队伍

水平，畅通项目建设渠道，提升科技创新服务水平，打造呼应业界需求、教学和科研高度融合的新型教育生态，形成一种新型的产业、技术、研发和转移生态，助力金融数字化转型和数字金融行业高质量发展。

7.2　数字金融人才培养的国际经验借鉴

广义上来讲，1967 年英国巴克莱银行引入世界上第一台 ATM 机后，数字金融实际上就已出现，它既是一次技术创新，也是一次金融创新，从而开启了数字金融的序幕。数字金融在电子化金融设备和金融业务处理软件系统（即 IT 技术），被真正用于金融机构对外开展业务，就如人工柜台一样，为金融客户提供自动化的自助金融服务，金融机构及其客户第一次可以不依赖人工的金融服务；而在金融服务领域，也第一次出现机器对人的替代。数字金融最早是在金融发达国家出现和发展，进而被引进中国，从而中外互相促进，推动数字金融在全球发展。其中，美国、英国执全球数字金融发展的牛耳，数字金融教育体系完整，特色鲜明，可资学习、借鉴的经验丰富。我国数字金融紧跟以美英为代表的全球潮流，在数字金融的应用发展方面，也走出了自己特色，数字金融职业教育和人才培养，已有一定基础和局部优势。

美国、英国的普通教育与职业教育，没有天然界限，普通教育与职业教育的区分，不是以“学校”区分，而是以课程和项目进行区分。美国、英国的数字金融职业教育，顺应数字金融的发展，主要是开发数字金融职业教育特色课程和项目。增强与美国、英国数字金融职业教育的交流与合作，走全球化、国际化道路，对于我国数字金融职业教育和数字金融职业人才培养，至关重要。

7.2.1　构建完整的数字金融职业教育人才培养体系

我国的人才教育与培养，目前所形成的普通教育、职业教育两套体系，难以构建完整的数字金融职业教育人才培养体系。普通中学、普通本科和职业中学、职业大专、职业本科，是两套体系、两套人才培养模式，普通中学主要为高考而进行人才培养，普通本科主要培养学术型人才；职业中学、职业专科和职业本科主要培养企业基层技术岗位人才。进入普通中学、普通本科的学生主要接受基础理论和通识教育，基本接触不到职业性课程和项目；职业中学、职业大专和职业本科往往专业基础和通识教育薄弱，而更重视职业性课程和项目，学术性课程也变得不那么学术。因此，数字金融需要的通识教育基础（如中学数学、高等数学、信息技术基础等），变成了职业教育学生的“瘸腿”，数字金融需要的职业素养和技能，又变成了普通教育学生的“瘸腿”，职教学生和普教学生都没有自主选择学习学术课程和职业课程的权利和机会。可以说，不仅普教系统的数字金融人才培养不完全，职教系统的数字金融人才培养也不完全。

建设数字金融职业教育人才完整的培养体系，只有一个办法，就是以“课程和项目”为中心区分教育模式和性质，而不是以“学校系统”为中心区分教育模式和性质。无论普通高中还是职业高中，无论是普通本科还是职业本科，既要开发、建设足够多的学术性课程、项目，也要开发、建设足够多的职业性课程、项目。一所学校，如果特色、优势主要是学术性课程和项目，就是一所以学术性为主的学校；如果特色、优势主要是职业性课程和项目，就是一所以职业性为主的学校。

7.2.2 彻底打通普通教育与职业教育界限

美国、英国既没有专门的职业学院或职业大学，也没有针对数字金融教育开设新的相关专业，政府教育主管机构对于学校开设课程和项目，只有最低学分要求，学校、学院可以灵活调整所设置课程及所开设项目。学校不是区分普通教育、职业教育的标志，课程和项目才是区分普通教育、职业教育的标志。学生既可以选择多学习学术课程和项目，也可以选择多学习职业课程和项目，学院、大学甚至中学既提供学术课程和项目，也提供职业课程和项目。举例而言，按照美国、英国模式，北京大学、清华大学等名校及地方普通高校或地方职业技术学院，将既有丰富的学术课程和项目可供学生学习和选择，也有丰富的职业课程和项目可供学生学习和选择。如果一个学生修够学术课程学分，就可以申请相应的学术性毕业证书和学位；如果一个学生修够职业课程学分，就可以申请相应的职业性毕业证书和学位。

7.2.3 重点开发数字金融职业教育特色课程

数字金融人才培养的关键在于开发数字金融职业教育特色课程。我国普通高等教育的很多高校开设的数字金融专业是“金融科技”专业（原“互联网金融”专业），而高等职业教育的很多高校开设的数字金融专业是“金融科技应用”专业（原“互联网金融”专业），比较二者的课程设置、教学内容、教学方法及教材等，差异仅在于由不同学校举办，金融科技的普通教育和职业教育，不能真正进行区分。金融科技教育是普通教育还是职业教育，仅仅依据其不同的举办学校，是很不合理的。

而目前金融科技专业的高等教育，是通过通识教育课程、专业教育课程的学习、培训才得以完成，公共课、专业基础课多为学术性课程，学校之间差异不大，差异主要在于教学内容的选取（一般高校教学内容多为初级课程的内容，重点高校或名校多为中级乃至高级课程的内容），专业核心课、专业选修课、专业拓展课、专业综合实践课等，有些偏重理论、原理、方法的学习（可归类为学术性课程），有的偏重应用和实践（可归类为职业教育课程）。学生应获得金融科技普通高等教育本科文凭还是金融科技应用职业教育专科文凭，应该通过金融科技普通高等教育本科学分（如规定 5 ~ 8 门必修的学术性专业课）或金融科技职业教育专科学分（如规定 5 ~ 8 门必修的职业性专业课），如果一个学生既修够了普通教育本专科学分又修够了职业教育本专科学分，则可同时获得两个文凭。

7.3 数字金融职业教育人才培养改革措施

信息技术在金融业的广泛应用驱动了数字金融的形成，创新了金融服务模式，优化了金融业务流程，提升了金融服务效率，改变了金融业生态及原有金融服务格局。同时，金融科技的快速发展进一步加速了金融行业数字化转型，传统金融业务逐步被新技术取代，传统金融岗位不断缩减。数字经济背景下金融业的转型升级形成了对专业人才新的要求，数字金融人才的培养必须适应金融科技应用发展趋势，契合现代金融服务业转型需要，才能有效促进区域经济社会发展。在数字金融人才培养体系设计的过程中，要以“金融+科技”能力培养为中心，在培养基本金融职业素养的基础上，加强学生信息化思维、数据处理分析能力、数字营销能力、业务流程设计及优化能力、数字化平台运维能力等的培养，通过对人才培养模式设计、课程体系设置、产教融合、教学资源开发、课程教学、师资队伍建设等方面的改革，落实复合型、技能型高素质现代金融人才培养目标的要求。

7.3.1 需求为本，创新数字金融人才培养模式

7.3.1.1 精准把握人才需求特征，优化专业人才培养目标

金融行业的转型升级对于复合型、创新型人才需求趋势明显。高职院校在人才培养过程中，应及时捕捉行业动态，深入进行人才需求市场调研，适时调整人才培养目标。既注重对金融专业知识和技能的培养，又培养如科技创新思维、数据挖掘与分析、信息技术运用及新业态需要的其他通用能力和专业能力，为金融行业输送合格的高素质新技术技能人才。证券、保险、银行、金融科技等不同细分行业与人才层级存在需求标准差异，具有金融类专业群或优势金融专业的高职院校可瞄准高素质技术技能人才培养基本定位，兼顾中长期高层级人才成长需求，分别明确初级、中级、高级各层次人才培养的目标。

7.3.1.2 有效整合多方社会资源，全面推进双元协同育人模式

数字化金融生态的形成对于高职院校人才培养来说，既是机遇也是挑战。金融类专业必须在传统人才培养模式上作出调整和改变，将新技术、新业态、新模式融入人才培养方案，方能顺应新形势下金融业转型发展的需求。各高职院校可立足于区域金融业发展状况、实践需求和自身专业特色，建立多方联动育人的人才培养模式，通过政校企协同方式有效解决金融行业对数字化

金融人才的深度需求。以现代学徒制、订单式、产业学院等方式，深化与政府、行业协会、金融机构、金融科技企业的合作紧密度，实现资源共享共创，按需“定制”数字金融人才，实现学生精准就业，提高复合型金融人才的培养质量和水平。

7.3.1.3　加强国际交流与合作，创新实践国际化人才培养路径

对接美国等金融发达国家金融科技产业前沿理念与技术，与境外金融行业企业和高等院校加强交流合作，推动优质资源共建、共享；实施高职院校金融类专业与国际一流院校商科专业、计算机类专业共建金融科技应用专业合作办学项目，赋能技术型国际化专业人才培养；通过学生互访、学分互认等方式开展海外金融实习实践教学；结合区域经济特色，围绕“一带一路”等国家重大战略，打造金融科技创新服务平台、境外金融研习基地、海外分院等，建成数字金融人才培养的海外链条，在对外交流合作和国际化服务中切实提升人才培养的国际化水平。

7.3.2　多元协同，搭建数字金融产教融合平台

7.3.2.1　多元主体协同创新，促进数字金融“三链”融合

产教融合要打破教育与产业之间的藩篱，需要有效集聚各方创新要素，增强人才链、创新链、产业链之间的联系与协调，提高企业人才需求与高校人才供给的匹配度。在数字金融时代，只有产教融合的参与主体更加多元化、复杂化，金融类高职院校与企业、政府、科研机构以及其他社会组织协同创新，才能形成开放的、有机融合的生态系统。而互联网、大数据以及人工智能等技术加速创新，可以促进知识和信息互联互通，使得产教融合具有更加显著的连接性、系统性等。因此，数字金融时代金融类高职院校在产教融合方面要坚持系统思维，有效整合各方资源，推动“行、企、校、研”跨界合作、协同创新、资源共享，才能推进数字金融教育链、人才链与产业链、创新链的有机衔接，打造出具有较强辐射力和影响力的数字金融产教融合平台，为区域数字金融产业发展提供更有力的人才保障和智力支撑。

7.3.2.2 搭建产教融合平台，联合培养数字金融复合人才

要完善产教深度融合的合作机制，以数字化赋能产教融合，激发产教融合复杂系统的整体性，增强各实践主体的协调性。以金融科技领域的全国行业产教融合共同体、市域产教联合体为载体，吸纳更多企业深度参与人才培养，积极推动校企双方资源、人员、技术、管理、文化全方位融合，促进产教供需双向对接，促进企业需求融入人才培养全过程。具体而言，一方面要建立数字化金融人才联合培养机制，支持产学研创联合体建设，促进金融与不同学科专业交叉融合，充分利用企业的先进技术和数字资源优势，搭建数字化金融产教融合创新平台；另一方面要整合金融业各层次的企业管理者、创业者以及政府等人才资源，多方共同参与数字金融课程的开发、教材的设计、实践基地的建设、创新创业项目孵化以及人才培养方案的制订，加强教学资源数字化、课程及师资数字化、教学方式数字化以及教学管理数字化，联合培养真正适应数字金融时代的具备新思维、具有良好的职业道德素养、较强的数据决策与创新能力的数字化人才。

7.3.3 技术引领，构建数字金融专业课程体系

7.3.3.1 注重新技术融合，重构专业课程谱系

为了培养适应金融数字化转型发展的复合型人才，金融类专业（群）应以市场需求为导向，以职业能力为本位，定期深入市场进行调研，邀请行业企业专家共同参与课程体系开发和重构，推动课程体系内部贯通融通的结构化改造，形成实时、动态、开放、灵活、模块化的课程谱系图。在课程设置上要注重学科交叉及课程之间的知识融合，在传统金融核心课程的基础上，增加交叉课程数量，加强计算机知识、网络技术运用能力、数据挖掘和数据分析能力、数字金融营销能力、金融创新能力等的培养，将新的知识与理论、方法与技术融入教学内容中，拓展专业知识的内涵与外延，重构学生的知识体系和能力结构。要紧跟金融科技发展趋势，根据金融行业数字化发展情况

的变化和要求不断修订、完善课程体系，实现动态调整（见图 7－1）。

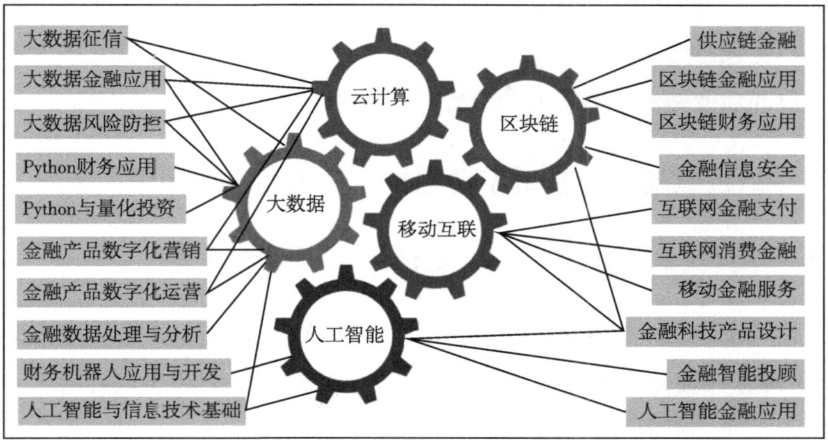

图 7－1　五大新技术引领的数字金融核心能力课程

7.3.3.2　注重“岗课赛证”综合育人，耦合产业发展需求

“岗课赛证”融通是适应技术变革和产业优化升级，精准实现课程设置、教学内容与产业需求、岗位能力耦合匹配的有效路径。新时期下的高职院校金融类专业（群）应对接产业链与岗位链需求，在课程体系建设中融入职业岗位所需的知识、技能、素质要求，融入技能竞赛的内容、技能要求、考核标准，融入智能投顾、金融产品数字化营销、金融大数据处理等 X 证书培训内容、考核标准，培养高素质技术技能人才。

7.3.3.3　注重数字技术应用训练，改造实践教学体系

要高度重视实践教学，以实现与理论教学相辅相成。高职院校金融类专业（群）要充分调动企业共同参与实践教学的积极性，从重构实践教学内容、科学设计实践项目、改进实践教学方式方法等方面着手，将大数据、科技金融、数字金融等专业知识和技术注入实践教学。通过专业核心课的项目化设计，将岗位职业能力要求与课程教学内容相融合，培养学生的核心职业能力；通过将企业真实业务引入课堂教学，与企业共同开发教学企业项目课程，让

学生完成真实的工作任务；通过与企业共建校外实习实训基地，由校企双方教师共同指导完成学生顶岗实习。要充分利用人工智能、虚拟现实等技术，搭建虚拟实践教学平台，让学生通过平台模拟操作数字化金融业务，在操作中逐步形成职业基本能力、专项能力和综合能力。

7.3.4 科技赋能，开创数字金融教学资源建设新局面

7.3.4.1 组建校企协同团队，建设专业教学资源库

在建设主体上，组建由高职院校、金融机构、金融行业相关协会组成的“政校企协”一流建设团队，实现强强联合、优势互补。在建设内容上，合理设计资源模块。资源库设计规划应该符合专业建设目标、学习对象特点、学习考核方式等要求，涵盖专业资源、课程资源、素材资源等内容。注重资源内容的实时更新，根据金融行业数字化转型发展趋势，及时修改、完善、补充和替换相关的资源，使资源库内容与时俱进地反映金融行业的新业态、新技术和新应用。

7.3.4.2 剖析职业岗位能力，建好数字化课程资源

要在深入行业企业调研的基础上，重新梳理数字经济背景下金融职业岗位能力要求，制定课程标准，梳理课程内容，并根据学习环节选择碎片化资源。要强化信息化的质量评价反馈，在教学实施、过程记录、测评考试、教学评价等方面，通过应用大数据、人工智能等技术手段，对课程资源进行动态监控，定期淘汰调用少、质量差、技术过时的老化资源。

7.3.4.3 融入数字金融知识，开发新形态教材

在教材的编写形式上，根据高职学生特点，编写深入浅出、内容丰富、图文并茂的新型活页式、工作手册式、融媒体式一体化教材。在教材的编写内容上，要由学校、行业、企业三方合作，基于职业岗位或产品编写教材，将知识、技能、素质融合为一体，及时将数字金融新技术、新模式、新产品加入教材体系，还要注重加入课程思政、职业道德、职业素养等方面内容，

使教材同时具备立德树人的教育功能。

7.3.4.4 利用数字化新技术，完善实训教学资源

充分利用多媒体、大数据、人工智能、人机交互、虚拟现实、增强现实等网络化、数字化和智能化的技术手段，模拟现实生活中金融市场的真实业务和工作场景，建设虚拟仿真实训综合平台，使学生在开放、自主和交互的虚拟环境中开展高效和经济的实训。

7.3.5 多措并举，积极推进数字化教学改革

7.3.5.1 探索分层分类教学，构建适应学生自主学习、泛在学习的智慧化环境

依托产教融合、多元化校企协同育人平台，分层分类确定人才培养方案、课程标准、X证书，因材施教确定教学目标、教学内容、教学策略和教学评价；通过建设智慧校园、智慧课堂，构建适应学生自主学习、泛在学习的智慧化环境。校园移动互联网络无处不在，大数据技术随时记录、分析学生学习行为，不断改进教学的物理空间和网络空间。建设适应移动学习的颗粒化教学资源，适应数字时代学生的学习习惯和心理需求。

7.3.5.2 构建柔性选课机制，以“学分互认＋拓展课程库＋辅修专业”助力跨界培养

进一步完善学分制改革，以适度冗余的课程适应行业快速发展。以学分互认、专业拓展课程库、辅修专业等助力跨界培养教学模式改革。依托专业群课程共建共享机制建设专业群拓展课程库，推进金融类专业服务实体经济各产业的专业融合，通过辅修形式培养适应汽车金融、供应链金融、区块链金融等需求的特色金融人才。依托“政校行企”共同参与的技术研发服务平台和校企协同育人平台，构建柔性的课程开发机制和授课内容，打造突破专业限制的课程教学模式，达成以学生为主体的教学形态。

7.3.5.3 打造“金融职场 + 智慧课堂”新形态，以“理实一体化”和“线上线下混合教学”推进课堂革命

项目化教学贯穿人才培养全过程，以模拟项目开展“理论与实践一体化”教学，以企业项目开展真实项目教学，以多阶段工学交替的顶岗实习开展岗位项目教学。构建金融职场和智慧课堂叠加的课堂新形态，全面采用“线上 + 线下”混合教学和“课堂 + 职场”的技能训练方式，形成在金融科技和智慧校园下进行知识学习、技能训练和价值观养成的人才培养新模式。

7.3.6 德技兼修，打造高水平数字化师资队伍

7.3.6.1 着力建设“数字课程思政”教学团队

坚持以习近平新时代中国特色社会主义思想为指导，以立德树人为根本任务，以培养金融类专业教师的课程思政育德意识和育德能力为抓手，以示范引领校内外同类院校课程思政团队建设为追求，建设专业课程思政数字教学资源平台，建构内外兼修课程思政教学团队。

7.3.6.2 引育并举，赋能教学团队转型

鉴于高职人才培养的特点和要求，高职院校师资队伍建设的主要任务是围绕“双师型”来展开的。由于金融行业特别是银行、证券等传统金融机构长期以来均受政府部门严格监管，这在很大程度上抑制了高职院校与这些金融机构进行校企合作的广度和深度，学校的专任教师直接去这些主流金融机构进行广泛实习的难度较大，能接触到的金融科技实践方面的内容非常有限，这需要高职院校通过多种途径来提高金融专业教师队伍的数字化应用能力和实践教学能力。这些途径主要包括直接从金融企业或金融科技类企业引进具有较好的数字化背景的人才、安排专任教师参加各类金融数字化或金融科技应用等方面的培训、与一些金融类机构合作实行双兼双聘、打造“名师/名匠”引领教师数字化转型、鼓励教师参加各类教学比赛、校企共建“双师型”教师培训基地和教师企业实践流动站等。

7.3.6.3 全面提升教师队伍创新服务能力

积极开展高职院校金融类专业面向区域经济的应用性金融咨询服务，共同指导金融企业新产品研发、技术成果转化与应用、流程改造，提升专业教师实战能力。主动对接各级各类学生创新创业竞赛，为专业群教师提供创业导师培训。设立创新创业特色灵活的绩效考核机制，培育教师团队技术、产品、服务等创新及成果转化、推广应用。依托全国行业产教融合共同体和市域产业联合体建设实践教学基地群、“一带一路”海外金融培训基地群，通过认证、培训、交流、轮训等形式，带动专业教师创新服务能力的全面提升。

7.3.6.4 完善教学队伍建设的组织保障制度

金融专业数字化师资队伍建设是培养适应金融新业态发展的高职金融人才的关键要素。要建设数字化师资队伍需要学校或二级院系给予相应的经费支持和制度保障。学校应做好系统性顶层设计，建立完善的组织和制度体系，在数字化金融人才引进聘用、教师分层分类开展金融数字化培训、校企人员双向交流锻炼、建设“双师型”教师培训基地、建立教师企业实践流动站等方面制定切实有效的方案，给予经费、制度支持。

附表

附表 1－1　　　全国金融类示范专业、双高专业群一览表

全国金融类示范专业、双高专业群（国家级）	
学校名称	专业群（专业）名称
浙江金融职业学院	金融管理、国际贸易实务
山西省财政税务专科学校	证券投资与管理
浙江金融职业学院	金融管理与实务、保险实务
广州番禺职业技术学院	金融管理与实务
全国金融类示范专业、双高专业群（省级）	
学校名称	专业群（专业）名称
北京电子科技职业学院	国际金融
广州番禺职业技术学院	金融管理
深圳信息职业技术学院	金融管理
山西省财政税务专科学校	金融科技应用
辽宁金融职业学院	金融管理专业群
长春金融高等专科学校	智慧金融专业群、投资理财专业群
四平职业大学	财经专业群
长白山职业技术学院	财经商贸专业群
江苏财经职业技术学院	金融管理
山东外贸职业学院	财会金融专业群
成都职业技术学院	金融科技应用
广西金融职业技术学院	金融科技应用
宁夏财经职业技术学院	金融服务与管理
北京经济管理职业学院	数字财金专业群
北京财贸职业学院	科技金融专业群
上海东海职业技术学院	智慧财经专业群

附表 1－2　　　金融类学生职业技能大赛历届获奖一览表

金融类学生职业技能大赛历届获奖（国家级）		
赛项	获奖学校（一等奖）	年份
智慧金融	山东商务职业学院、台州科技职业学院、湖南财经工业职业技术学院、深圳职业技术大学、江苏财经职业技术学院、泉州经贸职业技术学院	2023

续表

金融类学生职业技能大赛历届获奖（国家级）		
赛项	获奖学校（一等奖）	年份
银行业务综合技能	浙江金融职业学院、山东外贸职业学院、广州番禺职业技术学院、深圳职业技术学院、陕西财经职业技术学院、江西财经职业学院	2022
银行业务综合技能	浙江金融职业学院、山东外贸职业学院、广州番禺职业技术学院	2021
银行业务综合技能	广州番禺职业技术学院、江苏财经职业技术学院、山东外贸职业学院、江西现代职业技术学院、湖南财经工业职业技术学院、浙江金融职业学院、顺德职业技术学院、湖南工业职业技术学院	2018

附表 1－3　金融类专业教学名师、重大教师个人奖项一览表（国家级、省级）

奖项名称	获奖教师	授予部门
国家高层次人才特殊支持计划领军人才	杨则文	中共中央组织部、人力资源和社会保障部
全国教材建设先进个人奖	杨则文	国家教材委员会
全国教材建设先进个人奖	丁增稳	国家教材委员会
全国职业院校技能大赛优秀工作者	杨则文	全国职业院校技能大赛组织委员会

附表 1－4　　金融类专业教学成果奖历届获奖一览表

国家教学成果奖（2022）		
成果名称	完成人	完成单位
“数智赋能、双元育人”财会金融专业群数字化升级路径研究与实践创新	方春龙、刘银国、胡增芳、房丙午、潘海红、孙万军、王飞洋、张少兵、司俊、张珺、李昕、赵珊、曹海坤、张露、杨梓、卫欣怡、李晶、张翼	安徽财贸职业学院、安徽商贸职业技术学院、安徽国际商务职业学院、中联集团教育科技有限公司、阿里云计算有限公司、财智未来（北京）教育科技有限公司
服务大湾区行业升级的“校园智慧金融实体”人才培养模式创新实践	罗威、王心如、齐立辉、曾卉、吴娜、李兆慧、陆明祥、张曦、张莲苓、任碧峰、杨丽、高燕、诸智武、彭静	广州番禺职业技术学院、广州南洋理工职业学院、中国银行广州番禺支行、广州银行信用卡中心、香港宝然环球有限公司
双元双优互联互通：基于《外贸单证操作》课程的教师教材教法一体化改革实践	章安平、刘一展、米高磊、牟群月、范越龙、叶波、杨跃胜、肖旭、顾捷、施闻雷、唐春宇、华红娟	浙江金融职业学院、高等教育出版社有限公司、浙江省土产畜产进出口集团有限公司、浙江省纺织品进出口集团有限公司

续表

国家教学成果奖（2018）		
成果名称	完成人	完成单位
金融高职院校复合技能型人才“P+M”培养模式探索与实践	张炳辉、张晓晖、殷树友、隋菱歌、生洪宇、吕鹰飞、韩国薇、徐丽、陈廷勇、高同彪、李娜、张辛雨	长春金融高等专科学校
金融专业群国家级数字化教学资源开发与应用	郭福春、谢峰、张国民、吴金旺、刘丽、董瑞丽、李敏、王忠孝、杨则文、马玉兰	浙江金融职业学院、广州番禺职业技术学院、全国金融职业教育教学指导委员会
新金融背景下高职金融专业群构建的研究与实践	杨则文、陆明祥、邓华丽、曾卉、吴娜、王心如、贾芳琳	广州番禺职业技术学院
以“淑女学院”为平台，精准培养现代金融“五美”职业女性的探索与实践	王华、郑亚莉、王瑛、邹宏秋、吴军飞、徐烨、韩缨、袁清心、张佳、曾盈村、郑春瑛、付泽伟、平萍	浙江金融职业学院、杭州万事利丝绸文化股份有限公司、中国民生银行杭州分行、东方证券股份有限公司杭州龙井路证券营业部、浙江理工大学服装学院、信达期货有限公司
国家教学成果奖（2014）		
成果名称	完成人	完成单位
高职金融保险专业“三阶递进混成式”教学模式研究与实践	林火平、何先应、刘双红、王怡然、朱欣成、樊纪明、孙利锋	江西财经职业学院
系统改革高职金融专业的探索与实践	张莲苓、杨则文、罗威、曾卉、邓华丽、张宏博	广州番禺职业技术学院
基于城市需求的金融职业人才培养改革实践	王成荣、武飞、臧新军、陈颖、杨向荣、张存萍、胡君晖、姬晓婷、武雪周	北京财贸职业学院
高职金融保险专业“三阶递进混成式”教学模式研究与实践	林火平、何先应、刘双红、王怡然、朱欣成、樊纪明、孙利锋	江西财经职业学院

附表1-5　金融类国家级规划教材、获奖教材一览表

国家“十四五”规划教材		
教材名称	主要作者	出版社
保险基础与实务（第4版）	徐昆	人民邮电出版社有限公司
财产保险实务	刘俊青	中国人民大学出版社有限公司

续表

国家“十四五”规划教材		
教材名称	主要作者	出版社
个人理财（第三版）	廖旗平	高等教育出版社有限公司
公司理财（第七版）	刘章胜	大连理工大学出版社有限公司
国际金融	刘震	中国人民大学出版社有限公司
国际金融（第四版）	孙连铮	高等教育出版社有限公司
国际金融实务（第6版）	李翠君	重庆大学出版社有限公司
国际金融实务（第3版）	杨桂苓	机械工业出版社有限公司
互联网金融（第二版）	彭明强	中国财政经济出版社
互联网金融基础（第三版）	郭福春	高等教育出版社有限公司
互联网金融理论与应用（微课版第2版）	周雷	人民邮电出版社有限公司
互联网营销策划实务	成荣芬	电子工业出版社有限公司
会计金融基本技能（第二版）	费玄淑	高等教育出版社有限公司
计算技术与点钞（第四版）	罗荷英	东北财经大学出版社有限责任公司
金融法理论与实务（附微课第4版）	罗艾筠	人民邮电出版社有限公司
金融服务营销（第二版）	王艳君	高等教育出版社有限公司
金融概论（第二版）	陈星	高等教育出版社有限公司
金融基础（第2版）	岳高社	人民邮电出版社有限公司
金融基础知识（第3版）	韩宗英	人民邮电出版社有限公司
金融基础知识（第3版）	王云云	中国财政经济出版社
金融市场（第五版）	李艳芳	东北财经大学出版社有限责任公司
金融学基础（第四版）	张会丽	大连理工大学出版社有限公司
经济学基础理论与实务	俞林	北京交通大学出版社有限责任公司
客户服务技能训练教程——基于体验经济（第2版）	王晓望	机械工业出版社有限公司
客户服务实务（第二版）	王鑫	高等教育出版社有限公司
客户服务与管理——项目教程（第3版）	方玲玉	电子工业出版社有限公司
客户拓展与维护（第二版）	颜青	浙江大学出版社有限责任公司
人身保险（第3版）	张晓华	机械工业出版社有限公司
商业银行综合柜台业务（第3版）	杨则文	中国财政经济出版社
商业银行综合柜台业务（第二版）	董瑞丽	高等教育出版社有限公司
商业银行综合柜台业务（第二版）	胡增芳	高等教育出版社有限公司
投资与理财（第2版）	张惠兰	北京理工大学出版社有限责任公司

续表

国家“十四五”规划教材		
教材名称	主要作者	出版社
网上电子支付与结算（第3版）	张劲松	人民邮电出版社有限公司
银行柜员基本技能（附微课视频第3版）	雷玉华	人民邮电出版社有限公司
银行会计实务（第三版）	崔澜	大连理工大学出版社有限公司
银行基本技能（第二版）	胡增芳	东北财经大学出版社有限责任公司
证券投资理论与实务（第三版）	马瑞	南京大学出版社有限公司
证券投资实务（第二版）	聂华	高等教育出版社有限公司
证券投资实务（第五版）	高建宁	高等教育出版社有限公司
国家“十三五”规划教材		
经济学基础（第2版）	张永良	北京理工大学出版社有限责任公司
银行柜员基本技能（附微课视频第3版）	雷玉华	人民邮电出版社有限公司
财政与金融（第四版）	倪成伟	高等教育出版社有限公司
会计金融基本技能	费玄淑	高等教育出版社有限公司
经济学基础	方旭	中国财政经济出版社
经济学基础（第2版）	陈学忠	电子工业出版社有限公司
金融基础知识（第3版）	韩宗英	人民邮电出版社有限公司
经济学基础（第三版）	龚江南	北京大学出版社有限公司
金融基础（第二版）	郭福春	高等教育出版社有限公司
国际金融（第四版）	孙连铮	高等教育出版社有限公司
商业银行综合柜台业务（第二版）	董瑞丽	高等教育出版社有限公司
金融服务营销（第二版）	王艳君	高等教育出版社有限公司
金融学基础（第三版）	张会丽	大连理工大学出版社
银行会计实务（第三版）	崔澜	大连理工大学出版社
人身保险（第3版）	张晓华	机械工业出版社
公司理财（第六版）	刘章胜	大连理工大学出版社
国际金融实务（第3版）	杨桂苓	机械工业出版社
证券投资实务（第二版）	聂华	高等教育出版社有限公司
个人理财（第三版）	廖旗平	高等教育出版社有限公司
互联网金融基础	郭福春	高等教育出版社有限公司
中国金融文化	周建松	高等教育出版社有限公司
经济学基础（第三版）	唐树伶	高等教育出版社有限公司
经济学基础（第二版）	冯瑞	高等教育出版社有限公司

续表

国家“十三五”规划教材		
国际金融实务	李翠君	重庆大学出版社有限公司
金融概论（第二版）	陈星	高等教育出版社有限公司
证券投资实务（第四版）	高建宁	高等教育出版社有限公司
互联网金融理论与应用（微课版第2版）	周雷	人民邮电出版社有限公司
证券投资理论与实务（第二版）	马瑞	南京大学出版社有限公司
金融基础知识（第2版）	王云云	中国财政经济出版社
计算技术与点钞（第四版）	罗荷英	东北财经大学出版社有限责任公司
商业银行综合柜台业务（第3版）	杨则文	中国财政经济出版社
金融市场（第四版）	李艳芳	东北财经大学出版社有限责任公司
经济学基础（第五版）	史忠健	高等教育出版社有限公司
投资与理财	张惠兰	北京理工大学出版社有限责任公司
货币银行学	钱晔	东北财经大学出版社有限责任公司
商业银行综合柜台业务	胡增芳	高等教育出版社有限公司
金融基础（第2版）	岳高社	人民邮电出版社有限公司
银行基本技能	胡增芳	东北财经大学出版社有限责任公司
国际金融	刘震	中国人民大学出版社
金融企业会计（第六版）	唐丽华	东北财经大学出版社有限责任公司
网上电子支付与结算（第3版）	张劲松	人民邮电出版社有限公司
互联网金融	彭明强	中国财政经济出版社
金融法理论与实务（第3版）	罗艾筠	人民邮电出版社有限公司
保险基础与实务（第3版）	徐昆	人民邮电出版社有限公司
国家“十二五”规划教材		
国际金融	潘百翔	北京大学出版社
国际金融（第2版）	谢琼	北京理工大学出版社
国际金融	杜敏	北京理工大学出版社
金融企业会计（第四版）	潘丽娟	大连出版社
金融企业会计习题与实训（第四版）	潘丽娟	大连出版社
投资实务（第2版）	楼土明	东北财经大学出版社
证券投资分析（第2版）	刘旭东	东北财经大学出版社
证券投资实务	孙春甫	教育科学出版社
个人理财（第二版）	王静	科学出版社
汽车保险与理赔	张彤	清华大学出版社

续表

国家“十二五”规划教材		
金融基础知识（第2版）	韩宗英	人民邮电出版社
公司理财	常明敏	中国财政经济出版社
金融法概论（第二版）	朱明	中国金融出版社
理财学（第二版）	边智群	中国金融出版社
证券投资实务	王静	中国金融出版社
国际结算（第三版）	高洁	中国人民大学出版社
国际金融	高建侠	中国人民大学出版社
货币银行学（第二版）	石月华	中国人民大学出版社
经济学基础（第二版）	陈玉清	中国人民大学出版社
经济学课堂实验实训	戴明	中国人民大学出版社
人身保险	徐静	中国人民大学出版社
金融概论	秦梓华	北京出版社
经济学基础	李志强	北京出版社
货币银行学基础	倪成伟	北京师范大学出版社
经济学基础（第3版）	王庆春	重庆大学出版社
汽车保险与理赔	彭静	重庆大学出版社
国际金融（第3版）	李翠君	重庆大学出版社
国际金融实务（第4版）	蒋琳	重庆大学出版社
金融学基础（第三版）	李春	大连出版社
金融学基础习题与实训（第三版）	李春	大连出版社
经济学基础（第四版）	刘华	大连理工大学出版社
新编公司理财（第五版）	刘章胜	大连理工大学出版社
保险会计	盛永志	大连理工大学出版社
新编财政与金融（第五版）	苏艳丽	大连理工大学出版社
个人理财（第二版）	古洁	大连理工大学出版社
保险理论与实务	万淑艳	大连理工大学出版社
保险学基础	邹茵	大连理工大学出版社
财产保险实务	南沈卫	大连理工大学出版社
风险管理（第二版）	张秀霞	大连理工大学出版社
人身保险实务	梁涛	大连理工大学出版社
个人理财实训（第二版）	陈惠芳	大连理工大学出版社
国际金融实务（第二版）	王笃田	大连理工大学出版社

续表

国家“十二五”规划教材		
证券投资实务（第二版）	裘永苹	大连理工大学出版社
货币银行学（第四版）	钱晔	东北财经大学出版社
金融产品营销实务（第二版）	蒋丽君	东北财经大学出版社
投资项目评估（第二版）	王力	东北财经大学出版社
金融市场（第三版）	李艳芳	东北财经大学出版社
投资银行实务（第三版）	张丽华	东北财经大学出版社
人身保险理论与实务（第二版）	郑祎华	东北财经大学出版社
公司理财（第三版）	陈德萍	东北财经大学出版社
经济学基础与应用（第二版）	胡田田	复旦大学出版社
经济学基础（第三版）	安徽	高等教育出版社
经济学基础（第二版）	唐树伶	高等教育出版社
金融学概论（第二版）	盖锐	高等教育出版社
财经应用文写作（第二版）	李薇	高等教育出版社
财经基础知识与技能（第二版）	康勇	高等教育出版社
证券投资实务	聂华	高等教育出版社
证券投资实务	李刚	高等教育出版社
证券投资实务	陈星	高等教育出版社
证券投资理论与实务（第三版）	孙可娜	高等教育出版社
证券投资实务（第三版）	高建宁	高等教育出版社
金融服务营销	王艳君	高等教育出版社
银行产品	武飞	高等教育出版社
银行授信业务	陆明祥	高等教育出版社
商业银行综合柜台业务	林学军	高等教育出版社
商业银行经营管理（第三版）	盖锐	高等教育出版社
金融服务礼仪	王华	高等教育出版社
保险实务	肖举萍	高等教育出版社
证券投资实务	康建军	高等教育出版社
商业银行综合柜台业务	董瑞丽	高等教育出版社
金融基础	郭福春	高等教育出版社
国际金融（第三版）	孙连铮	高等教育出版社
公司理财（第二版）	仲岩	高等教育出版社
个人理财	杨翠友	高等教育出版社

续表

国家“十二五”规划教材		
个人理财（第二版）	陶永诚	高等教育出版社
财政与金融（第三版）	倪成伟	高等教育出版社
保险概论（第四版）	李国义	高等教育出版社
商业银行业务与实训	李良	高等教育出版社
保险原理与实务（第二版）	于明霞	高等教育出版社
人身保险（第 2 版）	张晓华	机械工业出版社
证券投资理论与实务	陈月生	教育科学出版社
保险学原理与实务（第三版）	张凡雷	教育科学出版社
个人理财规划（第二版）	张旺军	教育科学出版社
经济金融指标解读（第二版）	郭福春	教育科学出版社
证券投资基础与实务（第二版）	赵文君	清华大学出版社
财产保险	郑祎华	清华大学出版社
商业银行信贷与营销（第三版）	刘佳音	清华大学出版社
金融职业礼仪（第二版）	王华	浙江大学出版社
金融理论与实务	张孝君	中国人民大学出版社
商业银行信贷业务	武飞	中国人民大学出版社
汽车保险	费洁	中国人民大学出版社
健康保险	曹晓兰	中国人民大学出版社

全国优秀教材奖			
教材名称	作者	出版社	奖项
金融基础（第二版）	主编：郭福春、吴金旺 副主编：许嘉扬、潘锡泉	高等教育出版社	一等奖
经济学基础（第二版）	主编：冯瑞 副主编：朱辉	高等教育出版社	二等奖
投资项目评估	主编：王晋、丁琳 副主编：姚芳玲、王茜薇、姚畅燕	中国财富出版社	二等奖
国际信贷（第四版）	主编：宋浩平 副主编：王晋、邓彤	首都经济贸易大学出版社	二等奖

附表 1－6　　金融类专业精品课程一览表（国家级、省级）

金融类精品在线开放课程（国家级）			
课程名称	课程负责人	主要建设单位	主要开课平台
银行柜面综合实务	杜崇东	石家庄邮电职业技术学院	智慧职教 MOOC 学院
金融学基础	吕鹰飞	长春金融高等专科学校	学银在线
经济学基础	董昕灵	江苏城市职业学院	爱课程
商业银行综合柜台业务	董瑞丽	浙江金融职业学院	智慧职教 MOOC 学院
国际结算操作	刘一展	浙江金融职业学院	爱课程
企业理财实务	洪韵华	浙江机电职业技术学院	浙江省高等学校在线开放课程共享平台
金融科技概论	吴金旺	浙江金融职业学院	中国大学 MOOC
金融学概论	王雯	安徽工业经济职业技术学院	e 会学
理财规划	孟洁	山东外贸职业学院	学银在线
金融数据统计	李蓓蓓	长江职业学院	智慧职教 MOOC 学院
经济学基础	方旭	咸宁职业技术学院	职教通
个人理财业务	吴娜	广州番禺职业技术学院	中国大学 MOOC
金融学基础	王心如	广州番禺职业技术学院	智慧职教 MOOC 学院
国际结算操作	刘一展	浙江金融职业学院	爱课程
经济学基础	曹家谋	江苏城市职业学院	爱课程
个人理财	李琳	四川财经职业学院	学银在线

金融类精品在线开放课程（省级）		
课程名称	课程负责人	主要建设单位
互联网金融产品运营	王栓军	河北软件职业技术学院
商业银行综合柜台业务	吴娜	广州番禺职业技术学院
证券投资分析	王丽	河北软件职业技术学院
理财规划实务	张惠兰	石家庄信息工程职业技术学院
金融服务礼仪	王华	浙江金融职业技术学院
国际金融	李军燕	山西省财政税务专科学校
保险实务	邓华丽	广州番禺职业技术学院

续表

金融类精品在线开放课程（省级）		
课程名称	课程负责人	主要建设单位
保险实务	黄素	保险职业学院
国际金融	江暮红	广东工贸职业技术学院
保险实务	朱杰	辽宁金融职业技术学院
快乐经济学——基础篇	安静	顺德职业技术学院
经济学基础	孟庆海	辽宁金融职业技术学院
证券投资实务	马瑞	顺德职业技术学院
国际金融实务	孟庆海	辽宁金融职业技术学院
银行会计	唐笑炯	山西金融职业学院
经济学基础	冯瑞	苏州工业园区服务外包职业学院
商业银行会计实务	施晓春	长春金融高等专科学校
财政金融基础	黄娟	江西外语外贸职业学院
经济学原理与实务	程芸	九江职业技术学院
金融实务	付阳	江西工业工程职业技术学院
经济学基础	杨晶	四川财经职业学院
投资理财	朱再英	湖南化工职业技术学院
经济学基础与应用	胡田田	江苏电子信息职业技术学院
金融产品营销	屠萍萍	浙江农业商贸职业技术学院
个人理财实务	曾婕	江西旅游商贸职业技术学院
保险理论与实务	葛慧楠	辽宁经济职业技术学院
证券投资实务	黄鹏程	泉州经贸职业技术学院
个人理财实务	张艳英	厦门城市职业学院
保险理论与实务	刘婷	厦门海洋职业技术学院

附表 1-7　　金融类教师教学能力大赛获奖一览表

参赛单位	参赛作品	奖项	年份
包头职业技术学院	分毫不差、快捷高效——银行结算业务办理	二等奖	2019
邢台职业技术学院	经济型车险方案与理赔	一等奖	2020
广东机电职业技术学院	社区金融服务	二等奖	2021
泉州经贸职业技术学院	存款柜面业务	二等奖	2021
北京财贸职业技术学院	银行信贷助力实体经济	三等奖	2021

续表

参赛单位	参赛作品	奖项	年份
安徽商贸职业技术学院 安徽工商职业学院	自然灾害下的农业保险承保与理赔	一等奖	2022
北京电子科技职业技术学院	养老理财规划	二等奖	2022
长春金融高等专科学校	智慧网点助农业务处理	一等奖	2023

参考文献

[1] 张勋，万广华，张佳佳，何宗樾．数字经济、普惠金融与包容性增长［J］．经济研究，2019，54（08）：71－86.

[2] 李春涛，闫续文，宋敏，杨威．金融科技与企业创新——新三板上市公司的证据［J］．中国工业经济，2020（01）：81－98.

[3] 黄益平，陶坤玉．中国的数字金融革命：发展、影响与监管启示［J］．国际经济评论，2019（06）：24－35＋5. 四川大学博士学位论文.

[4] 黄益平，黄卓．中国的数字金融发展：现在与未来［J］．经济学（季刊），2018，17（04）：1489－1502.

[5] 唐松，伍旭川，祝佳．数字金融与企业技术创新——结构特征、机制识别与金融监管下的效应差异［J］．管理世界，2020，36（05）：52－66＋9.

[6] Fuster A，Plosser M，Schnabl P，Vickery J. The Role of Technology in Mortgage Lending［J］．Review of Financial Studies，2019，32（05）：1854－1899.

[7] Gomber P，Koch J A，Siering M. Digital Finance and FinTech：Current Research and Future Research Directions［J］．Journal of Business Economics，2017，87（05），537－580.

[8] 黄益平，黄卓．中国的数字金融发展：现在与未来［J］．经济学（季刊），2018，17（04）：1489－1502.

[9] 谢平，邹传伟．互联网金融模式研究［J］．金融研究，2012（12）：11－22.

[10] 金融稳定理事会．金融科技的全景描述与分析框架报告［R］.

[11] 张岉．金融科技与银行数字化转型［J］．中国金融，2022（12）：67－68.

[12] 陆岷峰．商业银行场景金融：内涵、特征及发展策略 [J]．南方金融，2021 (08)：67 – 77.

[13] 齐晔．打造新时代数字化场景金融 [J]．中国金融，2022 (17)：36 – 37.

[14] 郭晓蓓，蒋亮．5G 与金融的融合路径与应用场景研究 [J]．西南金融，2020 (01)：12 – 22.

[15] 陆岷峰．区块链技术在金融场景的应用 [Z]．金融时报 – 中国金融新闻网，2020 – 05 – 18.

[16] 东方鲲腾教育科学研究院．2022 – 2023 年度金融行业企业调研报告 [Z].

[17] 陈煜波，马晔风，黄鹤，崇滨．全球数字人才与数字技能发展趋势 [J]．清华管理评论，2022 (Z2)：7 – 17.

[18] 张晓雯，杜万里，杜双．数字化人才研究热点与发展趋势研究 [J]．价格理论与实践，2023 (01)：70 – 73 + 183.

[19] 领英人才报告库．全球数字人才发展年度报告 [R]．2020.

[20] 中国信息通信研究院．2021 年中国数字经济就业发展研究报告 [R]．2021.

[21] 怡安翰威特公司．2019 中国数字化变革准备度调研 [R]．2021.

[22] 魏萌．大数据应用行业技能型人才需求及人才培养现状探析 [J]．科技资讯，2020，18 (17)：18 – 20.

[23] 未来已来，时不我待 企业数字化人才发展白皮书 [C] //艾瑞咨询系列研究报告（2022 年第 6 期）．[上海艾瑞市场咨询有限公司]，2022：489 – 520.

[24] 梁亚玲，高铭．数字化人才需求状况分析 [J]．中国管理信息化，2022，25 (13)：198 – 203.

[25] 曲云龙，孙铭鸿．金融 + 科技，塑造新形态金融人才 [J]．人力资源，2022 (06)：24 – 26.

[26] 陈丽贤．金融机构人才的需求转变研究 [J]．大众标准化，2021 (21)：172 – 174.

[27] 陈蓓蕾．中国数字职业人才的发展与对策研究 [J]．中国发展，

2022，22（06）：27－31.

［28］段洪媛，周围．当前金融人才的需求转变及培养［J］．人力资源，2021（12）：4－5.

［29］高峰．加快培养数字化人才 赋能银行数字化转型［J］．中国银行业，2022（02）：29－31.

［30］张五华，谭昕月．数字人才——商业银行数字化转型的核心驱动力［J］．金融科技时代，2022，30（01）：40－44.

［31］陈彦蓉．金融科技人才需求旺盛，业界呼吁加大培养力度［N］．金融时报，2022－12－26（007）.

［32］赵扬，钱燕，夏颖．金融科技发展与金融工程人才需求现状与趋势研究［J］．教师，2022（09）：123－125.

［33］KPMG. 2022中国金融科技企业首席洞察报告［EB/OL］．2022/2023－01－27.

［34］苏洁．复合型金融科技人才供不应求［N］．中国银行保险报，2022－09－14（007）.

［35］拉勾．2021金融科技行业人才趋势报告［EB/OL］．2021/2023－01－25.

［36］张文博，熊时宇．银行业金融科技人才队伍优化路径［J］．银行家杂志，2023（01）.

［37］猎聘．2020－2021数字经济下的金融行业人才趋势报告［EB/OL］．2021/2023－01－25.

［38］中华人民共和国中央人民政府网．中国银保监会有关部门负责人就《关于银行业保险业数字化转型的指导意见》［EB/OL］．2021－12－4/2023－01－26. http：//www. gov. cn/xinwen/2021－12/04/content_5655814. htm.

［39］中华人民共和国中央人民政府网．中国银保监会有关部门负责人就《关于银行业保险业数字化转型的指导意见》答记者问答［EB/OL］．2022－01－27/2023－01－26. http：//www. gov. cn/zhengce/2022－01/27/content_5670681. htm.

［40］张龙耀，盛天翔，韦佳，朱政廷．金融科技人才需求趋势、结构特征与培养模式探究［J］．现代金融，2021（10）：3－7.